ワードマップ

授業研究

実践を変え、理論を革新する

木村 優・岸野麻衣 編

新曜社

まえがき

本書は、学校における教師たちの協働の学びとして連綿と営まれている**授業研究**[1]について、その背景となる歴史的な展開や目的、実施に伴う手法や考え方を**学校における授業研究の実際のプロセスとサイクル**に即して解説したものである。本書が主眼とするのは、授業研究の実際のプロセスの中で私たちが吟味し洗練する必要のある数々のポイントを、子どもたちの学びと育ちを支える**教師の成長と学校の発展に必要な重層的な省察のサイクル**に沿って丁寧に象《かたど》り、読者とともに授業研究の世界を探究することである。したがって本書は、特定の授業研究の手法を紹介するものではないし、授業研究の手法や考え方を百花繚乱《ひゃっかりょうらん》にただ並べて示すものでもない。ましてや、授業を対象とした科学的な分析手法を細々と解説するものでもない。

日本の明治時代初期に産声をあげた授業研究は、授業づくりと授業改善に向けた教師の学びを、しかも学校内での教師たちの協働の学びを支え促す学校文化・教師文化へと成長し、近年では「レッスンスタディ」の名でグローバルな広がりを見せている。しかし、意外なことかもしれないが、日常から授業研究に取り組んでいる教師にとって、さらに、学校の授業研究を支援する教育委員会の指導主事や大学等の教育

［1］本書で探究する授業研究とは、学校内で実施される教師たちの協働による授業づくり、授業参観、授業研究会を核とした校内研修を指す。この一連のプロセスとサイクルには、ときに学校と教師の実践を支援する教育委員会等の指導主事や大学等の協働研究者が同席する。すなわち、当事者や準当事者が参画する現実の学校や教室の「内側からの授業の研究」であり、非当事者である外部者による観察や介入実験といった「外側からの授業の研究」ではない。

研究者にとっても、**授業研究は決して自明な実践ではない**。私たちはときに迷いながら、ときに見様見真似で、日々の授業研究に臨んでいる。したがって本書は、以下の問いを抱えながら学校の授業研究にかかわっている世界中のすべての同僚――現職の教師、教職を志す学生、指導主事、教育研究者を読者に想定している。

- なぜ私たちは授業研究を行うのか？
- どのように授業を見ればいいのか？
- 授業の記録をどのように採ればいいのか？
- 授業研究会をどのように企画し、運営するのか？
- 授業研究会でいったい何を語ればいいのか？
- 授業研究が一通り終わった後に、私たちは何をすればいいのか？

あなたがこれらの「問い」の一つでも心に抱いているならば、本書でこれから始まる私たちとの授業研究の協働探究をきっと楽しんでくれるにちがいない。

授業研究の世界を探究し、その謎を紐解き、実践の哲学やワザを磨いていくためには、**偉大な先達たちがこれまで切り拓いてくれた地平を省みる**ことが大切である。先達たちが授業研究の地平の上に残してくれた数多の見識は、時空を超えて私たちの探究の道のりを照らしてくれる。しかし、その見識がきら星のごとく散りばめられているからこそ、それを**授業研究の実際のプロセスとサイクルに即して確認できる「地図」が必要**になる。授業研究は単純ではなく複雑な実践なのだ。もしもあなたが地図を持たずに、誰の助けもなしに授業研究の世界に足を踏み入れてしまうと、その深遠で複雑な世界に迷い、途方に暮れ、実践する価値を見出せず、次第にやる気を失ってしまうかもしれない。授業研究の「ワードマップ」が今まさに求められているのである。[2]

本書は四部構成となっている。第Ⅰ部では、授業研究の歴史、目的、プロセスとサイクルを確認するとともに、**教師の成長と学校の発展に即した授業研究の革新の方向性**について探究する。第Ⅱ部では、授業を参観して記録を採るという一連の行為における必須の考え方、方法、道具やワザ、解釈について探究する。ここで探究する数々の論点が、**あなたが授業を見る際の視点を整理し、見直し、鍛える助けになるこ**とだろう。第Ⅲ部では、授業研究会を組織し運営するために必要な考え方と、そこで**最も重要な「省察」とそれを支える「書く」という行為**について探究する。明確な企図と組織の支えがなければ、そして実践の省察が深まらなければ、授業研究はたちまち魅力を失ったシャドウ・ワークと化し、一向に自律進化しない無機質なルーティン・ワークと化してしまう。第Ⅳ部では、小中高校の実際の教室から、**私たちが共に授業を見て、記録し、省察することで導き出される発見や知見**の数々を紹介する。

ここではすべての学校種と教科の授業を扱えないし、発見や知見も限られているのだが、授業研究に参画するすべての人々がいかに授業という知的で社会的で情動的な営

[2] 1990年代以降、学校における授業研究の実践を支えてきたのが稲垣忠彦と佐藤学による一連の仕事であり、彼らの『授業研究入門』（岩波書店、1996）は、多くの教師と研究者を授業研究の世界へと誘う役割を果たしてきた。稲垣と佐藤は同著において、学校における授業研究を「観察と記録」「記述と分析」「反省と批評」の三段階に分け、それぞれの具体的な方法と考え方を提起した。本書は、教師の仕事に対する稲垣と佐藤の鋭い洞察と深い理解、そして授業研究についての卓越した見識と枠組みを基盤としながら、授業研究の実践理論のさらなる前進を図っていくことを使命にしている。

みへの思慮を深め、それぞれの実践の省察を未来へとつなげていくのかを、読者が体感しながら学べるよう構成した。つまり、第Ⅳ部は本書の「地図の使い方」を示している。なお、第Ⅳ部で登場する児童生徒の名前は、すべて仮名で表記している。

本書の各部とコラムでは、編者である私たちに授業と授業研究の奥深さと魅力を教えてくださった学校の先生方、学校の授業研究の支援にあたる指導主事や教育研究者の方々に、各自の経験と特性に応じて筆をとっていただいた。さらに、世界授業研究学会の副会長であり授業研究の第一人者である東京大学大学院教育学研究科の秋田喜代美教授に、本書全体を通しての解説をいただいた。著者のほとんどは「教育におけるアクション・リサーチのための実践コミュニティ」の研究会メンバーであり、共に授業研究の世界を探究し続けている仲間である。本書の第Ⅳ部各編における授業と授業研究会の省察も、本実践コミュニティで開いた研究会が母体になっている。

分野や専門領域を超えた協働が新たな気づきと発見と**創造性**を呼び起こす。これは学校の中でも同じであり、そこで生じる驚きや喜びや楽しさが授業研究の自律進化へと結びつく。授業研究の世界を探究する地平へと、共に踏み出そう。

２０１８年2月8日　ボストンにて

編者・著者を代表して　木村 優

授業研究――目次

Ⅱ　授業を見て記録する

Ⅲ　授業研究会を組織する

Ⅳ　授業研究の実際

装幀＝加藤光太郎

0-1 はじめに ——目に見えないたいせつなこと

「いちばんたいせつなことは、目に見えない」

サン＝テグジュペリ著『星の王子さま』に出てくるセリフです。[1] 表面的には同じ物や同じことであっても、「私」にとっては、あるいは「私とあなた」の間では、時間をかけてかかわる中で込められた思いや編まれた関係性が価値をもち、目に見えない特別な意味をもつものです。

授業の中で扱われる教材。授業の中で交わされる言葉。一見すると、みんな同じ教材を広げ、めあてやまとめの言葉を共有しているように見えます。そして私たちは、その子が課題について「わかっている／わかっていない」「できている／できていない」というように、目に見える尺度で測ろうとしてしまいがちでもあります。何でもわかりやすく「見える」ように、可視化することを良しとする風潮もあります。

しかし、授業には、目に見えないこと、可視化しがたいことがたくさんあります。同じ教材であっても、子どもによって思い入れが異なり、違う意味をもつかもしれません。「できる／できない」では言い切れない、間の試行錯誤には子どものさまざま

[1] サン＝テグジュペリ（河野万里子訳）『星の王子さま』（新潮社、2006、108頁）

な思いや考えがあるはずです。今日のこの一時間までに毎日長い時間をかけて学級の関係性が構築され、その中でその子らしさがアイデンティティとして培われてもいます[2]。教師の側も同様です。教師として生きてきた人生の中で、この学校に赴き、この学級を受け持ち、この子どもたちと出会っているわけです[3]。一人ひとりの子どもにも教師にも、目に見えない文脈が張り巡らされていて、その中で授業の一時間一時間が過ごされ、その一時間一時間がまた文脈を構成していきます。

「授業研究会」は、たいてい一時間の授業を対象に、そこで見えたことを語り合うことになります。話題は、どうしても一時間で自分に見えたことに終始してしまいがちです。見えないことにまで視野をいかに拡げることができるかが問われる場と言えます。焦点を当てた一時間の授業を丁寧に検討しつつも、見えにくい背景や脈絡に目を配り、次の一時間、次の単元、ひいてはこれからの子どもや教師の成長につながるように語り合っていくには、どうしたらいいのでしょうか。

授業研究会に参加するメンバーにもまた、それぞれに異なる文脈があります。それまでに学んできたこと、経験してきたことは一人ひとり異なり、参観した学年・学級に対してどんな思いをもち、その単元や授業に対してどんな考えをもつかも多様です。授業者との関係性も、研究会の中での役割意識も、一人ひとり異なることでしょう。私たちが授業を観て語る行為は、こうした目に見えない文脈に根差しているものですが、それは自覚されないことも多いのではないかと思います。

[2] 子どもの発話の仕方一つにおいても、教室での関係性が反映されていることが明らかにされている。たとえば、藤江康彦「一斉授業における子どもの発話スタイル——小学5年の社会科授業における教室談話の質的分析」『発達心理学研究』10巻2号(1999)125-136頁。

[3] こうした教師の歩みが持つ意味は、ライフヒストリー研究やライフストーリー研究によって明らかにされてきている。たとえば、グッドソン、I・V(藤井泰・山田浩之訳)『教師のライフヒストリー』(晃洋書房、2001)、稲垣忠彦・寺崎昌男・松平信久『教師のライフコース』(東京大学出版会、1988)など。

本書の著者の多くとともに行ってきた授業研究においても、同じ授業を観た後に互いに記録を持ち寄って語り合ってみたところ、一人ひとりがまったく異なる見方や記述をしていて、一人ひとりの学問的な背景や実践的な経験に根差したその人らしさが見て取れることに、それぞれが驚いたものです。そして、自分に見えていないことがいかにたくさんあるかということにも気づくことになりました。

授業研究では、そこに参加するメンバーそれぞれが、協働しながら教育実践の場にかかわることで、授業研究において「たいせつなこと」を共有するようになります。この「たいせつなこと」は、互いのやりとりの中で言語化されることもありますが、仲間内の文脈において暗黙に理解され共有されもします。

目に見えない文脈に織り込まれたことも、言語化し、叙述や物語として表すことは可能です。本書では、「授業研究」を一時間の授業を検討することに留まらず、参観したことや実践したことを書き言葉としても表し、実践者が長い実践の歩みを記録として叙述し省察していくことも「授業研究」に含めています。さらにメタに捉え、授業研究をどう進めてきたかという、授業研究の実践そのものを叙述し、私たちが協働で探究してきた中で共有してきた目に見えない「たいせつなこと」をできる限り言葉で表現したのが本書と言えます。そして第Ⅳ部には、紙幅の都合もあり長い歩みの分厚い実践記録[4]こそ掲載できませんが、私たちの行ってきた授業研究の様相をできる限り再現できたらと願い、提示しました。

[4] ここでいう「長い歩みの分厚い実践記録」とは、伊那市立伊那小学校、富山市立堀川小学校、信州大学教育学部附属学校、福井大学教育学部附属義務教育学校などの研究紀要に収録されているような実践記録を指している。

本書の読者であるあなたもまた、固有のバックグラウンドをもち、授業研究を実践している／しようとしている場があるのだと思います。そこにはそこの文脈があり、マニュアル通りにやればうまくいくということは決してないでしょう。だからこそ本書には授業研究の細かな方法は書かれていません。あなたが実践の場において仲間と協働していくときに、本書の書き手との対話が、授業研究の在り方を問い直し、意味や価値を見出すことにつながればと願っています。

さあ、はじめましょう。

〔岸野麻衣〕

I 授業研究とは何か?

1-1 授業研究の誕生と成長《ヒストリー》
——実践と理論の間《はざま》で

学校の中で教師たちが授業を見合って学び合う授業研究、その誕生は一四〇年ほど前の日本の明治初期まで遡ります。この長い歴史の中で、授業研究は時代の荒波に翻弄されながら、教授学習に関する研究知見と理論の影響を受けながら、多層多様な成長を遂げてきました。ここでは、実践と理論の間《はざま》で揺れ動く**教師の自律性**という視点で、授業研究の歴史を紐解いていきます。[1] 図I-1の教育をめぐる日本の情勢を踏まえた授業研究の成長記録を手がかりにして、授業研究の歴史を辿っていきましょう。

授業研究の胎動を文明開化の鐘の音と共に聴くことができます。当時、近代国家の第一歩を踏み出した日本は、国民皆学の実現を目指す「**学制**」発布により小学校を発足し、[2] 欧米から**一斉授業の方式**を輸入しました。それまで寺子屋や藩校で子弟たちに**個別教授**を行っていた師匠の多くが、各府県の講習所や**師範学校**で一斉授業の講習を受け、教師として認定されます。[3] もちろん、新しい授業方式は一朝一夕に身に付くものではありません。そこで新しい教師たちは、新設の小学校で、個人でも同僚同士でも**自主的な授業の研修**を始めます。授業研究の鼓動も聴こえてきました。

[1] 専門職と非専門職を分けるのは実践過程における自由裁量権と自律性の範囲であり、授業研究はこれらを基盤にした実践である。教師の自律性について詳しくは、稲垣忠彦・佐藤学『授業研究入門』(岩波書店、1996)、稲垣忠彦『教師教育の創造——信濃教育会教育研究所五年間の歩み』(評論社、2006)、ハーグリーブス、A&フラン、M(木村優・篠原岳司・秋田喜代美監訳)『専門職としての教師の資本』(金子書房より刊行予定)を参照。

[2] 学制発布前まで教育の権利は個人にあり、教育を希望する町民や農民の子弟は寺子屋や心学講舎に、武士の子弟は藩校や郷学に通っていたのだが、学制発布により六歳以上の子どもを学校に通わせることが法的に義務づけられた。1873年の就学率は男子34%、女子15%と現在に比べれば少ないが、それでも教育を受ける子どもの数はその後、急激に増加していく。近代学校制度の歴史的変遷や就

注）本図は、以下の文献を主に参考しにして筆者が作成。
稲垣忠彦・佐藤学著『授業研究入門』（岩波書店 1996）
秋田喜代美編著『授業研究と談話分析』（放送大学教材 2006）
秋田喜代美・キャサリン ルイス編著『授業の研究教師の学習：レッスンスタディへのいざない』（明石書店 2008）
日本教育方法学会編『日本の授業研究 上巻 授業研究の歴史と教師教育』（学文社 2009）

図Ⅰ-1　授業研究の成長記録

授業研究の誕生は、教育政策が矢継ぎ早に制定されて学校で教える教育内容が定められ始めた1880年代前後と考えられます。当時の教授法指南書には、発問等の教授法に加え、授業の計画を示す**教案**の書き方、他教師の授業を見て学習課題や教育方法を**批評**する研究の必要性が説かれています。[4] 1885年には小学校の就学率上昇に伴って教員数が十万人近くまで増加したので、多くの教師が一斉授業の指南書を抱えて同僚の授業を参観し、**授業批評会**を開き、一斉授業の方式と各自の教育哲学や授業のワザについて同僚と熱心に議論する、そんな光景が目に浮かびます。

授業研究の普及を確認できるのが1900年代です。当時、就学率の急上昇に伴って教科書の国定制化による教育内容の規制強化が行われ、効率的で標準的な教育が推し進められます。そこで注目されたのが**五段階教授法**[5]の授業方法です。この時期、多くの学校で**授業研究会**（**批評会**）が制度化され形式化されるのですが、研究授業は五段階教授法の構成が通例となり、授業研究会も**授業展開の評価**と**教師の一挙手一投足の指導**に偏重しがちになっていきます。授業研究の普及がその定型化を招き、教師の自由裁量権と自律性を減じてしまったのです。ただし、この閉塞状況を打破しようと、教師の発問や板書や机間指導といった**一斉授業の教授法研究**が芽吹き、**同僚の授業参観**と**実践の自己省察**の重要性も強く指摘されるようになったのです。

授業研究の進歩を1910年代の**大正自由教育運動**の中に見ることができます。自由で開放的な**子ども中心**の授業と教育課程への挑戦です。この挑戦の中核を担っ

学率統計は文部科学省の「学制百年史」と「学制百二十年史」に詳しい。http://www.mext.go.jp/b_menu/hakusho/hakusho.htm を参照。

[3] この新しい教師たちが学んだのが、事物や事象に対する子どもの直感から出発して知識の習得を進めるペスタロッチ主義の教授理論であり、子どもたちを学級集団として一斉指導するための新しい授業の手順、指示の仕方、教科書、教具等だった。

[4] 若林虎三郎・白井毅編『改正教授術』（普及舎、1883）

[5] ヘルバルト主義の教授理論である子どもの学習過程における事物や事象への認識：没頭と致思による「明瞭・連合・系統・方法」の四段階を、ラインが「予備・提示・連結・総括・応用」の教授法の五段階に変換したものである。現代の私たちにもなじみ深い「導入・展開・まとめ」という一斉授業の形式の原型がこれである。

たのが**師範附属学校**や**新設私立学校**です。デューイ等の欧米の**新教育**の教授学習理論を参考にした**学校拠点の教育実践研究**が推進され、**公開授業研究会**が盛んに開かれます。[6] 特筆すべきは、教師たちが授業実践を**物語**として綴る「**実践記録**」を開発し、そこで自らを「**私**」という一人称で、子どもを「**固有名**」で語り始めたことです。[7]この実践記録は、学校や研究会の機関雑誌に収録され、全国各地の教師たちに読まれることになります。授業研究は**実践を書く**という教師の自律的な行為によって価値づけられ、広がり、実践の相互交流から自律進化へと結びつくと言えるでしょう。

授業研究の衰退が第二次世界大戦期に起こります。軍国主義が苛烈を極め、民主主義と自由主義を追求する新教育も弾圧の対象となります。また、教育資源の慢性的不足、思想教育の徹底、学童疎開が相俟って、学校での授業研究の実施自体が困難な状況に陥ります。ただし、戦後すぐに多くの学校で授業研究が再開されることから、新教育と授業研究の実践は戦時体制下でも脈々と受け継がれていたと考えられます。

授業研究の再生が大戦終結後、一息に進められます。1947年の学習指導要領は「**試案**」とされ、学校と教師の自律性を保障した授業と教育課程が奨励されます。そこに大正期に培った新教育の水脈が合流し、多くの教師が子どもの学ぶ姿に即して授業を参観し、子どもの学びを語り、実践記録を綴ります。教師の自律的な学びを支える**民間教育運動**が花開くのもこの時期です。**戦後新教育**の再挑戦と授業研究の再生は、戦時体制下で大きく歪められた**民主主義の学校と教育の再生**だったのです。

[6] 代表する学校・人物と実践例として、明石女子師範附属小学校・及川平治の「動的教育法」、奈良女子高等師範附属小学校・木下竹次の「合科学習」、長野師範学校附属小学校・淀川茂重の「研究学級」、成城小学校・澤柳誠太郎の「実際的教育学」とそれに基づくドルトン・プラン、池袋児童の村小学校・野村芳兵衛の「生活綴方教育」等が挙げられる。

[7] 詳しくは、浅井幸子『教師の語りと新教育――「児童の村」の1920年代』（東京大学出版会、2008）を参照。

[8] 代表的な教育研究者として、重松鷹泰、木原健太郎、砂沢喜代次等が挙げられる。また、研究実践者とも言える斎藤喜博や大村はまが授業研究を推進したのもこの時期である。

授業研究の硬直現象が1958年の学習指導要領の改訂による教育課程の基準化を機に始まります。トップダウンの行政研修制度の確立、高校・大学進学率上昇による受験指導への傾斜が、授業研究の実践に対する教師たちの自律性を蝕み始めます。さらにこの時期、授業を対象とした科学的研究が推進され始めます。これが**実践者と研究者による共同の授業分析**[8]という授業研究の新しい地平を拓く一方で、教授学習の詳細な行動分析と徹底した客観データ収集が学校と教師を疲弊させてもいきます。

授業研究の苦戦が続きます。高度経済成長期における学校教育の急速な効率化と画一化が子どもの校内暴力や不登校といった形で影を落とし、教師は子どものケアに追われ多忙化していきます。また、大学発の授業の科学が隆盛を極め、その知見や手法が学校に導入されます[9]。これは一方で**学校の授業研究の多様性**を生み出しますが、他方でその客観性と一般化の追求が「**T－C**」**の逐語記録**に見られる**授業の固有性と教師の言葉の剥奪、授業と授業研究のマニュアル化**に結びつく事態を招きます。

授業研究の転換が1990年前後から目指されます。授業の科学や教師個人の研鑽のためでなく、すべての子どもと教師の学びと育ち、**学校改革のための授業研究**への転換です。この挑戦は「**技術的熟達者**」から「**省察的実践家**」への**教師の専門家像のパラダイム転換**に並行して進められます[10]。授業研究は教師たちの協働的で省察的な実践を洗練する**事例研究**として再評価されるのです。国の教育政策もコンテンツ習得から**コンピテンシー**涵養へと目標の強調点を移し始め、コンピテンシー・ベー

[9] 北海道大学、東京大学、名古屋大学、神戸大学、広島大学の教育学研究者たちが中核的担い手で、それぞれ欧米の教育学研究（旧ソ連の教授過程研究、米国のカリキュラム研究、西ドイツ教授学、東ドイツ教授学）を理論的基盤として「授業の科学」を推進した。

[10] 理論や技術を実践に適用する「技術的熟達者」から、実践の中で状況と対話しながら自律的な判断を行う「省察的実践家」への教師像の転換である。詳しくは、ショーン、D・A（柳沢昌一・三輪健二監訳）『省察的実践とは何か―プロフェッショナルの行為と思考』（鳳書房、2007）を参照。省察的実践の概念は、教師たちが自律して同僚性を育み、学校組織を運営刷新していくための実践の認識論となっている。

[11] ビデオ記録による授業研究方法の開発がこの一役を買っている。たとえば、授業づくりネットワークが開発した「スト

スの新しい教育課程の編成と教育方法を奨励します。授業の形式が多様化してきたことで授業研究も複雑化し、より一層の工夫が学校と教師に求められていきます。[11]

授業研究の越境が1990年代末に起こります。**国際学力テストでの日本の好成績の秘訣**に授業研究が紹介されたのをきっかけに、世界各地で授業研究の試行が始まります。[12] 国内でも2007年に全国学力・学習状況調査が始まり、**学力向上を目指す授業研究**が各地で推進されます。[13] また、生徒指導や特別支援教育や国際化といった教育課題の複雑化への対応として、2008年から全国に**教職大学院**が整備されていきます。実践・学校ベースの教師教育を推進する教職大学院は、学校および教育委員会と協働連携し、現職教員院生や学部卒院生の「学校における実習」を媒介にしながら、地域の学校の授業研究を支援する体制を整えつつあります。これらを背景として、各地の学校で授業研究の発展と再生が興り、授業研究がさらに多様化しつつ、**地域を超えた学校間の授業と授業研究の学び合い**がローカルに加速していくのです。

授業研究の革新《イノベーション》が今、求められています。世界中の国や地域がこれからの時代に必要なコンピテンシーを子どもたちに涵養する教育を追求し、そこで**教師が最も重要な専門職**であることが認識されています。教育研究でも、教育の外側からではなく、内側からの教師と研究者の共同研究や教師自身の探究が求められています。今こそ、先達が切り拓いた地平を岩盤とし、現在培っている**学校ネットワーク**を拡張し、つながりを強め、相互作用による授業研究の自律進化を目指す時なのです。〔木村優〕

ップモーション方式」では、授業で「重要」と考えられる場面を一時停止して視聴し、各場面で解説者による説明や参加者同士による発問予想等を組み込んで自由に議論する。この概要と現状は、上條晴夫「役に立つ授業分析——ストップモーション方式を中心に」『教育研究』1308号（2011）18～21頁で丁寧に紹介されている。また、佐藤学らによる「学びの共同体」でもビデオ記録を活用した授業研究を長年奨励している。

[12] 詳細は「1-7　国境を越える」で紹介する。

[13] ただし、学力向上を学校と教師の説明責任の至上命題とする授業研究は、目に見える成果の追求と集中的な訓練を教師たちに課すこともある。したがって、学力向上を一直線に狙うトップダウンの授業研究は短期的な成果をあげることはできても、長期的で持続的な教師の成長と学校の発展を促すのは困難である。

1－2 教師を育てる

――専門職として成長するために

授業研究が広く普及し、さらなる革新に向かいつつあるのは、それがまぎれもなく教師を育てる実践だからです。教師が専門職として力量を高めていく上で、授業研究がどのような意味をもつのか確認していきましょう。

■教えることの技術を磨く

特に初任教師にとって、授業での課題設定や発問の仕方、子どもの発話への対応など、熟練教師の技術を観ることは参考になるでしょう。熟練教師に自分の授業を観てもらい、自分の指導方法のどこが問題でどうすればより良くなるのかを指摘してもらうことも参考になるに違いありません。これらの過程では、**指導方法の技術**を磨くと同時に、**教材についての知識**や子どもの発達に応じた**教材内容についての理解**も深めることができます。しかし、指導方法に目を向けるあまり、教師のねらい通りに学習内容を習得できるよう子どもを効率よく動かす方法ばかり探すようになると問題です。

■子どもの学びを促す

学習の質の転換[1]が求められている今、教師の指示に従って動くことに留まらず、**子どもたち自身が主体的に課題に向かい、探究して学びを深めていく学習**が必要とされています。このような学習を組織するためには、授業の中で**子どもが学んでいく過程**をつぶさに捉え、**子どもの思考の流れや探究の深まり**をつかみながら、授業デザインを検討し、**どう授業を再構成すれば学びが深まるのか**を考えていくことが教師に求められます。実際、熟練教師は新任教師に比べて、同じ授業を観ても、より多くのことに気づき、根拠に基づいて子どもの教材理解や授業の展開について語ることができ、授業を構成するさまざまなつながりを考慮して子どもの発言や教師の行為を捉えることができるとされています[2]。

■共に学び続ける集団を組織する

子どもの学びを捉える力量は、**教師一人で形成することが難しい**ものです。自分では子どもの学びを捉えているつもりが、実は十分捉えきれていないかもしれません。他者の子どもの捉えに触れることで、自分には見えなかった姿が見えてきたり、自分の捉え方の特徴に気づいたりすることができます。授業研究において子どもの捉えを同僚と交わし合うことは、熟練教師にとっても**子どもに対する目の送り方を見直す**機会になるのです。近年、「教え」のみならず「学び」の専門家の側面も備え、「学

[1] 中央教育審議会による「幼稚園、小学校、中学校、高等学校及び特別支援学校の学習指導要領等の改善及び必要な方策等について（答申）」（2016）においても、OECDの提起するキー・コンピテンシーなど世界的な動向を踏まえ、これからの時代に求められる資質・能力を身に付け、能動的に学び続けることができるよう、学びの質を重視し、学習のあり方そのものの問い直しを図っている。

[2] たとえば、秋田喜代美・佐藤学・岩川直樹「教師の授業に関する実践的知識の成長―熟練教師と初任教師の比較検討」（『発達心理学研究』2（2）、1991、88～98頁）などが挙げられる。

び続ける教員像[3]」が重要と提起されてきたことを考えても、子どもの学びを捉える力量を生涯にわたり高めていくことが必要です。そしてこの力量を培っていく上では、指導する／される関係ではなく、**教師同士が協働で学び合う関係性をもった集団を組織していく**ことが重要です。世代や立場にかかわらず対等な同僚関係の中で協働しながら、学年／学校として、子どもの学びを丁寧に捉えて学びの質を高めていく集団を組織していけるようになることが、熟練教師にとっての成長であるとも言えます。

■不断に研究し省察する

教師の実践は、「技術的合理性」に基づくものではなく**省察的実践**[4]だと言われます。授業実践では、教師にとって目を見張る子どもたちの発想や予期しなかったつまずきが起こることがあります。そこで感じる驚きや戸惑いを受け止め、状況を変化させるべく、現象に立ち返り、自分の思考そのものを問い直し、新たな枠組みで実験的に試していくのが専門職です。状況と対話し、問い直しと実験を重ねていくことは、すなわち実践を不断に研究し省察することであり、教師の力量の本質とも言えます。授業研究は、授業者にとって、さまざまな出来事についての**自己内の対話が意識化**される機会になると同時に、参観者との対話により、自身の思考や情動が引き出され、**省察的な思考の様式を育む**場になります。また参観者にとっても、授業の中で同僚が子どもたちの学びを支え促すために働かせた思考や情動等に触れる機会になり、**未経験の**

[3] 中央教育審議会「これからの学校教育を担う教員の資質能力の向上について――学び合い、高め合う教員育成コミュニティの構築に向けて（答申）」（2015）において整理されている。

[4] ショーン、D・A（柳沢昌一・三輪建二監訳）『省察的実践とは何か――プロフェッショナルの行為と思考』（鳳書房、2007）およびショーン、D・A（柳沢昌一・村田晶子監訳）『省察的実践者の教育――プロフェッショナル・スクールの実践と理論』（鳳書房、2017）を参照されたい。

状況（**事例**）**とそこでの判断の仕方を学ぶ場**になります。さらには、同僚の実践を通して、**参観者自身の物の見方や実践そのものを問い直す**ことにもつながります。

■公教育を担う使命と責任をもつ

数ある専門職の中で、教師という専門職の独自性を考えると、それは**公教育を担う立場**であるということです。教育基本法に照らして考えても、[5] 平和で民主的な国家および社会にとって、国民一人ひとりが自分の頭で考えて判断し、話し合って、ものごとを決めていく自己立法の力を形成していくことが公教育には求められます。授業研究においても、どうして学校ですべての子どもが各教科の各領域を学ぶ必要があるのか、どのように学ぶことが適しているのかなど、**公教育の理念に立ち返った視点で、授業の中での子どもの学びやそれを支える教師のかかわりを検討**していくことで、公教育の使命と責任をより自覚して実践していくことが可能になります。

「専門職 profession」の語源は「神の前で宣言する・告白する profess」だともいわれ、社会のために尽くすことを誓い、公に宣言する仕事だと言えます。昨今は**説明責任**も求められ、専門職として自分の実践を公にすることが必要とされます。授業研究を通して、教師が教室を開き、同僚と授業を見合い語り合い、学び続けていきながら、子どもの学びやそれを支える自身の働きかけについて省察を重ね、**実践記録**等により公にしていくことが、専門職としての成長を支えると言えます。〔岸野麻衣〕

［5］教育基本法の第一章 教育の目的及び理念のうち（教育の目的）第一条に記載されている。

1―3

学校を育てる

――専門職の学び合うコミュニティとして発展するために

授業研究は教師を育てる力と共に**学校を育てる力**をもっています。教師の学びと成長は同僚間の協働や信頼といった**社会関係資本**を豊かにすることで深まり促進されます。授業研究はそもそも**教師たちの協働に基づいて営まれる実践**ですから、その推進が教師たちの社会関係資本の源である**同僚性**を耕し、**学習する組織**を築き、**専門職の学び合うコミュニティ**の文化を培う助けになるのです。

■同僚性を耕す――個人主義から協働主義へ

教師の同僚関係には五つの型が見出されています（図Ⅰ－2）。授業研究はいずれの型に対してもそこに内在する問題を打破し、改善する可能性を秘めています。

まず、**授業研究は閉ざされた教室の扉を開いてくれます**ので、教室の子どもたちの学びと育ちに対する責任を教師個人から教師集団へ移すことが可能です。また、**授業研究は異学年・異教科・異年代を交えて組織可能**ですので、教師グループを隔てる壁を溶かし、相互理解を促す助けとなります。次に、**授業研究はその研究としての特**

性から「研究主題」を学校のビジョンに設定可能ですので、同僚間の協同[1]の絆に基づく研究推進による職場の活性化が期待できます。また、**授業研究は教師と子どもたちが営む授業という教育の最前線から出発するボトムアップの実践**ですので、トップダウンへの対位旋律を奏で、管理職も含めた同僚間で学び合う対等な関係を編み直すことが可能です。最後に、**授業研究は複数世代の教師たちの協働によって学校のビジョンの明確化と共有化を図って推進**されますので、将来のリーダー育成とそれによるリーダーシップ分散の推進、ビジョン実現に向けた学習する組織の構築に結びつくのです。

■学習する組織を築く――現在志向から未来志向へ

学習する組織とは、「組織がビジョンを達成する力」と「組織に属する個人が自己のビジョンを達成する力」を伸ばし続け、複雑な状況変化に対応して問題解決を図ることのできる組織のことを言い、学校の組織づくりを考える上で有用な考え方の一つです。

学習する組織を築くのに不可欠とされる三本柱を図I－3に示しました。この図を見ると、**授業研究が学習する組織を学校に築く力を有する**ことがわかります。まず、授業という不確実で複雑な営みを協働で見て検討するという授業研究の営為それ自体

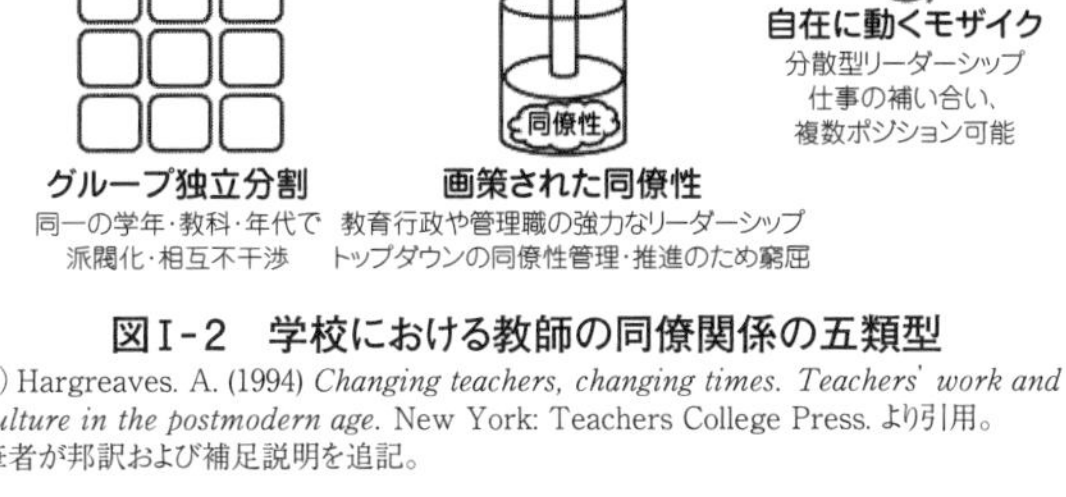

図I－2　学校における教師の同僚関係の五類型

注）Hargreaves. A. (1994) *Changing teachers, changing times. Teachers' work and culture in the postmodern age.* New York: Teachers College Press. より引用。筆者が邦訳および補足説明を追記。

[1] ここでは、同僚間の絆が深い一方で組織のビジョンが希薄な協力関係を表す際に「協同」、組織のビジョンが明確な協力関係を表す際に「協働」を表記に用いている。

が**複雑性への理解**を私たちに促してくれます。また、授業研究はそのプロセスで一貫して教師たちの**省察と協働による共創的対話**により営まれ、専門職としての成長発達に向けた**教師一人ひとりのビジョンの育成**、子どもたちに培いたいコンピテンシーや教師集団に耕したい同僚性、家庭と地域社会との協働連携体制のあり方といった**学校組織のビジョンの育成**を目標に据えて組織運営することが可能です。学習する組織の構築を目指す授業研究は、「今、この時」の目の前にいる子どもたちの幸福につくすためにどうしても現在志向性が強くなる教職の視野を、未来に向けて拓いてくれるのです。

■専門職の学び合うコミュニティの文化を培う——保守傾向から進歩傾向へ

同僚性を耕すのも、学習する組織を築くのも、すべては学校に**専門職の学び合うコミュニティ**の文化を培っていくためです。専門職の学び合うコミュニティとして運営される学校は、すべての子どもの学びと育ちを保障することを教育実践の中核にすえて、教師たちの組織学習に基づく協働とケア、子どもの学びの実態に即した評価に基づく実践の成果検証、この二つを支えとしながら常に改善し続けていく文化[2]の特徴をもちます（図Ⅰ－4）。この改善を継続するという特性から、専門職の学び合うコミュニティの文化は、個人主義と現在志向の強まりから実践の変化を拒みやすくなる教師の保守傾向[3]を和らげ、すべての子どもの学びと育ちのために

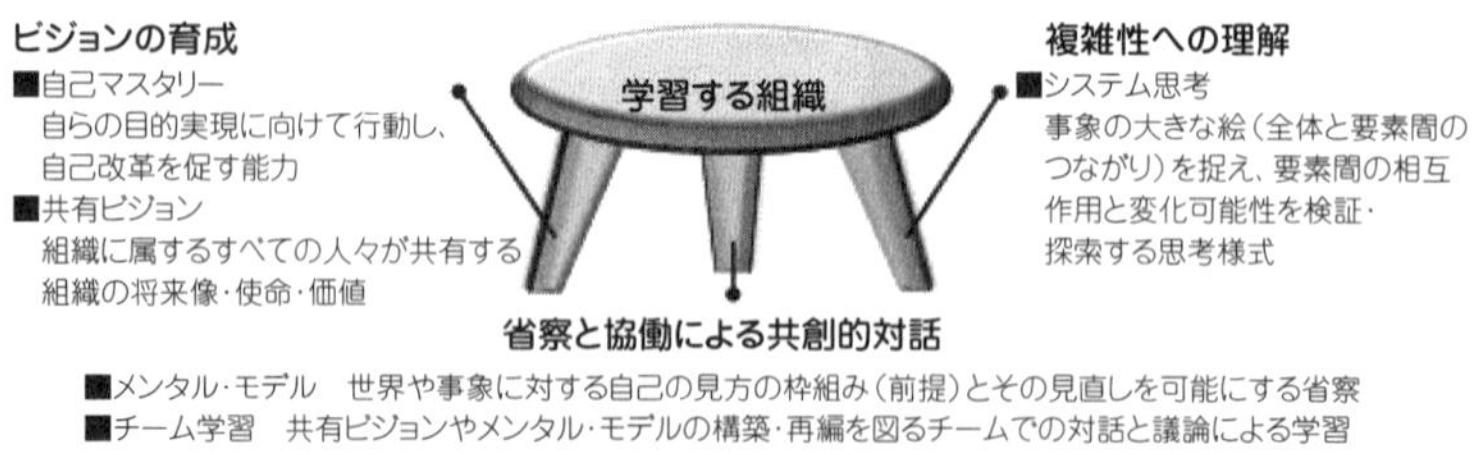

ビジョンの育成
■自己マスタリー
自らの目的実現に向けて行動し、
自己改革を促す能力
■共有ビジョン
組織に属するすべての人々が共有する
組織の将来像・使命・価値
学習する組織
複雑性への理解
■システム思考
事象の大きな絵（全体と要素間の
つながり）を捉え、要素間の相互
作用と変化可能性を検証・
探索する思考様式
省察と協働による共創的対話
■メンタル・モデル　世界や事象に対する自己の見方の枠組み（前提）とその見直しを可能にする省察
■チーム学習　共有ビジョンやメンタル・モデルの構築・再編を図るチームでの対話と議論による学習

図Ⅰ-3　学習する組織を構築する三本柱

注）センゲ・P（枝廣淳子・小田理一郎・中小路佳代子訳）『学習する組織：システム思考で未来を創造する』（英治出版 2011）より引用。筆者が補足説明を追記。

実践と組織を変革し続ける進歩傾向を教師に高め、コミュニティ自体を成熟させていくのです。

そこで、専門職の学び合うコミュニティの文化を培う授業研究には、すべての子どもの学びと育ちに探究の光を当て、教師たちの協働と互恵的なケアを奨励するための創意工夫を重ね、子どもの学びの事実に基づいて対話と議論を行うデザインが必要になります。また、専門職の学び合うコミュニティの文化は長期にわたって成熟していくものなので、学校それぞれの発展プロセスに即しながら、授業研究における協働探究の強調点を、調整していくことが大事になるのです。〔木村優〕

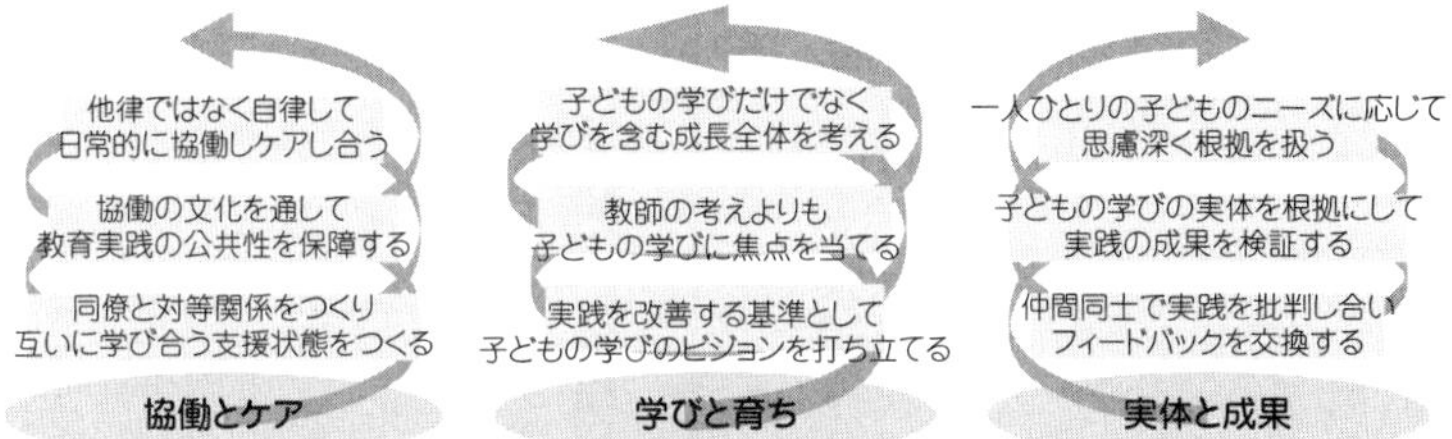

他律ではなく自律して
日常的に協働しケアし合う
協働の文化を通して
教育実践の公共性を保障する
同僚と対等関係をつくり
互いに学び合う支援状態をつくる
協働とケア
子どもの学びだけでなく
学びを含む成長全体を考える
教師の考えよりも
子どもの学びに焦点を当てる
実践を改善する基準として
子どもの学びのビジョンを打ち立てる
学びと育ち
一人ひとりの子どものニーズに応じて
思慮深く根拠を扱う
子どもの学びの実体を根拠にして
実践の成果を検証する
仲間同士で実践を批判し合い
フィードバックを交換する
実体と成果

図Ⅰ-4　専門職の学び合うコミュニティの文化とその成熟

注）専門職の学び合うコミュニティの文化とその成熟の概念は以下の文献に詳しい。

Hord, S. M. (1997) *Professional learning communities: Communities of continuous inquiry and improvement.* Austin. TX: Southwest Educational Development Laboratory.
DuFour, R. (2004). What Is a "professional learning community" ? *Educational Leadership*, 61, 6-11.
Hargreaves, A. & O'Connor, M. T. (2018) *Collaborative professionalism: When teaching together means learning for all.* Thousand Oaks, CA: Corwin.

〔2〕専門職の学び合うコミュニティの文化は、子どもの学業や生活の改善に寄与する学校文化と考えられている。授業研究との関連知見として千々布敏弥『プロフェッショナル・ラーニング・コミュニティによる学校再生――日本にいる「青い鳥」』（教育出版、２０１４）において、授業研究の実施が「教師の指導力向上」と「子どもの学力向上」に直結するわけではなく、授業研究による「教員間のまとまり」を経由することで両者の向上が見込まれることが示され、授業研究と専門職の学び合うコミュニティの文化との連動性や親近性が示唆される。

〔3〕教師文化に内在する個人主義・現在志向・保守傾向の各関係についての議論は、Hargreaves, A. "Presentism, Individualism and Conservatism: the Legacy of Dan Lortie's Schoolteacher", *Curriculum Inquiry*, Vol. 40, No.1, pp.143-154, 2010. を参照した。

1-4 授業研究のアクチュアリティ
――「プロセス」と「サイクル」

学校の校内研修の一環として実施される授業研究は、連綿と織り重なっていく授業とカリキュラムに並走しながら、教師たちの生き生きとした協働探究を**陰に陽に、あらゆる局面で**、編み込み続けていく実践です。この意味で、授業研究の出発点はいつでもどこにでも、学校の中に存在すると言えます。授業研究の実施をひとたび決意すれば、私たちはすぐに、その世界へとつながる扉を開くことができるのです。

授業研究の世界の扉を開くと立ち現れるその**アクチュアルなプロセスとサイクル**を確認し、そこで私たちが行う協働探究の実態を明らかにしていきましょう。

■授業研究のアクチュアルなプロセス

授業研究のグランドデザインを練る：まず求められることが、校内研修を組織する**リーダーシップチーム**による**授業研究の展望の明確化**です。授業研究が子どもたちと教師たちの学びと育ち、そして学校の発展や問題解決にいかに結びつくのか、学校の「**大きな絵**」の中に授業研究を位置づけるわけです。この展望がおぼろげで、さらに同僚間で共有されていないと、教師たちは授業研究に意味や価値を見出せず、次第に授業研究をただこなすシャドウ・ワークと捉えてしまう可能性さえあります。[1]

次に、**授業研究と他の研修機会との連動性**を図ることになります。校内の研修機会としては、特別支援教育や人権教育等を検討する**他の校内研修会**[2]、定期開催される部会・学年会・教科会・委員会といった教師チームによる**組織学習の機会**が挙げられます。これら多様な校内研修会や組織学習の機会を授業研究と結びつけることで、それぞれの学習機能が効果的に相乗作用することでしょう。また、**日常の授業公開**を授業研究の一環活動として組み込むことも必須です。教師たちの日々の協働探究を組織し、励ますことが、授業研究の展望の共有へとつながっていくのです。

一方、校外の研修機会として、他校の公開研究会、初任者研修や教職経験者研修といった悉皆研修、教育関連の研修会やフォーラム、国内外の学会年次大会等があります。これらのうち、毎年の開催時期が決まっているものは校内研修の計画と連動させやすく、自校の授業研究の点検・刷新に寄与する事例やアイデアの宝庫と言えます。

こうして授業研究の展望と連動性が「**ケの場**」で見えてくると「**ハレの場**」の活動、すなわち学習指導案の検討会、研究授業、授業研究会、公開研究会を実施する**計画**（日程、回数、授業者、外部支援者の有無等）と**方法**（道具、対話と議論の形態、発見や知見の共有の仕方等）を戦略的に練ることが可能になります。そして、授業研究の展望、連動性、計画と方法を含めたグランドデザインを同僚全員で共有し理解を

[1] したがって、この展望の明確化は教職員全員で行ってもよい活動である。

[2] ほかにも、異校種の合同研修会、外国人児童生徒への支援に関する研修会、ICT教育機器の研修会、学校の安全・安心に関する研修会等、さまざまな研修が校内で組織される。

深めていく機会を、校内研修や日々の職場環境の中にデザインしていくのです[3]。

授業実践のデザインを練る：授業研究のグランドデザインに基づき、一人ないし複数の授業者が研究授業のデザインを練ります。教師が個人で授業を実践するのが教職の日常ですが、授業研究では授業者が授業（単元）デザインを練る中で同僚に相談したり、同僚の授業参観から授業デザインのヒントを得たりすることが奨励されます。つまり、授業研究は教師たちによる**協働の授業デザイン**の絶好の機会なのです。

実際に多くの学校で、研究授業の単元がおおむね決定した時期に、教師チームや教職員全員による学習指導案の検討会が開かれています。学校組織にすでにある**集合的な知性**を戦略的に用いることで、授業デザインを洗練し、教材や教具の選択の幅を広げ、子どもたちが**深い学び**に没頭できる学習環境をデザインしていくのです。

ただしここで、同僚や管理職が授業者の授業づくりに著しく干渉して、授業者による実践中の自由裁量の判断余地を残さないほどの授業・単元計画を厳格に定めるよう要求するような指導を決して行ってはいけません。**専門職としての自律性**、**対等な協働関係**、**意思決定の力**、これらを保障し高めることで、教師は子どもたちの学びと探究の道筋に応じて実践の中で落ち着いて立ち止まり、思考をめぐらし、可変可能で柔軟な授業をデザインし実践することができるのです[4]。

授業を実践する／追究する：研究授業では、授業者が普段通りに授業を行います。しかし、ときに、授業者は授業公開に少なからず緊張感を覚えるかもしれません。ま

[3]「3-1　発想と調整」と「3-4　ねらい」では、授業研究会のデザインを中心にこの詳細を論じているので参照。

[4] ハーグリーブス、A＆フラン、M（木村優・篠原岳司・秋田喜代美監訳）『専門職としての教師の資本』（金子書房より刊行予定）

た、後の授業研究会を見越してできるだけ多くの出来事を記録・記憶しようと注意が散漫になるかもしれません。あるいは、授業の「計画」が気になって時計の針を何度も見つめては焦燥感を覚えるかもしれません。しかし、**授業では何よりも子どもたちの学びと探究が最優先**であることを授業者は胸に刻み、子どもたちの学びと挑戦を支え、子どもたちと一緒に、学習課題の協働探究に没頭することが肝要です。

リーダーシップチームは研究授業の前に、授業者と協力して**授業参観の補助資料の準備**を行います。たとえば、教室の座席表、授業や単元デザインを示す学習指導案、子どもたちの学びと探究の歩み、そして授業研究のねらいを示した資料等です。当日の授業研究会の目標に応じて、授業記録やビデオカメラといった道具も用意する必要があります。研究授業中には「一参観者」として授業参観に集中します。

参観者は補助資料を通じて研究授業のデザイン、授業者の特性と挑戦課題、授業研究のねらいを確認し、それらと自らの関心を重ね合わせて子どもたちと授業者の協働探究を追究し、**参観記録**を採っていきます。[5] もちろん、ただ漫然と授業を眺めているだけでは子どもたちと授業者とのかかわりの機微や、子どもたちの学びが前進する決定的な瞬間を捉えることはできません。また、参観中に子どもに何度も話しかけたり、子どもの視線や言葉を身体で遮ったりしないよう、注意する必要もあります。[6] 教師と同じく、参観者には専門職としての**思慮深さ**と**気配り**が求められるのです。

実践を省察する：研究授業後に授業研究会を開きます。ここでは、参観者が採っ

[5]「3－4　ねらい」、「3－5　学びと探究の必然性」をさらに参照。

[6] ましてや、参観者が子どもに課題の解法やそのヒントを教えたり、課題を先に解決した子どもに新しい課題を出したりなどはしてはならない。残念なことに、このような参観者による学びの「妨害行為」を、私は何度も目撃してきた。「良かれと思って」の行為が逆に「余計なお世話」になることを十分に理解しておこう。

た多様な参観記録を十全に活用し、研究授業で起こった出来事を対話によって共有します。そして、授業・単元・カリキュラムデザインを通した子どもたちの学びを協働で振り返り、授業研究会の目標に沿った議論を行います。特に、参観者は**授業者の実践中の省察的思考や情動の機微**に接近し寄り添うことが必要です。ここでリーダーシップチームには、授業研究会の対話と議論を促すファシリテーション、道具の準備と時間の調整、互いの発見や知見を共有するための方法の工夫が求められます。[7]

実践を再構成する：授業研究会での協働省察を活かし、授業者は研究授業とその授業単元を改善します。さらに、**続く授業と授業単元の進化**を射程に入れた実践の再構成を行います。同様に、リーダーシップチームは授業者と同僚の学びと探究を推進していくために授業研究のプロセスを改めて振り返り、活動の改善案を構想します。さらに、同僚間の参観記録の共有や授業者の実践記録の執筆をサポートし、**授業研究の長期にわたる自律進化**を射程に入れた授業研究の実践の再構成を行います。[8]

[7]「3-6　対話と議論」でこの詳細を論じているので参照。

[8]「3-7　省察と再構成」と「3-8　書く・書く・書く」でこれらの論点をさらに深めているので参照。

■授業研究のアクチュアルなサイクル

授業研究のアクチュアルなプロセスを追っていくと、授業研究が「ハレの場」と「ケの場」の双方で教師たちの学びと探究を支え促す、多層な活動で組織されることがよくわかります。つまり授業研究は、授業を「つくる・実践する／見る・振り返る」という教師による一つの授業づくりのプロセスに即した、言わば「見えやすい」

活動だけで成り立っているわけではないのです。多層な活動で組織されるプロセスを一つのサイクル（周期）として展開し、日常の授業公開、公開授業研究会、他の研修機会等と連動させながら、**複数のサイクルを織り重ねて教師たちの学びと探究を紡ぐ**のが授業研究なのです。このアクチュアリティを次の例で想像してみましょう。

ある学校では、教職員全員で行う授業研究会を毎年四回、企画しています。各会の間には授業研究会の目標共有と振り返りを行う校内研修を配置しています。年に一回、公開授業研究会を開くことで、教師たちの授業づくりへの意欲を高め、各自の挑戦を公に確認・点検する機会としています。この年間サイクルを円滑に展開するために、教師チームによる授業研究部会を複数組織し、日常の授業公開と実践の共有を励ましています。授業参観記録の共有を促すためにデータベースも整備し、実践記録集の公刊も毎年行っています。これらの記録によって教師たちに実践の省察を促すとともに、各自の挑戦を学校の「財産」として蓄積するのです。実践記録集は職員室の共有スペースに置かれ、いつでも誰でも参照可能になっています。

授業研究は単一の学びと探究のプロセスを繰り返す「円環（サークル）」ではなく、複数の学びと探究のプロセスを編み込み上昇する「**螺旋（スパイラル）**」の実践です。つまり、授業と同じように、授業研究も同じことが二度と起きない一回性と固有性を本質とする実践なのです。大事なことなのでもう一度、言いましょう。**円環ではなく螺旋**、これが授業研究のアクチュアリティでありエッセンスなのです。（木村優）

1－5 モード・シフト
――省察と探究と記録の文化へ

授業研究をただ実施すれば、教師と学校が自動的に育つわけではありません。授業研究は教師の専門職としての自律性に基づきながら、教師たちの協働による授業の省察を中核にすえて教師と学校、そして子どもの育ちを支え促していく実践です。言い換えれば、**教師の自律と協働を脅かし、実践の省察を重視せず、成長や発展に不可欠な長期にわたる時間への感性が希薄な授業研究は、教師と学校と子どもを育てるどころか逆に疲弊させてしまう危険性を孕んでいる**のです。授業研究の力を最大限引き出す、そのための**モード・シフト**（考え方の移し変え）が必要になります。

日本全国・世界各地の学校で実施されている授業研究はそれぞれ異なる歴史や導入の経緯に根差しているので、その手続きや手法は実に多様です。すべてを概観するのは極めて困難です[1]。しかし、手続きや手法が多様であっても、学校や教師が授業研究で重視しているモードは、大きく四つに整理することができます[2]。

［1］佐藤学「日本の授業研究の歴史的重層性について」秋田喜代美＆ルイス、C編著『授業の研究 教師の学習――レッスンスタディへのいざない』所収（明石書店、２００８）43－46頁。

［2］ここでの議論は、福井大学大学院教育学研究科教職開発専攻（教職大学院）の国際展開報告書"For global collaboration: Cultivating professional learning communities," Vol. 1, 2018. における授業研究のモードに関する知見、および木村優「専門職の資本と学び合うコミュニティを育む授業研究の持続・発展・進化の道標」『日本教育方法学会第54回大会・発表要旨』（２０１８）55頁に基づく。

モード1　チェックリスト・評定モード

学校における授業研究のプロセスを、ビジネスにおける業務管理・品質管理の手法である**PDCAサイクル**に置き換えるように展開するのがモード1の授業研究です（図I-5）。モード1の授業研究は、授業の実施・評価の段階を特に重視する傾向があり、その最たる例が**チェックリスト**の使用です。チェックリストの項目は、教師の発問や板書や子どもへの関わり方といった指導方法、授業の展開、学習環境、または子どもたちの学習内容への理解の程度や学習態度等で構成され、各項目を段階評定や良し悪し評定する構造になります[3]。このチェックリストに基づき、研究授業では参観者が**授業者の技術や知識の程度を評定**し、授業研究会では評定の低かったポイントについて参観者が批評や助言を行います。最後に、授業者は参観者から示された批評と助言に基づいて、自らの実践を改善することが求められます。

モード2　プランニング・検証モード

教師の**授業づくりのプロセス**に沿った授業研究の**SPCRサイクル**を回す中で、授業実施前の段階を特に重視するのがモード2の授業研究です（図I-6）。たとえば、**学習指導案の作成**を通して、授業者の**教育内容や教育方法に関する知識や学習指導案の書き方**について同僚間で確認したり、管理職やリーダー教師が授業者に指導したりします。この指導に指導主事や研究者が同席することもあります。また、研究

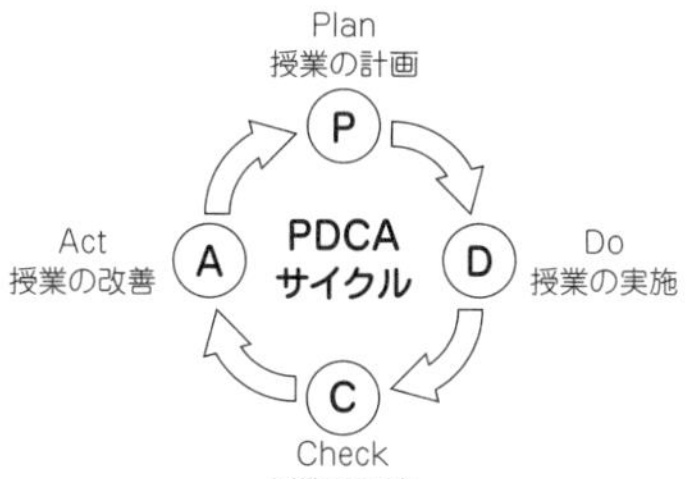

図I-5　モード1：チェックリスト・評定モード

［3］授業チェックリストは、日本ではいくつかの自治体の教育委員会や教育センターが学校・教師向けに提供する資料や、授業づくりの原理原則を紹介する書籍に見ることができる。学習指導案のチェックリストを作成提供する自治体もある。また、海外の国や地域で授業研究を導入した学校では、チェックリストの使用が授業研究の定型と認知されているケースもある。

授業を行う学級と異なる学級（ときには同じ学級）で同内容の授業を試行し、子どもたちの反応から授業の計画を修正することもあります。学習指導案を**繰り返し検証**することで教師の授業に関する知識を集中的に鍛え、研究授業の計画も厳密にしていくのです。

教師に必要な技術や知識を確認し、磨き豊かにすることは、専門職としての成長にとって大事な営みです。しかし、モード1と2の授業研究は、教師の実践と同僚性に対して実に多くの問題を抱えています（表I－1）。授業中の授業者の行為は著しく制限され、参観者も子どもの学びの筋道を丁寧に捉えることができません。子どもの学びが計画遂行の後回しにされる「**指導案しばり**」という現象も起こります。[4]

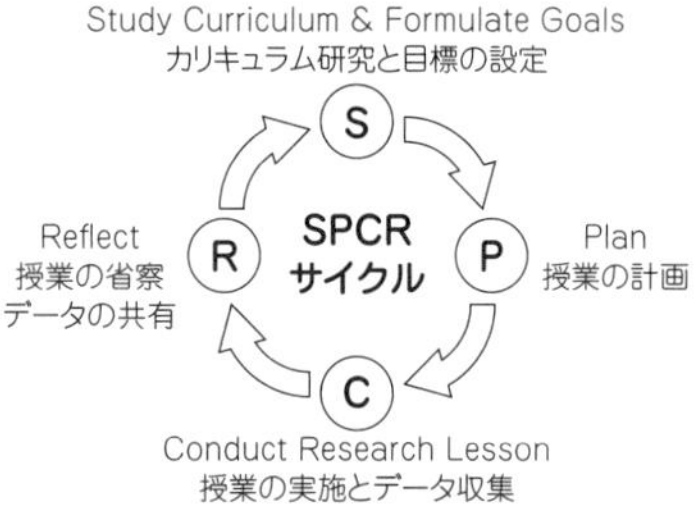

図I-6　モード2：プランニング・検証モード

注）本図は、Lewis, C. (2002) A handbook of teacher-led instructional change. Philadelphia: Research for Better Schoolsを引用している。

表I－1　モード1・2の授業研究の特徴と問題点

特　徴	問　題　点
管理の手法	◆教材・教育内容・教育方法を選択する教師の自律性を制限する。 ◆授業の不確実性を無視したマニュアル主義を学校と教師にもたらす。
所与の行為と計画前提	◆評価項目に該当しない教師と子どもたちの行為は無視される。 ◆評価項目に該当する行為を実行しないと低評価の烙印を押される。 ◆授業中に教師が所与の設定項目や事前の計画に縛られ、子どもたちの学びの状況に応じた柔軟な授業の展開や教育方法の選択が困難になる。
教師の技術・知識中心	◆教師の省察的実践の中核である授業進行中の即興的な思考や判断が軽視されるか、ときに無視されてしまう。 ◆参観者が項目の設定や学習指導案と授業との整合性の検証に追われ、子どもたちの学びのストーリーを丁寧に追えない。
指　導	◆教師たちが学び合う授業研究が教え合う場と化し、技術・知識の不足点の指摘と指導に終始する否定的ムードが授業研究を覆いつくす。 ◆指導による実践の否定が教師たちの授業研究への意欲を減退させる。 ◆指導する／される関係が同僚間の絆と対等に学び合う関係を弱める。
シングルループ	◆授業改善が協働で行われず、授業者の個人任せになりやすい。 ◆1時間の授業改善にとどまり、教師の多様な能力開発や学級・学校のコミュニティの発展に結びつきにくい。

学習指導案の「指導」はときに苛烈を極め、授業者の授業づくりに対する自由裁量権を剥奪して「授業を誰がつくったのか」という著者性も希薄にし、授業者の心身を疲弊させます。授業者を「**まな板の鯉**」にする授業研究会は、教師たちの対等に学び合う関係も切り裂いてしまいます。また、同じ授業の改善サイクルを回し続ける**シングルループ**の実践では、一つの授業は改善されていったとしても、教師の多様な能力の開発や学級・学校のコミュニティの発展には十分に結びつきません。モード1と2の授業研究から、モード3と4の授業研究へのシフトが求められるのです。

モード3　ダイアローグ・根拠モード

子どもたちの学びの見取りと教師たちのダイアローグ（**対話**）を中核にすえ、授業の**省察**を**DPRRサイクル**で推進するのがモード3の授業研究です（図Ⅰ-7）。ここで授業者は、子どもたちの多様な学びの筋道を想定しながら、状況に応じて変更可能な授業の探究課題と展開を設定し、授業中には子どもたちとのコミュニケーションを即興的に編み込む**授業デザイン**を行います。[5] この授業デザインに則って授業研究も柔軟にデザインされ、参観者には研究授業で**子どもたちの学びを丁寧に見取る**ことが求められ、授業研究会では個別具体の子どもたちの学ぶ姿をダイアローグにより共有します。これを**根拠**として授業者を含めて実践の振り返りを行い、授業と授業研究の改善に向けた創造的な議論を行うのです。[6] 授業と授業研究の実践前における綿

図Ⅰ-7　モード3：ダイアローグ・根拠モード

[4]「本来であれば子どもたちの多様な意見を聴く時間を確保すべき授業の局面であるにもかかわらず、展開を急いでしまったり、チャイムが鳴ったにもかかわらず時間を延長させて無理やり子どもたちに『振り返りシート』を書かせたりといった」学習指導案に準拠しようとする教師の行為である（鹿毛雅治「授業研究を創るために」鹿毛

密な計画よりは、実践中と実践後における参加者全員の省察を重視するわけです。

モード４　マルチスパイラル・探究モード

ＤＰＲＲサイクルに**時間**軸を組み込むことで授業と授業研究の進化のスパイラル構造を明確化し、子どもたちの長い**探究**のプロセスを教師たちが**探究**し続けていくのがモード４の授業研究です（図Ｉ－８）。学び、探究、成長、発展の時間的連続性を意識することで、教師たちの協働省察を実践の再構成へと明確に結びつけ、授業研究を進化させていく**推進力**も生み出されます。また、一時間の授業で起こる出来事を共有するだけでなく、単元や学期や年間を通した中長期にわたる子どもたちの探究プロセスを見すえることで、**子どもたちの多様なコンピテンシーの発達と学級・学校コミュニティの発展との関係性、その相乗的な変化の可能性**も見えてきます。これらの発見が、子どもたちの学びと育ちを最大化する授業実践の革新、教師の専門性開発の促進、専門職の学び合うコミュニティと

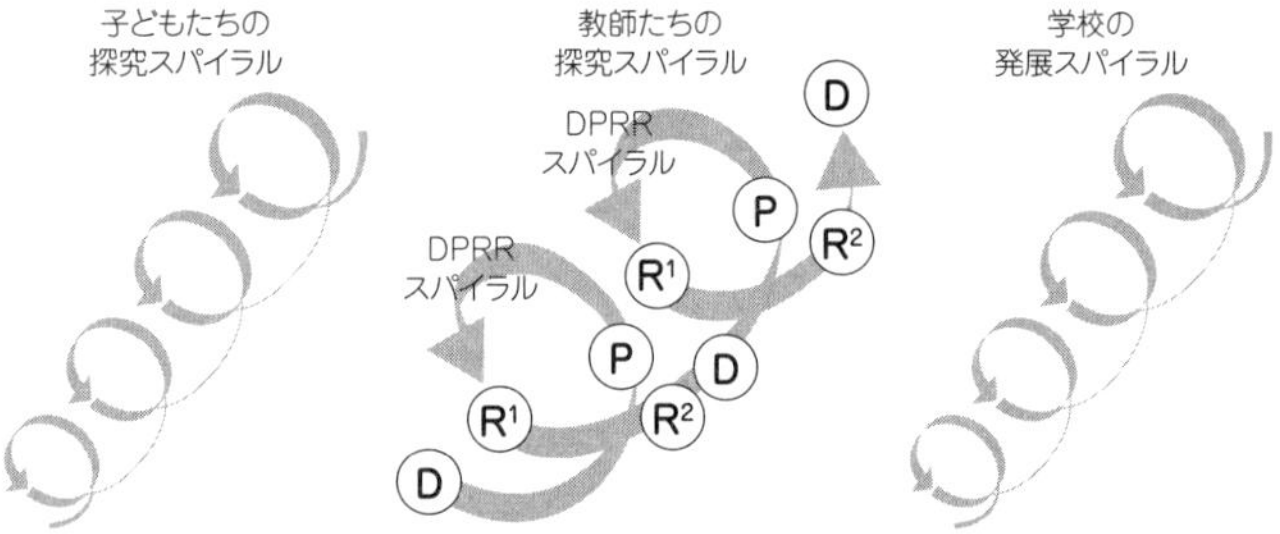

図Ｉ-８　モード４：マルチスパイラル・探究モード

雅治・藤本和久編著『授業研究を創る――教師が学びあう学校を実現するために』所収（教育出版、２０１７）２－24頁）。

[5] 授業の計画とデザインの違いについて詳しくは、藤江康彦「授業をつくる」秋田喜代美・佐藤学編著『新しい時代の教職入門〔改訂版〕』所収（有斐閣、２００６）21－47頁を参照。

[6] モード３の授業研究への挑戦は、１９９０年前後の教師の専門家像のパラダイム転換に並行して始まった。当時の実践としてたとえば、伊藤功一『校内研修――教師が変わる授業が変わる』（国土社、１９９０）を参照。近年の実践例のいくつかは、秋田喜代美編著『対話が生まれる教室――居場所感と夢中を保障する授業』（教育開発研究所、２０１４）で紹介されている。また、一時間ほどの授業研究会で教師たちのダイアローグと省察を促す手法も教育研究者と実践者とで共同開発

しての学校文化の成熟へとつながっていきます。モード4の授業研究では、子どもたちと教師たちの探究プロセスと学校の発展プロセスを**相似形**で捉え、それぞれを**相乗作用でもってスパイラルに押し上げていく**のです。

教師たちの集団としての自律性に基づき、教師それぞれの専門職としての実践と成長に不可欠な省察を保障するのがモード3の授業研究でした。ただし、子どもと教師の成長と学校組織の発展に不可欠な時間への感性を欠いてしまうと、モード3の授業研究は、一時間の授業を検討するだけのシングルループの学習に留まってしまいます。これでは実践の再構成の可能性も、子どもたちの探究プロセスへの理解も不確かなままです。モード4の授業研究へと舵を切るには、まず、**成長や発展といったあらゆる進化に時間が必要である**ことを認めることです。そして、教師たちが子どもたちとの長い協働探究の歩みを跡づけ、その価値と意味を自ら主体となって協働省察していく文化的実践を学校で生み出し発展し続けていくことです。すなわち、**授業の実践記録と参観記録を書く文化の創発と継続**が求められるのです。

〔木村優〕

されている（石井英真・原田三朗・黒田真由美編著『［Round Study］教師の学びをアクティブにする授業研究』（東洋館出版社、2017）参照）。

1-6

分野を越える——協働《コラボレーション》することで高め、深める

授業研究の強みは**多層な協働**です。教師が個人研鑽に励むのではなく、**集合的な知性と情動**を働かせ、授業、子どもたち、学校、教育の未来を協働探究するのが授業研究です。ゆえに、授業研究では**多様性**や**多声性**を高めることが大切です。分野を越えて力を合わせることで授業研究の**モード・シフト**や自律進化に向けた知見が生まれ、教師たちの学びと探究が一層、深まっていくのです。[1] 協働の「協」の字にならい、授業研究において教師の学びと探究に寄与する「三つの力」を確認しましょう。

[1]「1-5 モード・シフト」、「3-7 省察と再構成」を参照。

■教師と教師による協働の力——自己・教科・職位・校種を越える

第一の力はやはり、**同僚**であり、**他教師**です。「私」と同じく授業における学びのデザインを中核にして子どもたちを育てている同僚や他教師とともに授業研究に取り組むことで、一人で考え、見るだけでは気づけない授業中の子どもたちの行動の意味や学びの実際を明らかにすることができます。仲間の教師の存在が、「私」の授業の見方に対する**自覚**を促し、さらにそこからの**越境**も促してくれるのです。[2]

[2]「2-1 授業の見方」と「2-2 視点の自覚」を参照。

ここで多様性と多声性をさらに高めるには、**異教科**や**異学年**の教師、校長や教頭といった**異職位**の教師、あるいは校内で教育実践を学んでいる学生・院生と授業研究に臨むことが大切です。[3] また、**異校種の教師との協働の授業研究**も重要です。同じ教師という専門職でも、教科や職位や校種が異なれば、教育実践の目標や授業の見方・捉え方を規定する文化が異なります。それゆえに、授業研究で焦点を当てる出来事や関心事、そしてそれらへの意味づけも少しずつ異なってくるためです。

この教師文化や学校文化の違いは一方で、対話や議論の中で用いられる言葉の違いから教師間のコミュニケーションの齟齬や葛藤を生み出す心配もあるのですが、他方ではその齟齬や葛藤を解決しようとすることで教師間での**教育信念の交流**が次第に生まれ、各自に**自明だった行動や考え方への自覚、両者の新しい関係性**が芽生えることにつながります。均質な教師集団では気づけない授業中の現象を、教科・職位・校種を越えた息の長い協働によって明らかにしていくことが期待されるのです。[4]

■教師と研究者による協働の力――専門領域と専門分化を越える

第二の力は、学校や教師とともに協働研究に従事する研究者です。教師（実践者）と研究者による協働の授業研究は、それぞれの専門領域を重ね合わせることになるので、互いに異なるアプローチで教育について探究し生成してきた**実践理論の交流・交換・混交**を実現してくれます。教師と研究者によるこれら多層な「交わり」が、

[3] たとえば、望月紫帆・西之園晴夫・坪井良夫「異なる教科の教員同士による授業開発の事例研究」『日本教育工学会論文誌』、第三九巻・第三号（2015）181〜190頁を参照。また、学校には設置教員数の少ない教科があるので、授業研究ではこれらの教科教師を孤立させない実践デザインが必須である。授業研究は一人ぼっちではできないのだから。

[4] 校種を越境した教師間の相互作用による葛藤と変容の可能性については、藤江康彦「幼少連携の話し合いと教師の学習」秋田喜代美＆ルイス、C編著『授業の研究 教師の学習――レッスンスタディへのいざない』所収（明石書店、2008）132-150頁が参考になる。

[5] 秋田喜代美「授業検討会談話と教師の学習」秋田喜代美＆ルイス、C編著『授業の研究 教師の学習――レッスンスタディへのいざない』所収（明

授業研究の一連のプロセスの中で、授業デザインの洗練に寄与したり、授業研究会での談話の質的転換をもたらして相互に自明であった授業観の問い直しを促したり、**授業研究それ自体の革新や進化**を後押ししたりするのです[5]。

学校における授業研究に研究者が参画する意義は、授業研究の**研究側面**を顕在化し授業研究を活性化することにあります[6]。たとえば、教育研究とその関連領域研究[7]から授業に照射できる光（課題）は無数にあります。授業こそが、数多の研究領域の専門分化を越える場であり、そこで推進される教師と研究者による協働の授業研究こそが、**実践と研究の出会い直し**と**実践理論の革新**を生み出すのです。

■教師とすべての探究者による協働の力——専門職の独占主義を越える

第三の力は、学校にかかわる**すべての探究者**です。まず、学校には養護教諭、栄養教諭、事務職員、スクールカウンセラー等、多様な「教職員」がいます[8]。これらの**専門職スタッフ**は、主に教室外の多様な場面で子どもたちと日常から接していることから、授業における子どもの学びと育ちを教師とは異なる専門性と視点から捉え、探ってくれます。授業では子どもたちの時々の健康状態、情緒状態、また家庭を含めた生活状況までがさまざまな形で表出するものです。多様な専門職スタッフが授業研究に加わると、子どもの見え方がより立体的になり、教師はその多面的な理解を踏まえ、次の授業をより適格に構想することが可能となるのです。

石書店、２００８）１３２－１５０頁、木原俊行「教師と研究者の対話に基づく校内研修の充実」鹿毛雅治・藤本和久編著『授業研究を創る――教師が学びあう学校を実現するために』所収（教育出版、２０１７）９３－１１３頁。

[6] この意味で、研究者の参画は必ずしも必要ではない。研究の「視点」をもつことが大事なのである。詳しくは、無藤隆「教師の学びの新しい可能性」秋田喜代美＆ルイス・C前掲書所収（明石書店、２００８）２０８－２１２頁を参照。

[7] 教育学・教育方法学・教育心理学・教育社会学・教育工学・教育行政学・教科教育学・比較教育学・社会教育学・発達心理学・臨床心理学・特別支援教育・認知科学・学習科学等と多岐にわたる。

[8] たとえば、養護教諭や栄養教諭が授業を実践し、授業研究にも十全参加している学校は

この可能性は、保護者や地域住民の授業研究への参画を後押しします。保護者や地域住民がもつ教育への素朴概念は、専門職としての教師の視野を広げ、実践を公言するのに必要な言葉を考えさせてくれます。これにより、教師は古典的な**専門職の独占主義**を越え、**地域や社会に開かれた教育課程**の創造へ向かうことができるでしょう。

さらに、**子どもたち**と授業研究を実践する挑戦的な発想も考えられます。今日では、現実の困難な問題に子どもたちが向き合い、協働の学びと探究を重ねてその問題の本質を発見し、解決までも視野に入れた授業実践が非常に盛んです。その学びのプロセスを学習者である子ども自身が振り返り、教師とともに次の探究を構想するアリーナとして授業研究を位置づけることは、授業の目的と照らしても有意義なはずです。

以上の発想は、今日の「**チームとしての学校**[9]」の検討内容と重なります。授業研究を教育にかかわるすべての人々が交われる**学びと探究のアリーナ**とし、すべての探究者の相補的・互恵的関係へと導くのりしろとして活かしていくのです。

このように、授業研究の多様性と多声性は、分野を越えた多層な協働を組み込むことで高めることができます。ただし、単に多様性と多声性を高めれば協働の学びと探究の質が高まるわけではありません。多様性と多声性は**共通のねらい**を同じくする集団の中でこそ**創造性の創発**をもたらし[10]、その創造性が問題解決や新発見に結びついていくのです。授業研究に携わるすべての探究者で授業と授業研究のねらいを共有し、協働することで学びと探究を高め、深めていきましょう。〔篠原岳司・木村優〕

たくさんある。専門職スタッフの授業研究への参画はすでに始まっている。

[9]「チームとしての学校」の議論では、教職員一人ひとりが自らの専門性を発揮するとともに、心理や福祉等の専門職スタッフの参画を得て、学校が課題解決に求められる専門性や経験を補うことが今後の学校のあり方として示されている。その上で、学校での子どもの成長には、教師に加えて多様な価値観をもった大人とのかかわりの重要性も説かれている。詳しくは、中央教育審議会「チームとしての学校のあり方と今後の改善方策について（答申）」（2015年12月21日）を参照。

[10] 三浦麻子・飛田操「集団が創造的であるためには――集団創造性に対する成員のアイディアの多様性と類似性の影響」『実験社会心理学研究』、第41巻・第2号（2002）124-136頁。

１－７　国境を越える《グローバリゼーション》

――レッスンスタディとしての広がり

日本生まれ・日本育ちの授業研究は、１９９０年代後半に国境を越え、「レッスンスタディ」の名称で、世界各地で独自の成長を遂げていきます。授業研究が国境を越えたきっかけと、世界各地のレッスンスタディの特徴を確認していきましょう。

■きっかけは国際学力テスト／米国での広がり／政府開発援助

授業研究の名を一躍、世界中に轟かせたのが、発達心理学者ジェームズ・スティグラーと数学教育学者ジェームズ・ヒーバートによる著作『ティーチング・ギャップ』[1]です。彼らは、１９９５年に実施された国際学力テストＴＩＭＳＳ第三回調査[2]における日本の子どもの好成績要因を分析し、その一因として日本の教師の力量の高さを挙げました。そしてスティグラーたちは、教師の力量形成を可能にする日本独自の研修システムとして、授業研究を紹介したのです。なお、彼らが紹介したのは、**広島県のある小学校で実施された授業研究**でした。これは、当時シカゴ大学で同小学校の授業研究の事例研究を行っていた吉田誠の博士学位論文を引用したためです。[3]

［1］Stigler, J. W., & Hiebert, J. (1999). *The teaching gap: Best ideas from the world's teachers for improving education in the classroom.* New York: Summit Books. 湊三郎訳『日本の算数・数学教育に学べ――米国が注目するjugyou kenkyuu』（教育出版、２００２）

［2］国際教育到達度評価学会が実施する国際理科・数学教育調査（Trends in International Mathematics and Science Study）。小学校四年生と中学校二年生の理科と算数・数学の学校における学習内容到達度を測定する。第三回調査の結果公表は１９９６年から９７年にかけて。当時の日本の子どもたちの成績結果は、参加国四一ヵ国中で小理：二位、小算：三位、中理：三位、中数：三位であった。

また米国では同時期に、幼児教育学者キャサリン・ルイスや教育心理学者クレア・フェルナンデスが日本の授業研究の調査を始めていました。ルイスやフェルナンデス、そして吉田をはじめ米国拠点の日本の教育研究者は、それぞれの活動地域で仲間と共に**レッスンスタディ・グループ**を結成し、レッスンスタディの研究と実践支援を開始します。そして、研究者たちが次々と世に送り出す**英語で書かれた授業研究の著作や論文**が、全米各地、そして世界の教育者たちに読まれていくのです[4]。

一方、日本の**ＪＩＣＡ（国際協力機構）**も政府開発援助の一環として、１９９９年にフィリピンの学校に授業研究の手法を導入しました。これ以降、東南アジア・中南米・中東・アフリカの数々の発展途上国で、日本発の授業研究の試行がＪＩＣＡの支援を受けながら国家規模・政策レベルで展開していきます[5]。

■国境を越えたレッスンスタディの特徴——共通点と相違点

国境を越えたばかりのレッスンスタディの姿には、世界各地で共通点と相違点が見られました。共通点の一つは、**理数科の授業を中心に**レッスンスタディが盛んに実施されたことです。これは、授業研究がまず数学と科学の学力向上策として紹介されたことに起因します[6]。この理数科中心の傾向は、現在も世界各地で見受けられます。

もう一つの共通点は、レッスンスタディが**学校に定着しにくかった**ことです。この理由は、学校の外側からもち込まれた新しい研修方法を教師たちが理解するのに多

[3] Yoshida, M. (1999). Lesson study: A case study of a Japanese approach to improving instruction through school-based teacher development. Doctoral Dissertation: University of Chicago.

[4] Lewis, C. (2002). *A handbook of teacher-led instructional change*. Philadelphia: Research for Better Schools.
Fernandez, C. (2002). Learning from Japanese approaches to professional development: The case of lesson study. *Journal of Teacher Education*, 53(5), 393-405.

[5] 又地淳・菊地亜有美「『授業研究』支援プロジェクトの現状および課題についての考察」『国際教育協力論集』第18巻・第1号（広島大学教育開発国際協力研究センター、２０１５）91－１０４頁。

[6] 米国で授業研究を紹介しその普及に努めた研究者のほとんどが数学教育学者である。

くの時間を要するため、その導入がときに教師の自律とは正反対の命令や強制として行われたため、また、日本に比べてレッスンスタディの実施に必要な教師の就業時間が短かったり、校内研修を支えるマンパワーやネットワークが薄弱であったり、協働を阻む教師の**個人主義**傾向が強かったり等、各地の導入の経緯や教育制度・事情によるためと考えられます[7]。ただし、一時期のレッスンスタディへの挑戦は学校や教師たちの経験として残り、新たな実践者が現れて継承されていくようです。世界各地のレッスンスタディの継続は、研究者や行政官による支援とともに、**教師と学校を育てる授業研究がもつ二つの力**を教師たちが実感しているためと考えられています[8]。

相違点に目を向けましょう。米国では、教育内容やカリキュラムに関する教師の知識を豊かにすることで授業改善が図られる、という考えに基づいてレッスンスタディを実践している傾向があります。またスウェーデンや香港では、学力不振の子どもたちを救うためのカリキュラム開発を目指してレッスンスタディを実践する傾向があります[9]。つまり、**米国やスウェーデンや香港では、教師の知識を集中的に鍛え、汎用性ある学習計画を練り上げ、カリキュラム研究を推進するためのレッスンスタディ**が広く推進されてきたという特徴が見出されます[10]。

一方、ＪＩＣＡの支援を受けたフィリピンやインドネシア等の東南アジア諸国、モンゴル、ウガンダやセネガル等のアフリカ諸国、ホンジュラスやコロンビア等の中南米諸国では、授業を教師中心から子ども中心へと転換可能な教師の指導方法を開発

[7] 米国、英国、東アジアの国と地域では、研究者中心のグループが助成金等の予算を獲得して学校と共同でレッスンスタディを展開した。一方、シンガポールや香港、ＪＩＣＡの支援を受けた国々では、政府主導でレッスンスタディが展開した。

[8] 秋田喜代美「日本の授業研究の独自性とこれから」鹿毛雅治・藤本和久編著『授業研究を創る――教師が学びあう学校を実現するために』所収（教育出版、２０１７）２-24頁。

[9] 両国は、特定のカリキュラムに基づく授業実践を何度か試行して「不変な点」と「状況に応じた可変な点」を見出すバリエーション理論に基づいた授業研究を推進する特徴がある。詳しくは、Marton, F., & Morris, P. (Eds.) (2002) *What matters, discussing critical conditions of classroom learning*, Goteborg University を参照。なお香港では、授業研究を子ども

することを狙ったレッスンスタディが展開していきます。そこで、これらの国々では、**教師の技術を磨き、授業の質を管理し、改善するためのＰＤＣＡサイクルに基づいたレッスンスタディ**が広く推進されてきました[11]。

ただし、２０００年代半ばに入ると、各地のレッスンスタディに変化の兆しが見られるようになります。この頃、教師の省察的実践と学校改革を推進する「学びの共同体」による授業研究の手法が東アジア・東南アジア諸国に紹介され、２００６年には世界授業研究学会[12]が設立されました。これらレッスンスタディの**グローバル・コミュニティの出現**により、日本も含めた世界各地のレッスンスタディの実践交流が始まり、相互に課題を検証し合いながら、レッスンスタディ自体の研究も推進されていきます。たとえばこの時期、英国やシンガポールでは**子どもの学びの見取りに基づいた実践の協働省察を目指すレッスンスタディ**への挑戦が始まっています[13]。

このように、**授業研究は国境を越えるときにある特定の「型」を伴っていました**。どのような「型」が、誰によって紹介され、各地の教育事情に応じていかに導入されたのかによって、それぞれの国と地域のレッスンスタディの様相や性格は異なります。ただし、「型」を規定するモード（考え方）は、各地の実践研究の蓄積とグローバル・コミュニティの創設によってシフトすることが可能になりつつあります。**今こそ、私たちが国境も分野も越えて、子どもと教師の成長と学校組織の発展を、授業研究の実践によって協働で編みあげ、革新していく時**なのです。

（木村優）

の学びの改善に向けて実践する理念に基づき「ラーニングスタディ」と呼んでいる。

[10] 本書「１-５ モード・シフト」で検討したモード２の授業研究である。

[11] 本書「１-５ モード・シフト」で検討したモード１の授業研究である。授業研究の支援プロジェクトにおけるモード１の限界については、又地淳「アフリカ『授業研究による教育の質的向上』研修を視察して」（福井大学教職大学院 Newsletter No. 92, 2017）１-２頁、で述べられている。

[12] World Association of Lesson Studies.

[13] シンガポールのレッスンスタディの動向について詳しくは、Cheng, L. P. & Yee, L. P (2011/2012) "A Singapore case of lesson study," *The Mathematics Educator*, Vol. 21, No. 2, 34-57. を参照。

コラム 授業研究と教師教育――「行為の中の省察」をめぐって――

2000年以降の教師教育研究の動向を振り返ると「技術的エキスパートから省察的実践者（反省的実践家）へ」という教師像の転換が目立つようになっています。授業研究にかかわっては「事前の指導案の詳細な検討よりも事後の振り返りの充実を」といった流れがこの動きを反映したものでしょう。

このような状況の中、事後の振り返りを強調した取り組みが「行為についての省察（reflection on action）」という言葉で位置づけられ、それと対峙するような形で「行為の中の省察（reflection-in-action）」という言葉が、教師が授業中に状況との対話の中で瞬時に行っている振り返りの行動を意味するかのように使われることがあります。しかしながら、この考え方の発信源となっているドナルド・ショーンの著作[1]に注目すると、「行為の中の省察」という言葉は、（あらかじめ技術的に規定された方法に則って得られたデータに従う認識を「客観的」「科学的」とする）「技術的合理性（technical rationality）」との対比で用いられており、「振り返り」という日本語でイメージするものとは大きく異なります。

たとえばショーンの著作の中で、建築デザインスタジオでのコーチと学生とのやりとりが「行為の中の省察」の典型例として克明に描かれています。この事例を踏まえると、授業研究において、教育実習生が授業案検討に際して指導教員との対話を通じて授業デザインの見方を変えていく、あるいは、指導教員が実習生を見る目を変えていくというプロセスも「行為の中の省察」に位置づきます。一方、授業実践後に実践の脈絡を丁寧にたどり直し、他者との対話の中で自身の実践に対する見方を変え、新たな視点で次の実践を展望していく営みも「行為の中の省察」に位置づきます。これらは省察を行う時期や方法の違いではなく、そこで前提となっている科学の認識論の違いを反映しています。

ただし、この認識論を転換すること、それ以前に、前提となってしまっている認識論の違いに気づくこと自体がとても難しいことです。この授業研究の方法論の前提になっている科学の認識論をどう問うか。教師教育研究としても難しい課題です。

（遠藤貴広）

[1] ショーン、D・A（柳沢昌一・三輪建二監訳）『省察的実践とは何か――プロフェッショナルの行為と思考』（鳳書房、2007）、同（柳沢昌一・村田晶子監訳）『省察的実践者の教育――プロフェッショナル・スクールの実践と理論』（鳳書房、2017）

Ⅱ　授業を見て記録する

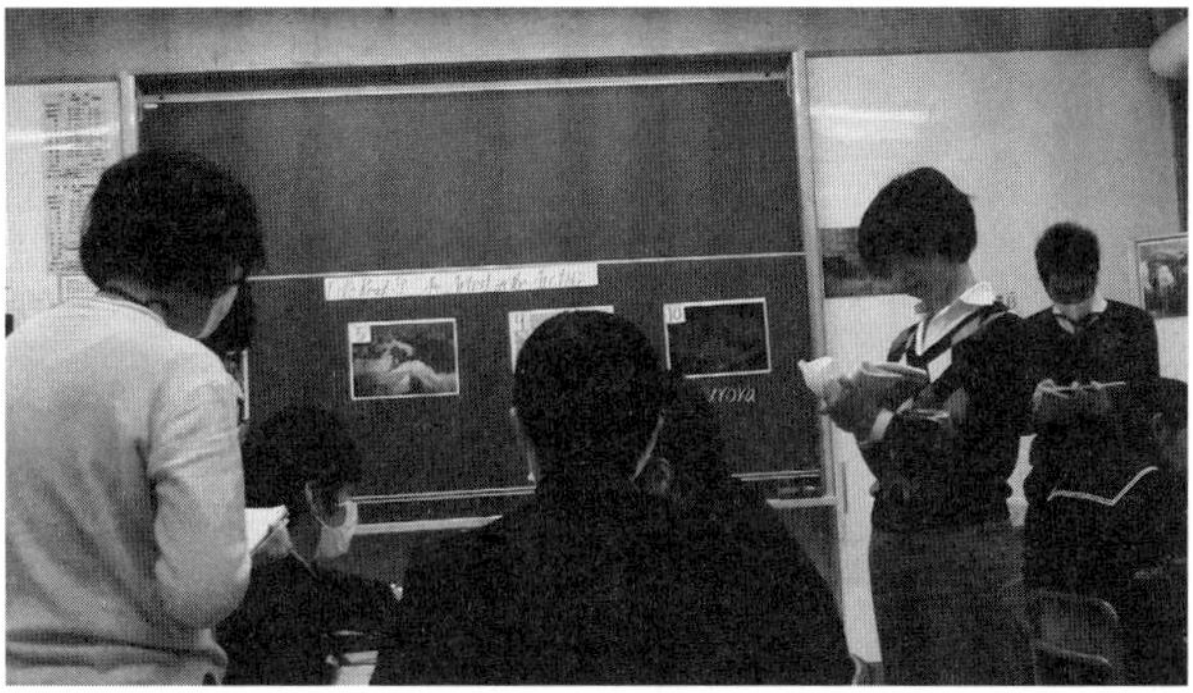

子どもの学びを追う

2－1 授業の見方
――一つの型はない

■授業参観における最大の謎

「授業っていったいどうやって見ればいいの？」

この問いは、授業研究に携わるすべての人が、必ず一度は心の中で思い浮かべたことのある問いです。そしてこの問いはなにも、教育実習生や若い教師や駆け出しの教育研究者といった授業研究の初学者だけに生じる問いではありません。学校の授業研究に長年従事している教師も、学校の授業研究を長年支援している指導主事や教育研究者も、みなこの問いを何度も何度も頭の中で思い巡らせながら、日々の授業参観と授業研究会に臨んでいるのです[1]。

私は大学院生時代を含めてかれこれ一〇年以上、学校の授業研究にかかわってきました。これまで、あらゆる学校種のあらゆる学年の教室を訪れ、ほとんどの教科の授業を参観してきました。毎年たくさんの授業を参観させていただくので、授業を見る経験はそれなりにあると思います。それでも、授業参観に臨む際には「今日はどうやって授業を見ようか？」とか「この教室の先生と子どもたちの学びと成長のために、

[1] ある中学校での研究部会で授業研究の企画運営について話し合っている際に、中堅の先生がこうつぶやいた。「授業ってどう見ればいいのか、いまだによくわからない。難しいですよね。（同僚の）先生方からもっと学びたいです」と。この先生の授業参観に対する率直な悩みと希求はとても的を射ている。そう、「授業の見方」とは曖昧模糊とした複雑な世界への探究であり、全貌を把握するのはとても困難で、仲間と助け合って学び合う必要がある。

何に焦点を絞って授業を見るのがいいのだろうか？」と常に問い、「授業をしっかり見ることができるだろうか」と不安を感じることがほとんどです。**授業の見方についての問いは、授業研究に携わるすべての人に共通する難題**なのです。

この難題に対して、授業研究の経験を豊かに培ってきた実践者や研究者がたくさんの論考や書籍を世に送り出し、それぞれの授業の見方を私たちに紹介してくれています。[2] その切り口となる強調点は実にさまざまです。たとえば、授業を見る際の参観者の教室での「立ち位置」の大切さから論じる方もいれば、教師や子ども、黒板やノートといった具体的に見る「焦点」や「対象」とその重要性から論じる方もいます。授業参観のために用いる「道具」の紹介から論じる方もいれば、授業のいかなる営みを大事に考えて参観に臨んでいるのか、自らの「関心」や「スタンス」から論じる方もいます。どれも授業の見方の大事なポイントです。しかし、論者によって強調点が異なり、論点にも濃淡があるので、授業の見方の全貌はまだ曖昧模糊としているのが現状です。この曇りを晴らしていきましょう。

まず、各論者の多様な切り口と強調点からわかることがあります。それは、**一口に「授業の見方」と言ってもその「見方」には複数の論点が含まれる**ということです。つまり、**授業の見方は単色ではなく極彩色**なのです。この「彩り」は、授業を見る視点としての範囲、焦点、関心、立場や場所から、授業で生じる現象を見取るための記録のあり方、「私」の直感、時間や空間や声、道具、ワザ、解釈に至るまで、多岐に

[2] たとえば近年の著作として、澤井陽介『授業の見方――「主体的・対話的で深い学び」の授業改善』（東洋館出版社、2017）、小林宏己「実践経験者から生み出される授業記録と意味解釈」鹿毛雅治・藤本和久編著『授業研究を創る――教師が学びあう学校を実現するために』所収（教育出版、2017）72-92頁が参考になる。

わたります。複数の彩りが組み合わさって授業の見方が構成されているのです。

そして、これらの彩り一つひとつもさまざまな「色合い」をもっています。たとえば、授業参観を通して私たちが「関心」をもって明らかにしたい課題は、授業を構成する「教師」「子ども」「教材」「環境」のうち、二つの要素を組み合わせるだけでも無数に生まれてきます。[3] 授業参観で活用する「道具」もノートからレコーダー、カメラやビデオカメラ、タブレット端末に至るまでたくさんあります。「ノート」と一口に言ってもまた多様です。無地のノートを使用して記録を採る人もいれば、ノートの中央に線を引いて、「教師」と「子ども」の言動を分けて記録を採る人もいます。

このように、授業の見方はその構成要素である複数の彩りとさまざまな色合いの掛け合わせによって、極彩色の複雑多様な文様として浮かび上がってくるのです。

[3] この点は、稲垣忠彦・佐藤学著『授業研究入門』（岩波書店、1996）における「授業研究の課題と領域」（115-118頁）に詳しく紹介されている。本書2-2では授業を見る「視点」でこの論点をさらに前進させていく。

■「一つの型がすべてに適合する」アプローチを乗り越えて

授業の見方が極彩色で複雑多様であるということはすなわち、私たち一人ひとりの**授業の見方は十人十色で千差万別**であるということを意味します。これは実に当たり前のことですが、とても重要なことです。なぜなら、私たちはときに「ある特定の授業の見方が授業で起こるあらゆる現象を見取ることができる」と錯覚してしまうことがあるからです。その最たる例が、特定の参観項目を並べたてる授業参観チェックリストです。[4] ある一つの授業の見方、ある一人の授業の見方が、教室で起こる万物

[4]「1-5 モード・シフト」を参照。

の出来事の意味や価値を明らかにするわけではないのです。

したがって、毎日毎時間と移り変わる授業実践と同様に、授業研究も授業の見方も**「一つの型がすべてに適合する」アプローチを乗り越えていく**必要があります。だからこそ、先達は自らの授業の見方を「一例」として紹介するに留めてきたのです。授業研究の先達は書籍や論考の中で、「あなた」が「私」の授業の見方を参考にし、ときに模倣しながら、「あなたなりの授業の見方を鍛えていってほしい／広げていってほしい」というメッセージをあなたに送ってくれているのです。

ただし、授業の見方を鍛えていくために考慮するポイントが少なくとも三点あります。第一は、**授業の見方を形づくる「視点」を自覚する**ことです。「私」は今、どのような立場で、何に関心をもち、どこに焦点を絞り、いかなる範囲で授業を見ているのか、これらを知ることで鍛える「見方」そのものが明らかになります。第二は、**授業の見方を養い、広げる意思をもつ**ことです。生き物のように可変で多様な現象が生じる授業は、たった一つの「見方」だけでは捉えきれません。目を鍛え、目を増やすことが大事になるのです。第三は、**授業研究の状況と対話する**ことです。授業の見方は千差万別ですが、それは「自分勝手に授業を見ていい」という意味ではありません。授業研究のねらい、授業者の挑戦、学校の発展プロセス、これらを踏まえて自らの授業の見方を調整するのです。[5] これらが、**学校における教師たちの協働の学びとして営まれる授業研究**において特に大切なポイントになるのです。

〈木村優〉

[5] 第Ⅲ部「授業研究会を組織する」の一連の議論を参照。

2―2

視点の自覚

――スコープ・フォーカス・レンズ・スタンス

■「視点」の意味を解析する

授業を見る視点といったとき、この「視点」という言葉は実に多義的です。「視点」を『明鏡国語辞典』(大修館書店、2010)でひいてみると、(1)視線が注がれる所、(2)ものごとを考える立場、という二つの定義が示されています。国語辞典が教えてくれるので「なるほど」と納得しそうになりますが、この二つの定義もよく見ると多義的です。もう少し、「視点」の意味を掘り下げましょう。

まず、第一の定義から、視線が注がれる「所」とは、視線が向かうある場所や位置を意味しています。つまり、「視点」には一定の「広がり」があるということです。また「視線」とは、見る目の中心と対象を結ぶ線を意味します。したがって、「視点」には一定の広がりの中である対象へと目の先が向かう「一筋の線」が含まれるのです。そして第二の定義から、「視点」には考えるという個人の「思考」が伴い、その「思考」の拠り所となる「立場」を含みます。こうして言葉の意味を解析してみると、「広がり」「一筋の線」「思考」「立場」という「視点」を構成する四元素が見えてきました。

この四元素を、「目」の機能の説明でよく用いられるカメラの機能メタファで置き換えます。すると、授業を見る「視点」は、目の視線が向かう先の「広がり」を意味する**スコープ＝範囲**、目の中心が対象へと向かう「一筋の線」を意味する**フォーカス＝焦点**、視線の先にある対象に関心をもち、その意味について分析的な「思考」をめぐらす**レンズ＝光**、そして個人の関心と思考の拠り所となる**スタンス＝立場**、という四つの位相の組み合わせで成り立っていることがわかります[1]。視点の四つの位相が授業研究の文脈で何を意味するのか、一つひとつ確認していきましょう。

■スコープ・フォーカス・レンズ・スタンスで「視点」を整理する

スコープとは、「**あなたが授業をいかなる範囲で見ているのか**」ということです。ここには空間的・物理的・時間的なスコープが存在します。空間的なスコープとしてたとえば、教師と子どもたち全員を含めた学級全体、子どもたちの複数グループ、特定のグループ、ペア、一人の子ども、一人の教師等が挙げられます。物理的なスコープとしては、教室、黒板、教材、教具、教科書、ノート、ワークシート、デジタル機器、掲示に加え、参観者にも共有される学習指導案や各種資料等が挙げられます。時間的なスコープは空間的・物理的なスコープと同時に現れるものです。たとえば、一時間の研究授業、研究授業を含めた前後の授業、授業単元全体、授業の年間カリキュ

[1] このアイデアの創発のきっかけについては、木村優「授業参観の『視点』と授業分析の『ねらい』――一つの『型』を超えて」『教師教育研究』第6号（福井大学教育学研究科教職開発専攻、2013）239－246頁を参照。当論文でこのアイデアは、授業を見る「視点」を整理するための「授業参観の光学モデル」と名づけた。

ラム、学級コミュニティの発展過程、学校文化の成熟過程等が挙げられます。

フォーカスとは、「**あなたが何に／誰に焦点を絞って授業を見ているのか**」ということです。これは、スコープに即して整理することができます。すなわち、空間的なスコープの中では、学級の人間関係、グループ間の相互作用、グループ活動やペア活動における子どもたちの相互作用、子ども一人ひとりの言動、教師の一挙手一投足等がフォーカスです。物理的なスコープの中では、教室のサイズや机の配置、板書の構成、教材や教具やワークシートのつくり、掲示の内容、学習指導案の展開、資料の構成等がフォーカスとして挙げられます。そして、時間的なスコープの中では、実際の授業の展開、授業単元のつながり、授業と他教科の授業との関連性、授業と学級コミュニティあるいは学校文化との関連性等がフォーカスとして挙げられます。

レンズとは、「**あなたがいかなる出来事や事実に光を当てて授業を見ているのか**」ということです。これは、授業に対するあなた自身の関心事や興味、明らかにしたい課題を投影するものです。たとえば、学級の風土や人間関係の特質、グループ間での学習過程の相違、グループ間での学習の相互評価、グループやペアによる子どもたちの協働学習、子どもの学習意欲、子どもの思考や判断といった認知の展開、子どもの情動の揺れ動き、教師の実践知や省察的思考、教師の情動、教師の行為や板書・教材・道具の適切性、掲示による学習の足場かけ、実際の授業展開と事前の計画との一致性、子どもが授業で身に付ける能力やその評価方法、予習復習の効果、教科で異な

［2］ここでは「授業の当事者性」ではなく「学校の授業研究の当事者性」について議論している。なお、鹿毛雅治・藤本和久・大島崇「『当事者型授業研究』の実践と評価」『教育心理学研究』第六四巻・第四号（２０１６）５８３-５９７頁で、授業の「当事者」である授業者と子どもたちを最大限尊重して授業研究を組織することで、写実的で精緻な情報が交流される協議会の実現、当事者性・同僚性・日常性を重視する教師の信念形成、教師たちの協議会への積極参加や研究成果に対する認識が促進されることが明らかに

る子どもの学び方、学校文化の独自性等、枚挙に暇がありません。

スタンスとは、「**あなたがいかなる立場で授業を見ているのか**」ということです。これは、授業研究と授業参観に臨む参観者の心構えであり、学校内外での役割でもあります。たとえば、授業者と同じ教え手（教師）、子どもと同じ学び手（学習者）、授業の指導助言者、授業の評定者、自由な参観者等が心構えとしてのスタンスです。また、学校の授業研究の当事者としての自覚をもって授業参観に臨んでいるのか否かも心構えの一つです。[2] 学校内外の役割としては、管理職、主幹、指導教諭、研究主任、生徒指導主任、指導主事、協働研究者、一時的な参与観察者等が挙げられます。

■スコープ・フォーカス・レンズ・スタンスの関係を把握する

図Ⅱ-1に、スコープ・フォーカス・レンズ・スタンスの関係性を示しました。この四つの位相の組み合わせによって授業はいかようにも見えるわけですが、特に、**多種多様なレンズの存在が授業の見方を千差万別にする**大きな要因です。授業の検討課題はその教室とその時間にいる教師、子ども、参観者の数だけ存在するわけです。

ただし、**授業参観に臨む際のスタンスがレンズの選択を限定**しやすくします。役割で考えてみるとたとえば、学校経営と教職員の成長支援への責務を併せもった管理職の先生の場合には、学校のビジョンと授業実践との関係性や、授業者の指導方法の改善可能性を探るレンズを用いることが多くなるかもしれません。また、指導主事の先

されている。この知見から、参観者が授業の「準当事者」として、あるいは学校の授業研究の「当事者」としての自覚をもって参画することが、授業研究の質の向上に影響を及ぼすことが示唆される。

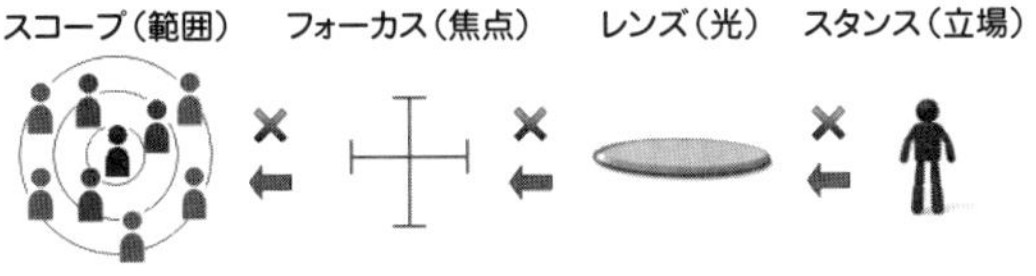

図Ⅱ-1　授業を見る「視点」の四つの位相とその関係性

生は、その時々の特定の「伝達事項」をもって教室を訪れることが多いので、そうした場合に自らの関心に基づくというよりは、授業や子どもの学びの改善に対する所与の「伝達事項」に基づいたレンズを使わざるを得ないこともあります。

心構えに目を向けてみても同様です。たとえば、授業者と同じ教え手として授業を参観するならば、教師という存在の意味や、教え方や授業デザインや授業展開の妙を探るレンズを選択しやすいでしょう。子どもと同じ学び手として授業を参観するならば、子どもがいかに学ぶのかを捉えるレンズを選択するわけです。また、学校の授業研究の当事者としての自覚をもって授業参観に臨むならば、授業者や子どもたちの挑戦に寄り添い、その挑戦を支援可能なレンズを選択することになるでしょう。

そして、**用いるレンズによってフォーカスとスコープが決定**されます。たとえば、子どもたちの協働学習の効果を明らかにしたいのであれば、スコープには子どもたちのグループやペアを収め、子どもたちの相互作用にフォーカスを絞ります。そこで子どもたちの協働学習を促進可能な教師の手立てを追究する場合には、子どもたちと教師との相互作用にもフォーカスを当てる必要があり、スコープにもちろん教師を収める必要も出てきます。また、子どもたちが授業で培う能力を探究する場合には、子どもたちの学ぶ姿にフォーカスを絞りながら、一時間の授業だけでなく単元や年間カリキュラムを見通したスコープを発動する必要があります。これは、教師の成長や学校の発展といった長い時間を要する現象を授業参観から検討する場合も同様です。

■「視点」を調整し、自覚する

授業を見る「視点」の四つの位相とその関係性を踏まえると、「授業の見方がよくわからない」といった場合の少なくとも以下三点の問題が見えてきます。

第一は、**スタンスとしての心構えと役割の葛藤**です。あなたがもしも、学校の協働研究者でありながら「外部から来た非当事者に過ぎない」というスタンスで授業参観に臨めば、教師と子どもたちの挑戦に寄り添って授業を見ることは難しくなり、学校の求めと自己の関心との間で葛藤しながら授業を見ることになってしまうでしょう。第二は、**スコープ・フォーカス・レンズのピントのズレ**です。たとえば、子どもの学習意欲に関心があるにもかかわらず学級全体を広く眺め、多くの子どもの学ぶ様子を一度に見ようとしていては、子ども一人ひとりの学習意欲が高まったり減退したりする瞬間を捉えきれません。第三は、**レンズの揺れ動き**です。授業では教師と子ども一人ひとりのストーリーが豊かに展開するので、授業を見る「視点」も生々流転しやすくなります。しかし、気になることが起こるたびにレンズを何度も取り替え、スコープとフォーカスを変えてしまうと、ピントがズレて視界がぼやけ、一つひとつの現象を丁寧に見取ることが困難になります。このような問題が起こらぬよう、スタンスを定め、レンズに合わせてスコープとフォーカスのピントを調整することが必要なのです。

また、ここで初めて授業を見る「位置」について考えることができます。スタンスが定まってレンズとスコープとフォーカスのピントが合っていたとしても、見取りたい現象から遠く離れすぎたり、教師や子どもの表情や声を見取り聴き取ることが困難な場に居たりしていては元も子もありません。授業参観では、レンズとスコープとフォーカスに適した「位置」を瞬時に判断する必要があるのです[3]。

そして、**授業を見る「視点」を調整するには何よりもまず「視点」の自覚が必要**です。「私」の「視点」の特徴を知らなければ、調整するポイントも明らかにならないというわけです。そこで役立つのが**授業の参観記録を書く**ことです。参観記録を書いてみて、その記録を「視点」の四つの位相から分析してみましょう。あなたがいかなるスコープで授業を捉え、何にフォーカスを絞り、どのような現象にレンズで光を当てているのか、**参観記録の中にいるあなた自身が教えてくれる**ことでしょう。

■レンズを養う、磨く、増やす

授業を見る「視点」の探究をここまで進めると、「視点」を構成する四つの位相の中で**レンズが最も重要**だということがわかることでしょう。実は、「授業の何を見ればいいのかわからない」といった場合には、授業で起こる現象に対する関心や興味、明らかにしたい課題を投影するレンズがそもそも無かったり、未熟であったりする可能性も考えられるのです。レンズが無ければ授業で起こる現象を見取ることはできません。それは、針や仕掛けがついていない釣り竿で魚を釣ろうとするようなもので

[3] 授業参観における「立ち位置」の議論をこれで終わりにすることができる。教室後方は教師の教え方や授業展開を見取る位置と批判され、教室前方は子どもの表情をよく見取れる位置と奨励されることがあるが、子どもの学びに関心をもっていれば、教室のどこからでも子どもの学ぶ姿を追うことができる。「立ち位置」の優劣性の議論は、参観者の場所取りゲームを誘引するし、そもそも一斉授業を前提としている。授業形態が多様化している現状ではすでに不毛な議論である。ただし、教室後方の隅っこで学習指導案とずっとにらめっこしていたり、教師と子どもに背を向けて掲示ばかり見ていたりするスタンスは、教室にいるすべての人に対する不敬である。このような参観の居方を、ある中学校の研究主任の先生が「壁ドン参観」と名づけた。まさにそのとおり、不敬で傲慢な「壁ドン参観」である。

す。

したがって、**授業という営みに関心や興味をもち、授業研究で明らかにしたい課題を把握することがレンズを養う最初の一歩**になります。そして、**教育実践や教育研究に対する見識を深めていくことでレンズを磨いていく**のです。また、他者の「視点」を学ぶことも大切です。たとえ同じ授業を参観したとしても、同僚や指導主事や協働研究者の「視点」はあなたの「視点」と異なることでしょう。**他者の授業の見方を鏡とすることで、あなたの授業の見方とその「視点」を構成するレンズの特徴が反射してよく見える**ようになります。そこで**他者のレンズを「我がもの」として取り入れることも可能**です。もちろん、他者のレンズはあなたの目に合わないかもしれません[4]。しかし、他者のレンズを試しに使ってみることは授業研究の初学者にも熟達者にも多様な「視点」の存在を知り、**レンズを増やすチャンス**にもなりえます[5]。

授業研究は「研究」であり同時に「学び」の実践です。授業研究は、「何かを明らかにしたい／もっと知りたい」という積極的な心理状態と欲求を伴った、目標に向かって進む学びの一つです。授業参観の経験を積みながら、参観記録を丁寧に採って振り返り、授業を見る「視点」を整理し、養い、磨き、増やしていきましょう。

〔木村優〕

［4］他者の視点や解釈を「我がもの」とする過程はアプロプリエーション（専有・領有・収奪）と捉えられる。アプロプリエーションにはいつも何らかの抵抗が伴う。この抵抗は、他者と自己それぞれの視点や解釈に内在する知識、信念、価値観で軋轢が生じるためである。つまり、いつも円滑に他者のレンズを「我がもの」にできるとは限らない。アプロプリエーションについて詳しくは、ワーチ、J・V（佐藤公治・黒須俊夫・上村佳世子・田島信元・石橋由美訳）『行為としての心』（北大路書房、２００２）を参照。

［5］第Ⅳ部「授業研究の実際」収録の計一一本の授業参観記録とそれに基づく授業の分析を参照。

2-3 フィールドノーツ
――事実を記すため

「フィールドノーツ」とは、フィールドで見聞きした出来事やフィールドに身を置く中で考えたことを綴っておく記録のことです。授業研究における「フィールド」とは、一つには授業が行われる場のことになるでしょう。あるいは、研究対象が授業研究そのものならば、教師たちが授業研究を進める場も「フィールド」となりえます。記録は一つに留まることなく、その場でのメモやあとで書き直したものなども含め複数にわたることになるため、「ノーツ」と複数形で表現されます。授業研究において、自分の見聞きした出来事や感じたり考えたりしたことを記録することは極めて重要なことです。ここでは、その意味と方法について論じていきます[1]。

[1] フィールドノーツの具体的な書き方などの技法は、たとえば佐藤郁哉『フィールドワークの技法――問いを育てる、仮説をきたえる』(新曜社、2002)などに詳述されている。

■掘り下げて語り合うために

まずは、自分の見聞きした事実を記録しておくことが重要です。授業研究の場で、直感だけで授業を語ることには問題が生じます。たとえば「子どもが楽しそうにしていて良い授業だった」と感想を語るだけでは話し合いは深まりません。あるいは、

「あんな発問ではだめだと思った」と直感的に批判するだけでは、授業者には納得できない思いが残ります。「子どもが楽しそうにしていた」「発問がだめだ」とは、子どものどういう姿からそう考えたのか、**根拠をもとに語る**ことが必要です。**子どもがどのタイミングでどんな言動を示したのか、そこでの発話や表情、動きや相互作用など、具体的な記録**があれば、それが根拠になります。それをもとに語ることで、その授業が子どもにとってどのような意味をもっていたのか、授業がどういう点で優れていて、どういう点で改善の余地があるのか、掘り下げて考えていくことが可能になるのです。[2]

■妥当な解釈を探るために

一つの場面であっても、さまざまな捉え方ができるものです。たとえば、「一人の子が机に突っ伏してしまった」という場面一つをとっても、「課題が難しくてわからない」「できるはずなのに面白くなくてやる気がない」「体調が悪くて疲れている」「隣の子にからかわれて気持ちがくじけた」など、いろいろな可能性が挙げられます。その子がそれまでどのように授業に臨んでいて、何をしているとき、誰とどんな言葉を交わして、どういうふうにそういう行為に至ったのか、**記録があれば、それをもとに妥当な解釈を検討することが可能**になります。

フィールドノーツにおいては、**記録と解釈を分けて書く**ことが重要です。[3] 記録と

[2] 子どもの言動の具体的な記録は、それを受け取った授業者にとっても、授業について掘り下げて考える手がかりにすることができるという点でも意義がある。

[3] その場での記録においても、あとで書き直した記録においても重要である。その場で見聞きしたことの記録に加えて、解釈につながるような部分に印をつけておいたり、その場での気付きや疑問を違う色のペンで書いておくのも有効である。

は、見聞きした出来事をそのまま記しておくことです。解釈とは、それをどのように捉えるかということです。記録を残しておくことで、**その場での解釈だけでなく、後で見直して解釈することが可能**になります。その後の展開を追いかけたり、プロセス全体を見直したりすることで、より妥当な解釈を探ることが可能になります。また、**記録を他者とともに検討することで、自分の解釈が妥当かどうか、ほかの解釈可能性はないか、検討する**ことができます。自分とのあるいは他者との対話を通して可能性が拓け、いろいろなことが見えてくるのです。

■記録そのものの仕方を問い直す

記録と解釈は、ある意味では不可分なところもあります。記録をしたとき、そこにはすでに観察者の主観が入ります。どこに着目し、何をどの程度記録するかというのは、観察者によって異なるものです。ビデオカメラで記録すれば、客観的にすべてのそこでの出来事が映っていると思われるかもしれませんが、それですら、どこからどのように撮影するかということに撮影者の主観が入っていることになります。その意味で、**自分がどういう視点で記録を取っているのかを自覚し、また記録の精度を上げていくことが必要**になります。

このように、記録には観察者のものの見方や考え方が反映されるため、**こう書けばよいというマニュアルはありません。**まずは自分なりに授業を見て記録を取ってみるしかありません。その記録を見直してみて、出来事をざっくりとしか捉えられていなければ、取り方を考え直していくことが必要かもしれません。たとえば「ワークシートに問題を解いて書いていた」というとき、見ていた子どもは何をどういう順にどういうふうに書いていたのか、**きめ細かく見て記録する**ことで、子どもの思考過程に迫ることが可能になります。発した言葉や表情、動きなどを、絵や図も使って記録するのも一つです。そうした記録があれば、子どもにとってのその授業での学びや、ワークシートや課題の意味などについて解釈することができます。そして、その**自分なりの解釈を記録しておくことも重要**です。授業研究において、単に「あの子がこうしていた」と見たことだけを報告するのでは不十分です。それをどう捉え、どう解釈したのかを語ることで初めて、建設的な議論が可能になります[4]。

授業研究を重ねていくと、他者の記録や解釈にも触れることができ、自分の記録や解釈を見直すことができます。また、子どもや授業の見方そのものも変わってくるかもしれません。そうすると、自ずと記録の取り方も変わってくることでしょう。このようなプロセスの中で、**どのように記録を取るといいか、自分なりに試行錯誤して工夫していくこと**が重要と言えます。

〔岸野麻衣〕

[4] 子どもの姿をどう捉えて、次の時間に学びが発展するにはどのようなことが必要かを考えていけると、いっそう建設的な議論になる。

2-4 直感《インスピレーション》 ――つながりに目を向ける

授業を見ていると、考えるより先にまずいろいろなことを感じると思います。授業研究において、この**直感**が非常に重要です。授業で起こった出来事を記録することは大事ですが、「あの子がこうだった、この子はこうだった」と事実として語るだけでは話が深まりません。それを見てどう捉えたのか、解釈が求められます。その切り口となるのが直感です[1]。授業の中での子どもの姿を見て感じたことがあるとすれば、それが何に依るのか、さまざまな**つながり**に目を向けることで、子どもの学びや授業のあり方を掘り下げて考えていくことができます。

[1]「いい授業だったなぁ」「なんだか今ひとつだった気がする」という直感を覚えたとき、どうしてそう考えたのかを考えてみることが解釈につながっていく。

■教材と子どものつながり

授業において直感を感じる対象の一つに、教材が挙げられます。教材とは、ここでは、授業の問題設定や用いる題材・素材などの材、表現の場や媒体など、いろいろなものを含めて考えたいと思います。授業を参観すると、「わくわくする教材だな」とか「ちょっと難しい課題だな」とか、参観者として心を動かされることがあることでしょう。そんなときには当然、子どもたちはどう反応しているかも気になってきます。そして、子どもたちがどのようにその課題に心を向け、どのように取り組んでいくのか、言動を注視することになります。このように、**問題設定や材、それに対する子どもの反応を見ていくことで、子どもの課題解決にとってその教材がどのような意味をもつのかを捉えることができます**[2]。

子どもの反応を見るには、子どもの思いや考えを丁寧に追いかけ、把握する必要があります。一方で、授業によっては、子どもの思いや考えが見えにくいこともあります。たとえば、挙手をする子だけを指名して進んでいく授業や、意欲的に課題に取り組む子だけで進んでいくグループ活動においては、黙っている子の思いや考えは見えにくくなります。あるいは、書いたものを読み上げて発表するだけのグループ活動においても、書いたものを共有したことで、どのような思いや考えが生じたのかが見えにくいものです。こうした場合には、表情や動きを通して思いや考えを探りながら、見えにくさそのものを記録し、子どもが表現する場をどのように作るとよいのか、どのような媒体を用いると効果的なのか、考察してみるのも一つです。このような授業では授業者にとっても、子どもの思いや考えを把握しにくいものであり、授業研究を通して一緒に考えることは授業の改善にも直結します。

このように、教材と子どものつながりという点で感じられた「直感」をもとに掘り下げて考察していくことができるのです。

[2] 子どもが乗っていないように感じる、遊んでいるように見える場合にも、どのように課題や材に関わっているのかを検討することで、その意味がわかってくることも多い。

■時間のつながり

授業研究においては、一時間の研究授業を校内外の先生たちみんなで見るといった形態が多く、授業を参観するのは一時間に限定されることが多いのではないかと思います。しかし、授業の当事者である子どもと授業者にとっては、一連の授業の中の一時間です。**一時間の授業の枠で完結するものではありません。**単元の中で、どのように子どもたちが問いをもち、考え、学習が展開してきているのか、一時間の授業の背後に目を向ける必要があります。同時に、この一時間の授業の中での子どもの学習過程を見て取ることは、これからの子どもたちの探究が深まるために何が必要なのかを考えることにつながっていきます。

これは意外に簡単ではありません。一時間しか見ていないと、その時間で達成すべきことについ目が行くものです。そうすると、課題設定や教師の発問が的確だったか、子どもたちは教師のねらいを達成していたか、といった視点で授業を見がちです。もちろん、大事な一時間で、無為に過ごしていいわけではありません。しかし、一時間の枠組みで授業を見ていると狭い範囲でしか捉えられなくなってしまいます[3]。

子どもたちが探究して真に学んでいく授業は、一時間では完結しえません。試行錯誤しながら進んでいくもので、参観した授業がまさにその場面かもしれません。あるいは一時間の枠を超えたねらいを教師がもっていることもあります。「これってどうなのかな」という直感をもったときこそ、これまで・これからの展開に目を向けて、

[3] 一時間の枠組みで見ていると、授業とは一時間ごとに目標を達成させて積み上げていくものだという授業観になりがちでもある。このような授業観では資質・能力を培うことは難しく、転換が求められる。

授業を捉え直すことが必要かもしれません。

■単元間のつながり

子どもたちの学習は、一単元で完結するものでもなく、単元を重ねる中で、それぞれの教科としての見方・考え方や育てたい資質・能力が育まれていきます。その意味で、一つの単元でその分野の知識や技能を完璧に押さえるという前提は現実的ではありません。その単元での学びが次の単元につながっていくはずです。**一時間の授業を見ながら、その背後にこれまでの単元での学びを見て、またこれからの単元での学びを展望する**ことが必要です[4]。

今、教えるべき内容を基盤に考えるコンテンツ・ベースのカリキュラムから、育てたい資質・能力を基盤に考えるコンピテンシー・ベースのカリキュラムが求められています。その意味では、参観者も、内容がどのように教えられているかというコンテンツ・ベースの見方から、**一連の授業を通して子どもにどのような資質・能力が育まれているかというコンピテンシー・ベースの見方**への転換が必要と言えます。

[4] 福井大学教育学部附属義務教育学校においては、単元のつながりを意識した9年間のカリキュラムを構想している（福井大学教育学部附属義務教育学校編『研究紀要』（2018））。

■子どもの育ちや関係性のつながり

授業を見ていると、参観者にとって直感的に「気になる」子どもが出てくることがあります。ユニークな発言をする子かもしれませんし、ふざけたり私語をしたりする子かもしれませんし、授業に乗りきでない無気力に見える子かもしれません。そういう場合には、その子の言動を丁寧に追いかけてみることです。**どういう状況でそうした様子が生じてくるのか、そうした様子が生じないのはどういう場面か、探っていくと**、その子の**特性**が見えてきます。どういうところが育ってきていて、どういうところがより育つといいのか、見えてくるかもしれません。[5]

また、子どもたちの関係性についても感じ取ることができるでしょう。互いの意見を受け入れ合い、支え合って協働する温かい雰囲気の学級もあれば、互いの学習態度を指摘し合う厳しい雰囲気の学級もあります。あるいは、学習に真摯に取り組むがゆえに建設的に意見を戦わせ合う真剣な雰囲気のときもあれば、淡々と活動を進めていく熱量の低い学級もあるかもしれません。**どういうところでそのように感じたのか、根拠を探ると共に、それが学習活動にどのような意味をもつのか、考えてみる**ことが重要です。授業の基盤として、しばしば学級づくりが重要だとされますが、学級づくりが授業につながり、また授業での相互作用が学級づくりにつながっていくものであり、両者は相互関係にあります。

「気になる」子どもについても、その子だけでなく**周りの子どもたちがどう反応し、どうかかわるのかを見ていく**ことが重要です。特に、学習活動への参加が難しい子どもにとっては、**学級の風土**が大きな支えになりえます。つながりも含めて見ることで、今がどのような状況にあるのか、これからどのようなやりとりが生じるよう

[5] 授業研究を生徒指導や特別支援教育の観点で行うことも有効であるといえる。

にしていけるといいのか、授業を通してできることが見えてくるはずです。

このように、個々の子どもや関係性に関する直感から、具体的な相互作用を丁寧に見て、掘り下げて考えていくことで、授業の中でどのような状況を作り出していけばよいかを検討することも可能になります[6]。

■自分とのつながり

授業を見ているときに感じうる直感について、さまざまな視点で述べてきました。このようにいろいろな視点で多角的に授業を見ることが必要です。そして、いろいろなアンテナで感じ取られた直感を自覚することが大切です。直感の源の多くは、自分とのつながりにあります。授業を見るとき、意識していないかもしれませんが、自然と自分のこれまで取り組んできたことやかかわってきたことと照らし合わせて価値づけているものです。他者の授業を見ることは鏡を見るようなもので、他者の授業について語ることを通して、自分の授業を観る目や子どもを観る目、自分が授業で大事にしていることを問い直すことになります。それはとりもなおさず自分の**授業観**や**子ども観**を捉え直し、自分の授業のあり方を考え直すことにつながります。だからこそ授業研究は、授業者のためにあるだけでなく、参観者にとっても重要な学びの機会なのです。

〔岸野麻衣〕

[6] たとえば、岸野麻衣「小学校における『問題』とされがちな子どもの学習を支える授業の構造──協同での学習過程における認知的道具の使用をめぐる事例分析」『質的心理学研究』15号（２０１６）65－81頁、などが挙げられる。

2−5 見えにくい世界

——時間・空間・声

授業参観を通して、私たちは授業者である教師や子どもの世界、あるいは教師と子どもたちの世界に迫ろうとします。しかし、実際には、授業が目の前で展開しているにもかかわらず、教師や子どもの動きが見えない、何を見たらよいのかわからないと感じられることも少なくありません。見ているはずなのに見えない。以下ではこうした見えにくい現象にいかにアクセスするかについて整理していきたいと思います。

■環世界《かんせかい》

体長三～八ミリほどの節足動物であるマダニは、茂みや草むらに生息し、光・哺乳類が発する酪酸の匂い・体温という三つの知覚情報を頼りに、通りかかった哺乳類の血を吸って生きています。マダニは視覚器官や聴覚器官を有しておらず、この三つの情報だけがマダニを動かす信号としてマダニに知覚されるのです。私たちが同じ時空間にいるときに感じる緑の匂いや木々のざわめきは、マダニの世界には存在せず、マダニの世界は光、酪酸、体温という三つだけで構築されていると言えます。生物学者のユクスキュル[1]は、それぞれの主体は環境の中から自分にとって意味あるものを選び出し、それによって自分の世界を構築しているのだと述べ、そうした主体独自の世界を「**環世界**」と名づけました。私たち人間を含めた生き物はみな、**たとえ同じ時空間に存在していたとしても、それぞれが独自の時空間を生きている**のです。

したがって、授業参観においても、そこで捉えた事象をただ羅列的に並べても、それは「私は何を見たのか」を映し出しているだけであって、必ずしも授業者や子どもの世界を描き出すことにはなりません。他者の環世界は参観者自身の環世界に容易に覆い隠されてしまうのです。そのため、授業者である教師の思考や子どもの学びの姿を捉えようとするならば、**参観者は自身の「私の世界」を一旦離れ、教師や子どもがどのような世界に生きているのかを捉えようとする目をもたなければなりません**。

■見えにくい世界にアクセスする

授業参観を通じて教師や子どもの生きる世界を明らかにするためには、まずは活動や人の行動がいかにして生じ、どのような展開を経て終息に向かうのか、一連の流れを周囲の状況と関連づけながら捉えることが重要です。何があったかだけではなく、どのような状況だったのかもあわせて捉えることで、活動や行動の文脈を探るのです。

ここで重要になるのが、ことの成り行きを**あるがままに捉える**ことです。たとえば、子どもたちの雑談や手遊びといった行動は「授業とは関係がない」「意味がない」

[1] ユクスキュル、J・von&クリサート、G（日高敏隆・羽田節子訳）『生物から見た世界』（岩波書店、2005）（原著は1934年）

等と捉えられ、切り捨てられてしまうことがありますが、「関係がない」「意味がない」というのは参観者の世界における意味でしかありません。同様に、「話を聞いていなかった」「活動をしていなかった」というように、「していない」と否定形で行動を叙述することについても注意が必要です。それはほとんどの場合、授業のルールやねらいといった教師や参観者の世界における基準に照らし合わせた行動の捉え方だからです。「していない」と語られるとき、「していること」は背景に沈みます。しかし、あえて「していない」場合を除き、多くの場合、その人が「していること」の中にこそ、その人の世界は見えるのです。そのため、一見すると授業と関係なく、意味がないように見える行動も含め、「していること」をあるがままに捉えることが重要です。

ただし、出来事をあるがままに捉えようとしても、子どもの動きや発話が見られないとか、子どもが活動しているだけで教師の働きかけが見えないというように、子どもの実態や授業の特性によっては出来事そのものが見えづらいと感じられる場合もあります。しかし、**たとえ言葉（音声言語）を発していなくとも、人はたくさんの「ことば」を発している**のです[2]。たとえば、子どもの**視線**はどこに向けられているでしょうか。教師はどのような**位置**にいて、どこに**身体**を向けているでしょうか。こうしたことに着目すると、意識的な振る舞いのみならず、無意識的な振る舞いにも人の思いを見て取ることができます。加えて、**人はたくさんの「ことば」を「同時に」発している**ことにも留意する必要があります。たとえば、「嫌だ」という発話一つとっ

［2］梅津八三によると、信号（ことば）は、信号としてはあえて作られてはいないものの他者にとっては信号となりうる自成信号と、信号としてあえて作られたものである構成信号に分けられる。人はいくつもの自成信号と構成信号によってコミュニケーションを行っている。自成信号をことばとして捉えるならば、ことばのない子どもはいないということになり、自成信号を含め、相手の発する信号をいかに受信するかが相手の世界を知るための重要な鍵となりうる。なお、構成信号は能記と所記との関係性からさらにいくつかの信号に分けられるが、詳細は下記参考文献を参照されたい。

梅津八三「各種障害事例における自成信号系活動の促進と構成信号系活動の形成に関する研究――とくに盲ろう二重障害事例について」日本教育心理学会第19回総会　研究委員会企画特別講演『教育心理学年報第17集』（1977）101‐104頁。

ても、本当に嫌な場合と、まんざらでもない場合と、嫌ではない場合と、さまざまな「嫌だ」があります。音声言語だけではなく、視線や**表情**、**声のトーン**や**発話のテンポ**、**身振り**等もあわせて捉えることで、発話のみを追うだけでは十分に捉えられない意味に迫ることができるのです。このように、相手が発している多様な「ことば」をいかに豊かに受信するのかが、見えにくい世界にアクセスするための重要な鍵になると言えるでしょう。

ただし、出来事を一つ取り上げただけでは、その意味までは十分に見えてきません。「子どもが俯《うつむ》いた」という事実があったとして、それがどういう意味をもつのかは、前後の文脈によってまったく異なってきます。[3] そのため、参観の際には、ある程度の時間をかけて対象を見つめ、文脈の中で行動を捉えることが不可欠です。

■文脈の中で行動を捉える

ある中学校の数学の授業を参観していたときのエピソードです。課題をグループのメンバーと協働で解決する授業でしたが、私が見ていた男子生徒はグループのメンバーとのやりとりには加わらず、一人で黙々と課題に取り組んでいました。しかし、授業の中盤で机に突っ伏してしまい、その後は教師が声をかけても顔を上げることはありませんでした。彼が机に伏せている場面だけを切り取って見れば、「授業に参加していない」と捉えられてしまうかもしれません。しかし、先の黙々と課題に向かって

[3] 伊藤は「意味」について、客観的でニュートラルな情報が具体的な文脈に置かれたときに生まれるものであると説明している。
伊藤亜紗『目の見えない人は世界をどう見ているのか』(光文社新書、2015)

いた姿と結びつけて考えると、「懸命に課題に向かっていたが、集中力が切れてしまった」とも捉えられます。さらに、彼が突っ伏す前の状況に着目すると、また違った世界が見えてきます。彼が机に顔を突っ伏す前には、隣のグループから「わかった！」という歓声があがりました。隣のグループは課題を解決する道筋を見つけ出したことで大変盛り上がっており、彼はそうした様子を見た後で机に突っ伏してしまいました。こうした流れの中で考えてみると、彼は誰よりも先に課題の解決策を見出したいと意気込んでいたのではないかと推測されます。また、一人で課題に向かっていた姿とあわせて考えれば、彼は自力解決したいと願っていたのかもしれないとも考えられます。それは、机に突っ伏している姿を見ただけでは見えることのない彼の思いです。

その後も彼は机に伏せたままでしたが、隣のグループの発表場面になると、彼は少しだけ顔を上げ、発表の様子を上目遣いに見ました。そのとき、彼の頬をわずかに涙がつたいました。そして、彼はすばやくそれを手の甲でぬぐうと、また机に突っ伏してしまいました。そうした様子を目の当たりにした私は、涙が出るほど悔しかったのかと大変驚きました。これほどの強い思いはこの一時間の授業の中だけで生まれうるものではないでしょうから、この場面での彼の振る舞いは、これまで彼が受けてきた授業と彼の歩みの中でこそ理解できるものなのでしょう。実際、授業終了後に授業者の教師と話をしたところ、彼は決して数学が得意な生徒ではなかったものの、探究的な学習を積み重ねるにつれ熱心に授業に向き合う姿が見られるようになった生徒である、とのことでした。

なお教師は、彼が机に顔を伏せている様子を見て一度は声をかけたものの、注意をしたりすることはなく、その後は顔を伏せたままの彼の様子をそっと見守りながら授業を進めていました。机に突っ伏すという行為の背景に彼なりの何らかの思いがあるのだということを、これまでの彼の様子から直感的に把握していたものと思われます。

このように、ある程度の時間をかけて参観し、その時々の振る舞いを流れの中に置いて見ることで、**子どものストーリー**が見えてきます。場合によっては、その時間だけでなく、もっと長い時間軸の中に置いてみて初めて捉えられる意味もあるでしょう。また、この**エピソード**は一人の男子生徒に着目したものですが、彼の周囲にはグループのメンバー、そしてクラスメイトがいます。その中で彼は個の世界に没入したり、他のグループに目を向けたりしており、彼の世界もその時々で変動しています。さらにズームアウトして視野を広げれば、より広い相互作用の中にある彼を捉えることもできるでしょうし、それが必要な場合もあるでしょう。このように、参観においては、狭い時間軸と空間軸の中で事象を詳細に捉えるだけではなく、捉えた事象がどのような時間的・空間的文脈の中にあるのかを俯瞰的な視点から見ることが大切です。授業者は授業者としての文脈を生きていることから、子どもの文脈を捉えることが難しい場合も少なくありません。ましてや、多くの子どもが共に学ぶ通常学級での授業のような状況においては、特定の子どもやグループの文脈をじっくりと追うことは授業者の立場ではできないことです。そのため、こうした参観の仕方は参観者の立場であるからこそ可能になるものであるともいえます。とはいえ、教師は自ずと授業者の文脈に引き寄せられてしまいがちです。そのため、参観者として他者の授業に立ち会う際には、授業者としての文脈を離れ子どもの文脈を追うということに意識的に取り組むことが重要です。そうした経験を積み重ねることにより、子どもの文脈を捉えるということの感覚が掴めるようになると、授業者としての文脈を生きつつも子どもの文脈を感じとることができるようになるのです。

■見えにくい世界を捉える目を培う

これまで見えにくい世界にアクセスするための視点を整理してきましたが、教師や子どもたちが生きる世界とその意味を捉えることは、一朝一夕にできることではありません。また、展開している事象の意味を捉えるためには、豊かな感性と子どもの学びに関するさまざまな領域の知識を持ち合わせていることも重要です。したがって、見えにくい世界を捉える目を培うためには、事象を捉える理論的な背景を豊かにするとともに、他者と同じ場面を見て検討したり、ビデオカメラによる授業記録を活用したりする経験を重ねることが必要でしょう。

〔笹原未来〕

2-6 道具
――見逃さない・聴き逃さない

授業研究では、参観者によって採られる**記録**に基づいて授業の事実を**根拠（エビデンス）**として共有し、その意味や価値を多角的に分析することで、時々の授業研究の目標に接近していきます。そこで、**授業の中で生じる多様な現象や出来事を見逃さない、聴き逃さない**ために、私たちはさまざまな道具を活用することになります。ここでは、**ノート、レコーダー、カメラ・ビデオカメラ、タブレット端末等のアプリケーション**という四つの主な道具を挙げ、それぞれの類型、そして長所と短所を確認していきましょう。[1]

■授業参観の主な道具とその類型

ノート（フィールドノーツ）：授業を即時的に記述する最もポピュラーな道具です。そのスタイルはさまざまで、たとえば自由記述式の白紙ノート、教師と子どもたちの言動を区別する規定枠を設けた記録用紙、授業展開をベースにした発話記録、配布された学習指導案へのメモ等が挙げられます。どのノートも参観者が授業を見ながら、

[1] これら授業記録の機能については、稲垣忠彦・佐藤学『授業研究入門』（岩波書店、1996）や河野善章編『授業研究法入門』（図書文化社、2009）をさらに参照。

教師と子どもたちの言動やその背景にある思いや意図、教材や教具の意味等を即時的に書き込み、そこには**参観者の気づき**も記録できます。自由記述式のノートには、ページ移行が容易なリング・ノート、手の平サイズのノート、バインダーを併用するルーズリーフや白紙等、参観者の使い勝手に応じた多様なパターンがあります。一方、規定枠を設けた記録用紙にも、学校や教育センターや大学といった教育機関によって、授業研究の目的に応じた様式が多々あります。学習指導案へのメモはパターンに乏しく、授業展開に即して参観者が必要と判断した現象や気づきが簡潔に記述されます。

レコーダー：音声記録に特化した道具です。授業研究の目的に応じて授業者にマイクロフォンを取りつけたり、教室にICレコーダーを設置したりすることで、教師と子どもたちの発話を記録します。したがって、教師や特定の子どもの**発話**、子どもたちのグループの**話し合い**、授業全体の**談話**をより正確に記録することができます。

カメラ・ビデオカメラ：授業全体や特定の範囲の静止画もしくは動画を記録し、**授業の中で生じる現象や出来事を瞬時に、あるいは継続して記録する**ことができます。[2] 特にビデオカメラによる記録は、生き生きとした**授業の様子を正確に再生すること**が**可能**です。また、**授業を見ていない人でも擬似的な教室体験が可能**で、さらに**繰り返し閲覧可能**、といった数々の利点があります。[3] ただし、撮影の範囲や角度、固定

[2] 映像記録を採る際には、そのための機材使用許可の徹底と、データ管理への細心の注意が必須である。原則として、授業参観や授業研究会の映像データは学校（長）および授業者の許可を得た上で研究目的に用い、特別な許可が必要な場合には必ず学校（長）および授業者に確認する。特に子どもたちと教師の肖像権を侵害しないよう、研究の倫理的配慮を徹底する。

[3] ビデオカメラの授業研究への活用については、稲垣忠彦・佐藤学『授業研究入門』（岩波書店、１９９６）や秋田喜代美・能智正博監修／秋田喜代美・藤江康彦編著『はじめての質的研究法――教授・学習編』（東京図書、２００７）でその使用方法や性能活用、留意点が詳細に述べられているので参照。

か可動かによって記録の精密さは変動し、映像記録自体は撮り手の授業を見る視点に依存することには留意しておきましょう。なお、近年では機器の小型化や性能の高度化に伴って、**ウェアラブルカメラ**や**全天球カメラ**も登場し、より利便性高く、そして臨場感溢れて教室の風景と子どもたちの学びの様子を記録することが可能になってきています。

タブレット端末等のアプリケーション：上述したノート、レコーダー、カメラ・ビデオカメラのすべての機能を搭載した**タブレット端末**が授業研究に活用されることも多くなりました。標準搭載されているメモ用アプリはもちろんのこと、近年では、授業研究に特化したアプリも開発され、教室の状況を即座に把握する助けとなったり、アナログ記録の迅速なデジタル化やデータ化の助けになったりします。[4]

■どの道具にも「一長一短」がある

四つの道具の長所と短所を表Ⅱ-1に示しました。自由記述のノートは記録の自由度が高く、現象解釈の記述にとても適しています。その一方で、記録の精密さや共有速度の面では他の道具に劣り、清書や整理に向けた努力が必要になります。規定枠のノートや発話記録はまさに「枠組み」を統一することで言動記録の精密さと共有速度を高めるのに適していますが、書き手の授業を見る視点を文字通り「枠づけ」てしまうので、その視点が固定化したり他律化されたり、また現象解釈の記録をより意識す

[4] タブレット端末用のアプリケーションとしてプロジェクトＩＭＰＵＬＳが開発した「Lesson Note」や（株）文溪堂が提供している「座席 Folio」等が挙げられる。これらは、教室の座席表を中心としてタブレット端末上に授業での現象を記録（筆記や映像）し、保存を行うことを目的として開発されており、すでに授業研究や教育評価において活用されている。

ることが必要になります。一方、レコーダーやカメラ・ビデオカメラは記録の精密さと共有速度に非常に優れていますが、撮り手の現象解釈の記録は不可能と言えます。タブレット端末は多機能ゆえに機能切り替えへの手数がかかり、複数機能の同時使用は難しいのが現状です。またメモ用アプリはよほどのトレーニングを踏まないとノートよりも記録採りが遅くなります。また、授業研究アプリは規定枠のノートと似ていて、開発者による授業を見る視点＝枠組みにコンテンツが依存されやすいので、参観者の視点の反映と現象解釈の記録には一層の努力が求められます。

このように、どの道具にも「一長一短」があり、一つの道具だけでは授業のあらゆる現象や出来事を記録することはできません。したがって、研究授業の参観では、その時々の授業研究の目標に沿った現象や出来事を見逃さないよう、聴き逃さないよう、**複数の道具を同時に用いることでそれぞれの短所を補い合う**ことがまず大事になります。そのためにはまた、それぞれの道具の性質と限界をよく把握する必要があり、**あくまでも道具は授業研究を支援するもの**であるという哲学が大事になります。一つの道具にこだわりすぎてしまうと、その時々の授業において教師と子どもたちにとって価値のある現象や出来事が、その道具をもつあなたの手の平から滑り落ち、視点から見逃され、耳元から聴き逃されてしまうかもしれません。道具への造詣を深め、道具を巧みに扱って、授業の世界を丁寧に奥深く描いていきましょう。

〈藤井佑介〉

表Ⅱ-1　授業研究の道具とその一長一短

	ノート				レコーダー		カメラ・ビデオカメラ			アプリケーション	
	自由記述	規定枠	発話記録	指導案メモ	全体	個別	固定	可動	全天球	メモ機能	専用アプリ
参観者の視点の反映	◎	△	×	△	×	○	×	○	△	○	△
現象解釈の記録	◎	△	△	△	×	×	×	×	×	○	△
言動記録の精密さ	△	○	○	△	○	◎	○	◎	○	△	△
記録共有の速度	△	○	◎	○	○	○	◎	◎	◎	○	○

◎とても適している　○適している　△努力が必要　×適していない

2-7 ワザ

——捉えたことを残す

私たちは授業の参観記録を残すためにさまざまな道具を活用します。そして、**道具を使いこなす工夫**に加えて、**多様なワザを習得、駆使、洗練していく**必要があります。ノートでもビデオカメラでも、ただ漫然と授業の様子を書きとめたり録画したり、捉えやすい発話だけを逐語的に記述したり録音したりするだけでは、授業中の子どもたちの学びのダイナミクスや結びつき、それらを支える教師の思慮深い授業デザインやかかわりといった見えにくい世界を捉え、記録として残すことはできません。

道具を巧みに扱うための工夫を学び、授業における教師と子どもたちの経験世界に接近してその意味と価値を探る、そのためのワザについて考えていきましょう。

■道具を巧みに扱うための工夫

アナログにせよデジタルにせよ、ノートを用いる際には**厚い記述**を心がける必要があり[1]、記述可能な情報はできるだけノートに記していきます。ただし、授業が時間経過と共に進み続ける中で、教師や子どもの一言一句、一挙手一投足を正確に書き取

[1]「2-3　フィールドノーツ」を参照。

ることは不可能です。そこで、速記を促す**略語**や**略字**、**記号**や**絵文字**を考案し活用することが大切です。[2] **絵**や**図**を描くのも子どもの学ぶ姿勢や教室の状況を記録する工夫です。学習内容や活動の切り替え時には印を残し、参観後にノートを見返すときに授業展開を把握できるようにします。多色ペンを活用し、**授業の具体的事実の記述と参観者自らの気づきや考えといった解釈の記述を分ける**のも大切な工夫です。

厚い記述を担保するには、**分析的な視点を授業参観のはじめからもち込まない**ことです。捉え記録したい現象や出来事だけを狙ってペンを構えていては、教師と子どもたちにとって最も価値ある学びを生み出す現象や出来事を見過ごし、聴き逃すことになりかねません。星の王子さまのキツネが言うように「**いちばんたいせつなことは目に見えない**」のです。これはあくまで喩えですが、授業を形づくる多様な情報を捉え、そこに解釈をつないで**厚い参観記録**を書き綴り、見えにくい世界へと接近するのです。

ビデオカメラを用いる際には、その性能を存分に活かして教師と子どもたちの言動を正確に記録する必要があります。そこで、授業研究の目標や授業を見る視点に即して音声マイクの指向性と映像レンズの画角を定め、教室の状況に応じてズームや手ぶれ補正といった内蔵機能、三脚や外付けマイクといった周辺機器を活用することが基本の工夫と言えます。なお、至近距離での撮影は教師にも子どもにも（特に不慣れな場合に）教えと学びへの夢中と没頭を阻害する緊張感を喚起するので、ビデオカメラの性能をよく把握し、教師・子どもとの距離をしっかり調整することが大切です。

[2] ノートへの記述では、画数の多い漢字を使い始めると記録が追いつかなくなるので要注意。

■授業の本質への認識に基づくワザ

授業はその日、その時、その場所で、その教師とその子どもたちによって営まれる一回限りの実践です。したがって、豊かで厚い授業の参観記録を採るためには、道具の巧みな工夫と共に、**固有性**と**一回性**を本質とする授業への認識に基づくワザを習得し駆使する必要があります。ここでは三つの必須のワザを確認しておきましょう。

時間を意識する：授業参観では、その授業が学年、学期、年間カリキュラム、単元、何月、何週、何時間目、といった**多層的な時間軸のどこに位置づくのかを把握する**ことが大切です。学齢により子どもたちが発揮できる能力は異なり、年間カリキュラムや単元により教えと学びの主目標は遷移し、研究授業の日程と時限、前後の授業・活動・出来事により教師と子どもたちのパフォーマンスや関係性は変動します。[3]

また、時計が示す実際の時間経過と個人の時間感覚はその時々の行為への集中や事象への関心の程度によって異なるため、**授業内での時間経過を把握する**ことも必須です。たとえば、教師の説明時間を参観者が長く退屈に感じても、実際には短時間で、さらに子どもたちには好奇心や注意を引く貴重な時間であるかもしれません。この際に時間を記録しないまま、授業研究会で「説明が長くて退屈だった」と言及しては根拠不明で、子どもの経験にも反する誤解を生み出す可能性すら生じてしまうのです。

個を尊重する：授業は「教師」「子ども（たち）」という一般化された「誰さん」によって営まれているわけではありません。教室には**固有名**をもった「○○先生」と

[3] たとえば、学期の始まり・中頃・終わりの各授業、学校行事前後の授業、午前の授業、午後の授業、学校や教室でのトラブル後の授業、これら異なる時期と時間帯の授業で教師と子どもたちの学びへ向かう意欲や情動は微妙に異なることを学校関係者はみな知っていることだろう。

「△△さん」や「□□くん」たちがいて、**それぞれ異なる個性とそれに基づく教え方や学び方**で授業を形づくっています。固有性という授業の本質への視座なしでは、教師の授業デザインやかかわりの**意図**とそこに込めた**願い**、子ども一人ひとりの**学びと成長の道筋**とそれぞれ異なる**学習課題**や**発達課題**を明らかにすることが難しくなります。[4]

そこで、教師と子どもたちの固有名を学習指導案や座席表、教室環境から可能な限り把握して、個を尊重した記録を残していくことが授業参観で大事になるのです。

教師と子どもに寄り添う：時間を意識し、個を尊重することで、参観者は教師と子どもの経験世界に次第に寄り添っていくことでしょう。たとえば、参観者は授業者である教師に寄り添って、教師の挑戦課題を理解・推測しようと努めることで、その挑戦を支え促す具体的な事実を授業参観から捉え記録するようになるでしょう。また、参観者が子どもの学びに寄り添うことで、子どもの傍らに腰を下ろして共に学び、共に新しい発見に驚き喜びながら、子どもの学びへの夢中と没頭を妨害しないように十分配慮して記録を採るようになるでしょう。[5] 寄り添うという参観者の行為は、授業進行中の教師と子どもの経験世界（主観）を自らの経験世界（主観）に重ね、**間主観**の中でその意味と価値を探究する**行為の中の省察**を基盤とした実践と言えます。

このように、授業参観において授業の価値ある事実を的確に捉え、その解釈の確からしさを高めるのは、参観者の**間主観的で省察的なワザ**なのです。〔藤井佑介・木村優〕

[4] だからこそ、大正期日本の「児童の村」の教師たちが中心となって創発した実践記録では、教師は自らを「私」という一人称で語り、固有名をもった子どもとの学びの軌跡と稜線を物語として叙述したのである。実践記録は授業研究のワザの結晶と言える。詳しくは、「1－1 授業研究の誕生と成長」に引き続きもう一度、浅井幸子著『教師の語りと新教育――「児童の村」の1920年代』（東京大学出版会，2008）を参照。

[5] 授業者である教師の挑戦と子どもたちの真摯な学びに私たちが寄り添うことができれば、授業を参観してもまったく記録を採らない、2－2注［3］で紹介した「壁ドン参観」、子どもたちにやたら話しかける、授業者に断りもせずに勝手に子どもたちに新しい学習課題を出す、といった参観者の行為がいかに問題含みなのかがよくわかる。

2―8 解釈

――子どもの学びを読み取る

　授業を参観しながら、子どもの行為の中にある学びや活動の意味を直感的に把握できることもありますが、それは決して容易なことではありません。実際には、授業を参観したのちに参観記録を作成し、その**記録を通して場面と向き合う中で「子どもたちは何をどのように学んでいたのか」についての解釈を生み出し、授業の意味を問い直す**ことになります。このとき、授業のさまざまな場面の中からどのような事実を取り上げるのかということや、いかにして事実と事実を結びつけるのかによって、ある人には見えない子どもの学びがある人には見える、ということが起こりますし、まったく異なる解釈が生まれることにもなります。

■子どもの学びを読み取る

まずは、私が学生の頃に経験したダウン症の男の子の療育場面のエピソードを取り上げて、子どもの学びを読み取るということについて整理していきたいと思います。彼はプレイルームのドアの前にある縦20センチ×横１００センチ×深さ20センチ程度のくぼみ（小さな靴置き場）の前にうつぶせに寝転び、その中にたくさんのビー玉やスーパーボールを入れて遊んでいました。そしてビー玉やスーパーボールを勢いよく転がすと、それらが壁にぶつかって跳ね返り転がる様子を長い時間見続けていました。少し離れたところにいた私は「いつまでその活動を続けるのだろう」と考えながら彼の様子を見ていました。すると、私の隣で彼の活動を見ていた一人の係わり手が、「彼は今、跳ね返りの勉強をしているんだね」とつぶやきました。私はこのつぶやきの意味をすぐには理解できませんでした。しかし、そのような目で彼のしていることを見てみると、確かに、最初はさまざまな大きさのビー玉やスーパーボールを転がしていたのに、気がつくと彼はビー玉ばかりを転がすようになっていました。さらにその後、彼はビー玉の中でもより大きなビー玉ばかりを選んで転がすようになりました。スーパーボールは壁にぶつかって跳ね返ると弾みながらくぼみの中を転がります。一方、ビー玉は弾まずに勢いよく転がります。どうやら彼は弾まずに転がる球体を好んで選んでいるようでした。確かに彼は、ビー玉やスーパーボールがどのように跳ね返って転がるのかを学んでいるようでした[1]。

このエピソードが示すように、子どものしていることや活動の中に意味を見出そうとする姿勢を有していなければ、子どもの学びの姿は見えてきません。子どものしていることの中にはすでに学び、あるいは学びの芽があるのだという構えを常にもって見ることで初めて、子どもの学びの世界は私たちに開かれるのです[2]。

[1] この時期、上述の場面と前後して、彼はビー玉を透明なチューブに入れて、ビー玉がその中を転がり落ちていく様子を見て楽しんだり、おもちゃの太鼓の鼓面にビー玉を大量に乗せて、太鼓を叩いてはビー玉が鼓面の上で小さく弾む様子を熱心に見るといった活動を展開していた。彼のしている行動の中に彼の〝学び〟を見て取ることができれば、彼のビー玉をめぐる探究は長く続いていたことがわかる。

[2] 中野尚彦『障碍児心理学ものがたりⅠ　小さな秩序系の記録』（明石書店、２００６）
　中野尚彦『障碍児心理学ものがたりⅡ　小さな秩序系の記録』（明石書店、２００９）

■解釈を生み出す土台

先のエピソードでは、投げ方やボールの種類等の変化を捉えることによって、男の子の行為の中にある意味が浮かび上がってきました。このように、子どもの学びを読み取ることは、参観を通して得られた事実と事実とをつなぎ合わせることを通して、子どもはどのような思いでいたのか、どのように考えたのかといった子どもの思考のプロセス、学びの**ストーリー**を浮かび上がらせることであると言えます。子どもの思考のプロセスや学びのストーリーは、参観の際にぼんやりとその輪郭が浮かび上がる場合もありますが、その場ではなかなか捉えられないものです。そのため、実際には、参観時の直感や違和感等を頼りに記録を書き起こす中で、解釈を生み出していくことになります。したがって、解釈を生み出すためには、参観した場面について記された**確かな記録**が不可欠となります。

参観記録を書く際には、自分が捉えた事実をあるがままに、時間経過に沿って整理することで、場面の展開を的確に描き出すことが重要です。それを読んだ人が参観者の経験世界を追体験し、場面の展開についておおよそ共通理解できるよう、**厚い記述**[3]を作り上げていくのです。そこで問題になってくるのが、「私」が書いた記録は本当に「私」が見た場面を的確に捉えているのかという**記録の信頼性**[4]です。記録の信頼性とは「**エピソードの信憑性**[5]」であるとも言えます。参観記録はあくまで自分の見た世界を自分が描くものです。同じ場面を見た人やビデオカメラでの記録がない限

[3] ギアツ、C（吉田禎吾ほか訳）『文化の解釈学Ⅰ』（岩波書店、1987）

[4] 心理学研究における信頼性とは、一般的に、同一の対象を複数回測定した際に同一の結果が得られることを指す。あるいは、同一の場面についての観察結果が複数の観察者間で一致することで信頼性が保証されるとされる場合もある。しかし、一回性を特徴とする授業研究においては、分析に使用するデータすなわち授業記録が信用できるものであるかということを意味する。

[5] 鯨岡峻『エピソード記述入門』（東京大学出版会、2005）

り、記録に描かれたことが事実であるかどうかについては確かめるすべがありません。したがって、参観者に場面を的確に捉えようとする姿勢が徹底していなければ、参観記録もそこから生み出される解釈もフィクションとなってしまいます。記録がその場面を的確に捉えているということは、解釈を生み出し支えるための重要な土台なのです。

しかし、いくら場面を的確に捉えようとしても、見落としや見逃しを避けることはできません。場面を的確に捉えられるようになるためには、授業を参観し、記録を作成し検討するという経験を積み重ねる必要があるでしょう。ただし、たとえ見落としや見逃しがあったとしても自力ではそれに気づくこともできないわけですから、同じ場面を他の人と一緒に見たり、授業をビデオカメラで撮影し自分の参観記録と突き合わせてみたりすることを通して、自分の見る目を鍛えていくことが必要でしょう[6]。

■解釈を生み出す

参観記録を作成したら、そこから解釈を生み出していくことになります。記録を何度も読み返し、子どもに自分自身を重ね合わせながら、子どもはいかに感じていたのか、考えていたのかについての想像力を働かせ、**子どもの思考をなぞる**のです。それにより子どもの行為の意味や思考の流れ、認識の枠組み等が浮かび上がってきますし、活動や教師の働きかけが子どもやその場にもたらした意味も自ずと見えてきます。

[6] たとえビデオ映像を見返したとしても、その中で捉えられる出来事は自身のフレームによって規定されており、フレーム外のことは見落としてしまいがちである。筆者は、障害のある子どもとの係わり合いにおいて、相手が表出した表情の変化を自身の働きかけに対する反応だと捉えていたものの、映像を一緒に検討した他者からは周囲の物音に対する反応であると指摘されたことがある。そうした指摘を受けるまで、筆者は周囲の物音には気がついていなかった。ビデオにはそうした物音がしっかりと記録されているにもかかわらず、である。たとえビデオ映像で場面を詳細に捉えようとしても、捉える出来事は見る人のフレームによって知らず知らずのうちに取捨選択されてしまうものであり、他者と同じ場面を検討することは、自身のフレーム外にある出来事を拾い上げたり、拾い上げる出来事を規定する自身のフレームを見直していく上で欠かすことができない取り組みであるといえる。

解釈を生み出す際に重要なのは、そうした解釈が成り立つための根拠となる事実、**具体的な子どもの姿**を示すことです。時折、「〇〇さんの思いは伝わっていたと思う」とか「今日の授業は子どもたちの心に残ったと思う」といったことが授業研究会で語られることがあります。これらは授業に触れて参観者が確かに感じたことではあるのかもしれません。しかし、これらを示す具体的な子どもの姿が同時に語られない限り、それは**解釈ではなく印象**にしか過ぎません。どのような事実からそのように考えることができるのかということが示されない限り、その解釈を検討しようがないのです。解釈はあくまで、観察を通して得られた事実とセットで提示される必要があります。提示された事実を他者がなぞった結果として「確かにそのように思われる」という**了解可能性**[7]が生じることによって、あるいは新たな解釈の可能性がもたらされることによって、解釈はさらに吟味され、より確かなものへと練り上げられていくのです。[8]

■解釈を検討する

授業参観後には授業研究会において、自分が捉えた子どもの姿を語り合います。そうすることで、授業者は授業の際に見逃した、あるいは誤って捉えていた子どもの姿を捉え直すことができます。では、授業研究会は参観者の解釈にとってどのような意義があるのでしょうか。

[7] 鯨岡、前掲書。

[8] 心理学研究における妥当性とは、結果が測定したい事象を的確に捉えているかといったことを指すが、授業研究においては、作成した授業記録やそこから生み出された解釈を他者とともに検討することを通してその妥当性が強められていくという、妥当化の過程として妥当性を捉えることが重要である。

フリック、U（小田博志ほか訳）『質的研究入門――「人間の科学」のための方法論』（春秋社、２００２）

第一は、先述したように、同じ場面を見た他者とともに検討することで、場面の捉え方やそこから生み出される子どもの学びについての解釈をより確かなものにしていくという点にあります。第二はさらに重要で、授業の展開の捉え方や解釈のズレから、その場面の意味を再考し、新たな意味を生み出していくということです。そして第三に、参観者の解釈の背後にある視点[9]を交差させるという点が挙げられます。他者の視点に触れることは、それを取り込みながら自らの視点をより豊かなものにしていくという意味で重要ですが、それは決して容易なことではありません。むしろ、他者の視点との比較を通して自身の拠って立つ足場を吟味することができるという点に解釈の交差の大きな意義があると言えるでしょう。場面の切り出し方や解釈の仕方には、参観者の経験や価値観、理論的背景が大きくかかわっています。私自身は特別支援教育を専門としていることから、子ども一人ひとりの姿に着目することが多いのですが、他分野の教育研究者や教師と同じ授業を見た際に、授業を捉える視点や時間的、空間的な視座があまりにも違うことに驚かされたことがあります。それと同時に、個の学びを重視する特別支援の視点の重要性や役割を改めて認識しました。

子どもの学びの姿を読み取り、解釈をすることはすなわち、子どもを理解することにほかなりません。他者との交差を通し、自らの拠って立つ土壌を豊かに耕すことで、**より深い子ども理解**を目指すことが重要でしょう。

〈笹原未来〉

[9]「2-2 視点の自覚」を参照。

2-9 参観記録の価値

——参観者と授業者の協働探究

授業を参観するにあたっては、さまざまな道具を用いながら、メモを取って記録を作り、そこに自分なりの解釈を加えていくことになります。そして授業後の協議の場では、それをもとに見返しながら語り合うことになることが多いと思います。このメモは一つの参観記録と言えますが、そのときの自分にしか読めない字になっていることも多く、後になって自分で検討し直したり、授業者の参考になるよう渡したりするには、不十分なことが多いのではないでしょうか。せっかく取ったメモをもとに参観記録として整理し直すと、参観者であった自分にとっても、授業者にとっても、意味あるものになります。本項では、こうした参観記録がどのような価値をもつか、検討していきます[1]。

■参観者にとっての価値

参観記録を書いておくことは、何よりも参観者である自分にとって大きな意味があります。第一に、**書くことを通して実践を吟味し直すことができる**ことです。参観記

[1]「メモ」の参観記録も、「整理し直した」参観記録も、「フィールドノーツ」ともいえる。書き方のポイントについては「2-3 フィールドノーツ」の項目を参照されたい。

録の書式や量は、自分の書きやすいようにどのようなものでもかまいません[2]。どんな形であれ、改めて書き起こしてみると、自分が見聞きして捉えたことや考えたことを言語化することになります。それは、メモに書いていた子どもや教師の言葉や動きについて、その意味を考え直すことにつながります。子どもはこのとき、こう考えていたのではないかと思考をたどり直すことで、メモを書いた瞬間には感じえなかったことも見えてくることがあるものです。

第二に、**自分が実践をどう捉えたのかを自覚する**ことができます。授業を見た後に、「すばらしい授業だった！」と感嘆することや、時にはどこかしっくり来ない感じを抱えることがあると思います。参観記録を書いて子どもの思考や学習のプロセスをたどり直すことで、授業で生じたどういう場面を良い／良くないと感じたのか、それはどのようにして生じたのか、考え直すことができます。授業を見た後の感覚的な理解が言語化できると、理解が深まり、すっきりします。

第三に、**時間や空間を越えて共有が可能**になります。参観記録として整理したものを同僚などと交換すると、**授業の見方を交流**できます。同じ場面を見ていても、子どもたちのやりとりや学習のプロセスについて、捉え方の水準や方向性は関心によって、時に驚くほど異なります。お互いの見方を知ることは、自分の見方を対象化することができると同時に、見方の幅を広げることも可能になります。さらに、交流は他者との間だけでなく、自分との間でも可能です。時間が経ってから参観記録を見直

[2] 逐語的に子どもや教師の言動を記録しておく場合もあれば、子どもと教師の欄を分けて書く場合、絵や写真を併用して場面ごとの様子を記述する場合など、さまざまである。

することで、過去と現在の自分の授業の見方を比較することができます。そうすることで、**自分の授業の見方の変容を追いかける**こともできるのです。実践者にとっても実践にかかわる研究者にとっても、子どもや授業をどのように捉えるかは、**子ども観**や**授業観**に直結します。これまで自分がどのようなものの見方をしてきて、今はどうなのか、自覚しておくことは、実践を重ねていく上でも、研究として取り組んでいく上でも、極めて重要なことです。参観記録はその手がかりにもなるのです。

■授業者にとっての価値

整理された参観記録は、多くの場合、授業者にとっても価値あるものになります。第一に、**授業者には見えなかったところを知る情報**になります。授業者は、学級のすべての子どもたちの学習プロセスを探りながら、授業全体を進めていかなくてはならず、授業時間中にすべての子どもの一挙手一投足を把握することは難しいものです。しかし、参観者が特定の子どもや集団を丁寧に追いかけ、その学習プロセスを記録として渡すことで、補完することが可能になります。[3]

第二に、そうした情報は、**次の授業や今後の授業に生かす**ことが可能になります。特に、子どもたちが授業の中で何をどう考えていたのか、あるいはどこでつまずいていたのかについての記録は、次にどのような手を打つと子どもたちの学習が深まるかを考える手がかりになります。それについて参観者なりの考察も含めて記述して渡す

[3] 目的によっては、全体の流れを記録したり、すべてのグループを少しずつ記録したりする場合もありうるが、子どもの学習プロセスを捉えるには広く浅くなったり断片的になったりするという問題が生じる。特定の子どもや集団を追いかけると、プロセス全体を余すことなく捉えることが可能になる。それにより全体が見えなくなることを危惧されるかもしれないが、個の文脈から課題や教材、全体の流れなどを吟味することは可能である。

と、これからの授業について協働で探究していく材料にもなります。

第三に、**授業者が実践記録を書くときの手がかり**になります。授業を参観し合って子どもたちの学習プロセスを探りながら、より良い授業の手立てを模索し、学習がどのように展開していったのか、実践記録を書く局面では、根拠となる子どもたちの言動の事実があると役立ちます。もちろん、実践記録を書く際には、授業者自身の授業後の振り返りや子どもたち自身の書いたものなどが材料となり、もらった参観記録がそのまま用いられるとは限りません。しかし、その授業で子どもたちの学習プロセスや授業のあり方を考え直したことは必ず次の授業につながっていきます。参観記録がその捉え直しや、そのときの出来事を思い出す手がかりになるのです。

第四に、**子どもたちの言動や授業そのものについて他者の捉え方に触れ、自分のありようを捉え直す機会**になります[4]。子どもの言葉の取り上げ方一つにしても、参観者の捉えが授業者の受け止め方とは異なることがあります。子どもはどういう思いで、どういう意味でそう発言していたのか、もう一度問い直すことで、子どもの言葉の聴き方を省察することができます。授業の捉え方についても同様です。題材や単元構成、授業の組み立てなどについて、授業者のねらいや予想と参観者が見て取った子どもの姿にはズレが生じることがあります。参観者がそうしたズレを捉えて参観記録に記述していると、授業者にとっては、自分の授業そのものを捉え直すことが可能になります。

[4] たとえば、課題をうまく解決できない子について「学力が高くないからできない」と捉えるのか、「これまでの経験を使って自分なりに試して模索している」と捉えるのかなど、記録に表れた自分の捉えを他者の捉えに照らすことで見えてくるものがある。

このように、参観記録が授業者にとっても価値のあるものになるには、単に参観者の感想として教材や授業者の発問、板書、指導の仕方などだけを取り上げて「ここがよかった」「こうすべきだった」と指摘するのではなく、その**根拠となる子どもの姿**を記録しておくことが重要です。

■参観記録が生み出す対話

ここまで述べてきたように、参観記録として整理しておくと、さまざまな対話につながります。書く途中では自分と対話し、書いたものをもとに、共に授業を参観した同僚や授業者と対話し、それらを経て、また自身の子どもや授業を観る目を問い直す自分との対話が生じます。

このような対話を生み出すために留意すべきことを述べたいと思います。まず、参観者側については、**授業者への配慮を忘れない**ことです[5]。私自身の失敗ですが、意気込んで書いた参観記録を授業者に渡しても、あまり良く受け止めてもらえないことがありました。子どもの言葉一つひとつを詳細に記述した長い記録を、子どもの姿を知る手がかりになると喜んでくれる授業者もいれば、読む気にならないという授業者もいます。授業者がどのようなことを参観者に求めているのか、今になって思うと配慮が足りなかったと思います。あるいは、自分に見えた一部分の子どもの姿を盾に授業を批判的に論じてしまったこともあります。参観者に見えていることは一部分に過ぎ

[5] 配慮に欠けた記録は、授業者のモチベーションや授業者との関係性を壊す「爆弾」にもなりうる。授業者のためと思っても、授業者の文脈を無視した厳しい指摘や独断的な助言は避けるべきである。授業者の状況に十分目配りしたうえで記録を省察的に吟味して渡す必要がある。

ないことを自覚し、丁寧に論じる必要があったと思います。

授業者側については、**参観記録を「ラブレター」のようなものとして受け止めること**です。自分のためのメモ以上に参観記録を書き起こして整理することは労力のかかるものです。参観記録は参観者自身にとって意味のあるものではありますが、それでも、そこまで丁寧に一つの授業を検討しているのは、その授業に対して熱い想いがあるからこそです。ときには、授業者の思いと食い違うような記録もあるかもしれません。あるいは、授業者として見過ごしていた子どもの姿を突き付けられ、辛く感じることもあるかもしれません。それでも、無反応よりはよいはずです。私がこれまで参観記録を渡した授業者の中には、「ここでは自分も授業をしながらそう思っていた」「ここでは自分としてはこういう思いがあった」など、授業者側からの言い分を書き加えて返送してくれた方もいます。あるいは、参観記録に書いたことを受け止めて、次の授業での挑戦につないでくれた授業者もいます。授業者の思いを伝え返すこともできるし、何らかの形で生かすこともできるのではないかと思います。

参観者側にとっても授業者側にとっても、一回きりのやりとりではなく、どういう参観記録がよいかも含めて、協働で探究していくことが一番お互いにとって意味のあることであると言えます。

〈岸野麻衣〉

コラム 授業の実践と参観を繰り返して生徒の思考を深める授業をつくる

授業は、生徒の思考をつなぎ、学級全体で知を生み出していく実践です。そこで教師は、半ば無意識に過去の実践経験を想起します。これは、生徒の言動やノート等の記述から生徒の思考の流れを読み取った上で、過去の実践を参照しつつその場で最適な知の生成への道筋を考えるためです。

しかし、授業では複数の生徒たちが同時進行で学習内容についての自己の概念に基づく思考を展開しています。さらに、ペア学習やグループ学習になると、生徒個人の思考だけでなく、集団としての思考も同時に展開していきます。教師がこのような思考過程をじっくり観察し読み取るのは困難です。また、教師は生徒の多様な思考過程を深くつなぎたいと考えますが、問いの質が高ければ高いほど生徒の思考は深まり、一瞥しただけでは読み取りにくい部分が多くなります。

よって、教師は、クラス全体で知を生成するために、生徒の多様な思考過程を瞬時に深く読み取り、つなげる力を培う必要があります。この力を培えるのが授業参観です。教師は参観者となることで、生徒一人ひとりの多様な思考をつないで知を生み出さなければならないという授業者としての重圧から解放され、生徒の思考過程を丁寧に追うことができます。生徒一人ひとりの特性、仲間や教師からの刺激とそれを受けた細かな言動等の観察に集中でき、授業の実践時に比べ、生徒の思考過程をよく読み取れるのです。

また、授業後に同じ生徒の学びを追った他の参加者と語り合うと、着目点の違いに気づき、生徒の思考の読み取りが多角的になります。異なる生徒の学びを追っていた場合も、同じ問いに対する生徒の多様な思考過程がわかり、学級全体としてどのような学びが展開されて知が生み出されたのか、そして学びの過程を追った生徒が授業にどう影響を与えたのかが明らかになります。このような授業後の語り合いで、参観者間に生じる思考過程の読み取りは、参観者の特性が異質であるほど広がり、そして深まっていきます。

教師は授業の実践、参観、同僚との語り合いを繰り返し重層化することで自己の実践経験を再構築していき、実践中に生徒の多様で深い思考を瞬時に読み取る力を培います。そしてこの力の高まりが、生徒の思考に寄り添い学びをつなぐための教師の自信も高めます。生徒の多様な思考をつなぎ、学びを深める授業は、生徒の学びを深く読み取る教師の力にかかっているのです。

〔佐々木庸介〕

III　授業研究会を組織する

3—1 発想と調整
——コーディネーターとしての想いと動き

■授業研究会の定位と目的

一口に「授業研究会」と言っても人によって捉え方はさまざまですから、ポイントを整理するところから始めます。第一は**開催のタイミング**についてです。一人の教師が自らの授業について研究することは、子どもの前に立つ上での義務であることは疑いありません。事前の授業の研究は教材研究とも言われ、学習指導案や教材等を複数教員で検討することもあります。一方、ここで採り上げる授業研究会は、**授業の事後に複数教員で実施**する授業の検討会です。ちなみに、事前の学習指導案の検討会は、特に研究授業[1]の際によく実施されています。多様な視点からさまざまな検討を加えることで、学習指導案の質が向上していくのは事実です。しかし、検討が加えられすぎて結局誰の学習指導案かわからなくなってしまうのは問題です。検討を参考にしながらも、**授業者が明確な意思をもって授業に臨む**ことが、事後の授業研究会を実りあるものにし、教師の力量形成につながっていきます。

[1] 指導主事の学校訪問時の提案授業、研究開発校の公開授業だけでなく、校内研修の一環として公開される授業も含む。

第二は、**学びの主体**についてです。授業研究会を「若手への指導の場」と考えている風潮も少なからずあるようですが、はたしてそれだけでしょうか。せっかくの機会ですので、授業研究会はその場に参加する**すべての人にとっての学びの場**となるべきです。そのためには、「**教える／教えられる**」**という関係から**、「**共に考える**」**という関係への転換**が求められます。これは、教師集団の関係性のみならず、子どもと教師の関係にも相通じるものがあります。

第三は、**授業研究会の構成員とその語り**についてです。研究授業には、学校の枠を越えて教師が集まります。特に中学高校では同教科の教師が集まり、専門的な教材の解釈や指導方法を中心に検討が行われることが多いようです。一方、学校内部の異教科や異学年の教師が集まり、校内研修として実施する授業研究会を日本では日常的に伝統的に行ってきました[2]。この校内での授業研究会は最近、中学高校でも増えてきています[3]。この場合は教科の指導方法というよりも、学校の教育目標や研究主題にどれだけ迫っているかについて語られることが多いようです。しかし、いずれの場合でも、大事にしたいことは、子どもの学びの様相を見て語るということです。特定の子どもを知っているにせよ知らないにせよ、目の前の子どもの学びの様相は事実として共有できるので、どのような構成員であろうと議論が成立するのです。

第四は、**授業研究会の目的**についてです。子どもの学びの事実を検討することによって、教師のどのような力量を高めようとしているのでしょうか。これについては、

[2]「1-1 授業研究の誕生と成長」を参照。

[3] 国立教育政策研究所『教員の質の向上に関する調査研究報告書』(2011)

授業に何が求められているかを確認する必要があります。授業は、ある教室にいる子どもと教師、教材等の教育環境から成立し、刻々と状況が変化する**二度と同じことは起こりえないダイナミックな営み**です。パッケージ化された知識を伝達することではなく、将来にわたって生きて働く資質・能力を培う場であることは、学習指導要領でも明記されています。たとえばある教室のある場面で授業がうまくいったからといって、他の教室でも同様にうまくいくとは限らないのです。そこで求められるのは**授業者の俯瞰的な授業構成力と即興的な判断力**です。[4] 資質・能力を培うために、子どもへの対応の判断が次々と教師に求められるのです。そのためには教育学的な理論も必要ですが、同時に授業中の出来事を検討することにより、**教師は判断材料となる質の高い対応の事例を数多く手に入れていく**のです。授業中、子どもの中でどのような学びが起こっているのかを教師がわからずして、確かな判断ができるとは思えません。そして、特定の単元や題材の指導方法ではなく、教師の資質・能力を総合的に高めることが目的なので、**どのような構成員でも可能**です。むしろさまざまな観点からの意見交換が私たちの授業の見方を深めるのです。

さらに授業研究会には別の視点での大きな目的があります。それは**授業を語るコミュニティを形成する**ということです。[5] 子どもたちに協働を求めるのであれば教師にも当然協働が求められるでしょう。校務分掌上での協働もありますが、教師の使命の中核である授業について語り合うコミュニティの存在は、仕事の楽しさや喜びを共

[4] 今目の前で起こっているできごとが、将来子どもたちに生きて働くために、教師は今、何をなすべきかを判断するということ。

[5]「1－3　学校を育てる」を参照。

有でき、教師人生を豊かにするものと言っても過言ではないでしょう。

授業研究会の望ましい運営を考える上で、最後に提起しておくべきことは**授業研究会の構造と授業の構造は相似形をなす**ということです。たとえば授業研究会がベテランから若手への指導伝達の場になると、そのような授業研究会に参加した教師の教室も同様に、教師から子どもへの指導伝達の場となるでしょう。逆に、授業研究会の参加者が協働で授業の価値を語り合いながら見つけ出す場となれば、教室でも、教師と子どもが共に知恵を出し合い、新たな知を創造する場となるでしょう。多かれ少なかれ授業は教師の経験[6]が反映するのですから、この相似関係はある意味当然のことです。授業研究会のコーディネーターにとって、**「授業研究会」の奥に「授業」の姿を見つめる**ことが、授業研究会を組織する上で大きなヒントとなるはずです。

[6] 教師自身が学生時代に受けてきた授業が授業づくりの根幹となっていることが多い。それだけ経験に左右されるということで、教師が変わらない原因もそこにある。

■コーディネーターとしての調整

参加者が共に学び合うような授業研究会を組織するためには、コーディネーターとしていくつか調整しておくとよいことがあります。

まずは**管理職に対して**、授業研究の重要性を共有すると同時に、**年間の授業研究会開催の予定とその目的を明確にする**ことが重要です。授業研究は学校行事との兼ね合いもありますから、管理職との共有が理想です。特に、年度当初は教職員が入れ替わりますから、授業研究会の目的と方法、年間計画について改めて議論をする機会をもつべきです。研修会で目的等をレクチャーするだけではなく、まずは、新たにメンバーに迎え入れた同僚と授業研究会の目的を共有することを視野に入れた実際の「授業研究会」を早い段階で実施するとよいでしょう。

そこでたとえば、日本の一般的な学校暦で考えると、子どもたちと学級が落ち着いてくる頃、夏季休業までに一つの授業研究の「ヤマ」をつくります。夏季休業中に実践を振り返る機会があるからです。次の機会として、秋の主な学校行事が終わった後にもう一つの「ヤマ」[7]をつくります。落ち着いて授業研究に取り組める時期です。冬季休業後は、年間の実践を振り返り次年度への計画を練ることになるでしょう。授業は毎日行っているものの、**子どもの生活に則って教師の年間研究サイクルを構築**すると動きやすくなります。

次に、授業研究の企画・運営に携わる研究部のメンバー等、**一緒に授業研究を推進する教師たちとの調整**が必要です。授業研究は管理職からの上意下達でなく、研究部のメンバーとどれだけ共通理解を図れるのかが、すべての教師と築く授業研究のコミュニティの質にかかわってきます。一教師としてどのような授業を創りたいか、そのために周囲とどのような協力関係を組織するか、年間研究サイクルも含め十分に語り合います。これは年度当初だけのことではありません。一年の長い道行きには何度も議論を迫られることになるでしょう。その礎を年度当初に築いておくのです。

研究授業の授業研究会となれば、**外部の指導主事や研究者**に指導助言を依頼するこ

[7] 特に2回「ヤマ」をつくることにより、2回目は1回目の経験を生かして、見返しを持った実践と省察が期待できる。

ともあります。外部の方は日常的に学校にかかわっているとは限らないので、そこで調整も必要になります。内外への影響力が大きいからです。学校としての授業研究会の定位と目的を明確に示すことが重要です。たとえば、教師の指導方法のみならず、子どもの学びの共有や教師の同僚性の構築を大事にしていること、授業者が挑戦していることや悩んでいること、そして年間研究サイクルの中での位置づけ等です。できることなら継続的なかかわりを要請すること[8]で、その場限りのことでなく、子どもや教師や学校の変化についてのコメントも期待できるところです。「点」**でなく「線」、さらには「面」のかかわりが理想的**です。

最後は、授業研究会を取り巻く環境に対する調整です。最終的な目標は、イベントでなく日常的な授業研究ですから、一回の授業研究会がうまくいったからといってそれで終わりではありません。教師たちが**気軽に授業参観をして授業について語る時間と機会を保障する**ことが理想的です。授業公開に際して、学習指導案を（場合によってはなくすことも含めて）簡略化すること、参観は強制ではなく二人でも三人でもその時参観できる人だけで十分だという共通理解をすること等です。授業公開後には、参観者が見取ったことを学校の共有サーバ上に手軽に書き込んだり、簡略した指導案を拡大印刷して職員室等に貼り、そこに付箋等で書き込み貼り付けたりしていくことなどです。**持続可能な無理のかからない形を工夫**したいものです。

〔牧田秀昭〕

[8] 最近では教職大学院や教員研修センター等、継続的なかかわりを大切にしている機関が増えており、活用したい。

3-2 企画

——「まな板の鯉」からの卒業

■授業を公開したがらない理由

一般的に、教師はあまり自分の授業を進んで公開しようとはしません。さまざまな理由があるのですが、主にあまり良い思いをしていないからというのが多いようです。[1] せっかく多くの時間をかけ、先行事例を調査し、学級経営にも力を注いで準備したにもかかわらず、授業研究会において、参観者から否定的な意見を浴びせられたり、「質問」という形をとりながら実はその答えを言いたくて仕方のないベテランのお膳立てになったり、教員評価になっているのではないかと疑心暗鬼になったり、まさに「まな板の鯉」となるのです。「もう二度と公開（後悔）するものか」というわけです。

この負の連鎖を断ち切るには、誰のための授業研究会なのかを改めて確認する必要があります。授業者のためなのはもちろんですが、**参加者全員のため**の授業研究会でもあり、むしろ、徹底的に頭を使う必要があるのは参観者の方であるという転換です。そもそも、授業前、授業中に最も実践のことを考えているのは授業者であることは疑いありません。参観者は、**授業者をリスペクト**[2]して研究授業と授業研究会に臨む

[1] 自分自身の経験だけでなく、公開した他の教師があまり良い思いをしていなかったことを目撃するということもある。

[2] 同一の教師であっても、立場が変わって、参観者となると、授業者のジレンマを忘れてしまうこともあるようである。

べきなのです。「**学ばせてもらう**」という**姿勢**です。

■参観者主体の授業研究会にするために

参観者主体の授業研究会にするための方法は、集う人の経験や力量によっていろいろあるでしょうが、ここでは一般的に行われている授業研究会の進め方について一つの提案をしたいと思います。

まず研究会の最初には、儀式のように「授業者の反省」が語られることが多いのですが、「反省」というのがいただけません。これでは自分から「まな板」に乗りに行くようなものです。私は個人的には**研究会の最初での授業者の発言は不要**だと考えています。それでは据わりが悪いのなら、研究会で議論する切り口を提案する程度がいいと思います。たとえば「私はこの授業で一貫して、理由をつけて説明できる力をつけようと、そのような場面を設定してきたつもりです。△△の場面で、○○くんの説明について全員の課題とするかどうか迷ったのですが、結局次の発言を求めました。あの場面では皆さんならどうしていたかお聴きしたいです」といったように、**授業者のねらいと、それにかかわる議論をしてもらいたい場面**等を示すのです。

次に、一般的には授業者に対して参観者からの質問を受けつけることが多いのですが、これも前述のように不要だと思っています。また、質問が出されると当然授業者が応えることになり、**一人の授業者対複数の参観者という構図**になってしまいます。「ピンポン型［3］」の授業では深まらないと言われているのと同様です。代わりにすべきことは、参観者それぞれが、見取った**事実に基づいてその解釈を述べる**ことだと思います。さらに、前述の授業者のねらいにかかわって語ることが大切です。たとえば、「○○くんはあまり集中できていないようでしたが、△△の場面で急に目を輝かせ、次の場面では身を乗り出して自分の考えを述べていました。それはおそらく□君の発言を教師が◇◇と返したことで、自分の発想も有効なのではないかという考えが芽生えたからで、そのタイミングと内容が絶妙だったと思われます」という具合に、**子どもの固有名を入れながら**具体的に解釈［4］を語るのです。これに対しても授業者でなく他の参観者が、同時間の他の子どもの学びや、同場面での別の解釈等を披露していくとどんどん議論が深まります。**参観者全員で、授業を再生しながら授業の意義を明確にしていく**のです。このような研究会に参加していくことで、授業研究の初心者でも徐々に授業研究のコミュニティの一員として成長していくでしょう。

注意を払うべきことは「**語り口**」で、たとえば「○○というソフトを使用していましたが、□□という効果はあったものの、逆に◇◇という課題を残しました」といったような仕掛けありきの議論では、なかなか子どもの学びの姿は見えてきません。また、授業者のねらいを無視したまったく異なる提案も、教室の子どもたちの学びを捉えたことにはなりません。もちろん学習指導案と実際の授業とのズレを採り上げても仕方ありません。目の前の事実を基にすることこそが何よりも大切なのです。逆

［3］「バレーボール型」が自陣でボールを回しながらいい形を作り上げていくのに対して、「ピンポン型」は一球で直接相手に返すという、スポーツの形式に喩えたもの。子どもたちの質問に対してすぐに教師が応えるのではなく、子どもたち同士で意見交換していく中で、子どもたちの思考が深まっていく。

［4］同じ事実であっても、その意味の捉え方は、参観者の教育観が反映されるので当然、差異が生まれる（どの事実を切りとるか、ということにも差異は生まれる）。

に、子どもの学びの事実に即した議論をしようと思ったら、**漠然と授業を眺めていては不可能**です。参観者は授業中、目の前の子どもの発言だけでなく、表情や目線等にも全神経を集中させる必要があります。**試されているのは授業者の授業力でなく、参観者の授業を見つめる眼**なのです。授業を捉える力、授業を語る力をつけることが授業を創る力につながることに疑う余地はありません。

このような注意を払えば、授業研究会が、**「指導する／される」会でなく、「協働で授業を考える」会**になります。もちろん、授業のある場面は「このようにすべきだった」ということも出てくるでしょうが、それは授業者だけに対してではなく、**参観者全員が自分事として受け止める**ことが可能になり、授業者批判にはなりません。

授業者に対するリスペクトを示すためには、授業研究会の終わり方も重要です。指導主事等の指導助言で終わることが多いのですが、**最後には授業者の発言を求めるべき**だと思います。授業を実践し、授業研究会での議論と指導助言を受けて、全体としてどのように感じたか、何を学んだかを述べるのです。授業前や授業中には気づかなかったことや、新たに考えたことを述べる機会を得ることで、授業者にとって誇らしさも感じられる授業研究会になります。現にこのような形式をとった学校では気持ちの良い研究会ができたと聴いています。ちなみに本書の第Ⅳ部で紹介する授業研究会においても、同様に、授業者が最後に授業研究会を振り返って締める形式を採っています。

〔牧田秀昭〕

3-3 組織マネジメント

――学び合うコミュニティを支える

「授業が大事だとは思うが、なかなか教員の意識がそこに向かない」、「定期的に授業研究会を開いているが、研究や議論が深まらず、教員の力量形成につながっていかない」といった声をよく聞きます。授業研究が学校づくりの中核となりにくい、積み上がっていかないという現状が多くの学校で見られるようです。

教師の力量形成を図りながら、協働性・同僚性を培っていくためには、授業研究を学校づくりの中核に据えることが重要です。とはいえ、上から突如降りてきた研究課題だけでは教師は動きません。ましてや継続した研究とはなりえません。常に日々の授業を問い直し、少しでも自分の授業を変革していこうとする、そのような風土を根づかせていくことこそが、**学び合うコミュニティ**づくりの鍵になると考えています。

■内部分散型コミュニティを形成する

学び合うコミュニティを形成するためには、それを支える**協働研究組織のマネジメント**が不可欠です。その際、普段の授業実践を基本とすることが重要です。定期的に研究発表会を開催する学校もありますが、これは内部に対しての公開ではなく、外部に対して評価を求めるような位置づけになりがちです。どうしても形式的・儀式的になりがちです。それよりも内部に開いて、普段の授業を変革していく、あるいは捉え直していく営みを大事にしたいものです。そのために、まず組織しなければならないものが**授業研究部会**です。

　私が勤務していた福井市成和中学校でも、教科を越えて授業について語り合える授業研究部会（授業グループ）を編成しています。管理職を除く全教員を六つのグループに分けています。人数規模は一グループ6名程度とし、同教科が重ならないようにしたほかは、学年所属や年齢構成、経験年数などは無作為としています。グループの**コーディネーター**には、今後の学校運営の中核となっていく中堅教員を意図的に配置し、ＯＪＴの機能も持たせています（図Ⅲ－1参照）。また、少人数であり、互いに授業を気軽に見合い、定期的に意見を述べ合うことができるようになっています。内容も、必然的に教科固有のことではなく、教科を越えての共通のテーマについてのこととなっていきます。このような異教科・異学年・異年齢でメンバーを構成する授業研究部会は、現在、福井市の多くの中学校で採用され、あらゆる年齢層の教員の授業力向上に寄与しています。部会での議論を多角的・多面的で豊かなものにしていくためには、教科・学年・世代を越えた多様なメンバー構成を意図的に仕組むことが大切です。

図Ⅲ－1　一人一実践授業（メンバー構成）

（授業グループ）

1	2	3	4	5	6
小笠原（2数）	山本浩（3理）	吉川（2英）	谷口（2社）	伊部（1	（1理）
湯口（3家）	斎藤（1数	山岸（2国）	田辺（3特）	中田	（1国）
角南		（無数）	吉田（3国）	宮田（3数	（3体）
白崎		（3社）	中野（1技）	堀井（3英	（3英）
安達		（2体）	片谷（3数）	細川（2理	（2国）
奥田		（1英）		南（無	（2体）

コーディネーターは、これから学校運営に携わるべき教諭

教科・年齢の違うメンバーで構成

各グループのコーディネーターが中心となって、計画実施する。

授業研究を通して学校を変革するためには、組織の改革は不可欠です。そして、その成功の鍵は学校という一つの社会の中に、いかに多くの**分散型コミュニティ**を形成することができるかということです。

■授業研究部会を生かした校内研修システムの構築

授業研究部会を組織しただけでは、研究はなかなか進みません。この組織を生かす**研修システムの構築**が必要です。まずは、授業を公開しやすい環境をつくります。気軽に授業を公開できるようにするため、指導案の提出は求めないようにします。授業者は職員朝礼の連絡メモに、日時や場所を書き、授業の空いている教員が参観するようにします。公開前の検討会より、公開後の検討を充実させます。しかし、これでもなかなか授業公開が進まない場合もあります。全員年一回は必ず公開するというノルマを課す必要があるかもしれません。福井市成和中学校でも「一人一実践」と銘打って、全員が最低年一回は授業を公開するようにしました。この「一人一実践」の授業は、前述した授業研究部会のメンバーおよび授業者と同じ教科担当者に向けて公開されます。その際、コーディネーターと教務主任で、すべてのメンバーが参観できるように時間割の調整を行うという工夫も図っています。さらに、事後の検討会もなかなか開く時間がもてないので、参観記録（下記囲み参照）を書くようにします。できあがった参観記録は、校内ネットワークの共有フォルダにシートを作成し、そこに入

参観記録の書き方

ポイント

（1）事実と、固有名や具体的な状況、その時の感想を交えて書く。できれば時刻も書く。
（2）参観者が、授業の意味を捉え直して、意義を見出す。ねらいにしていることを探り当てる。
（3）授業者の授業中の葛藤場面や悩みを見抜き、それについての意見を述べる。
（4）質問があればそれも書く。（授業者は何かの機会に応える）

注　意

（1）別な理論を振りかざして代案を立てるべきではない。
（2）全体的な印象を語る必要はない。

力するようにします。そうすれば、すべての教員が参観記録をいつでも読むことができます。最後に授業者が参観記録を読んで、自分の授業の振り返りを入力します。

この流れは、通常の（一般的な）授業研究会の流れとは違い、授業者よりもむしろ参観者の「見る目」が問われることになります。なぜなら、指導案が示されていないので、固有名を入れた子どもの具体的な姿や出来事から、参観者が授業を捉え直したり、ねらいを探り当てたり、授業のターニングポイントを見つけたりする必要があるからです。つまり、「見る側の責任」で授業の意義を明らかにする参観記録（公開して良かったと授業者が思える参観記録）を書くことにより、参観者自身の**授業観・指導観**が鍛えられていくことになるのです。授業を見る目を養うことは、そのまま授業構想力、構成力に直結していくことになり、教師の力量形成につながっていきます。

■実践記録作成が単元構想力を培う

事後の省察を充実させるためには、**実践記録を書く**ことが効果的です。多くの学校で研究をまとめた研究紀要を作成していますが、部会ごとや教科ごとにまとめる場合が多く、一人ひとりが実践を書くことはあまりありません。しかもただ書くだけに終わり、読み直したり活用したりすることがなかなか無いのも実情です。「書くこと」そのものに意味があり、実践が次の世代に文化として残っていくような形にする必要があります。そのためには、一時間の実践の記録ではなく、なるべく単元全体を振り返るような実践の記録を残すことが望ましいです。指導案でなく、事実を固有名や具体的な出来事を入れながら時系列で書いていきます。また、手立てのオンパレードでなく、子どもがどう学んでいったのかを記述することも大切です。できあがった実践記録は、授業研究部会や教科会で読み合わせ修正した上で研究紀要へ掲載します。このような営みを通して、授業での因果関係や教科の本質を問う力量が形成されていきます。実践記録を書くことによって単元構想力が培われ、読み合うことによって学びの筋を読み解くことを共有することができるようにもなります。そして、実践記録が授業を変え、教師たちが学び合う学校文化の形成につながっていくのです。

■授業研究会を参観者全員の力量形成の場とする

これまでの授業研究会の弊害として、「授業者だけが当事者で、参観者は傍観者や評論家になってしまう」という傾向が見られました。参観者全員の授業を見る目を確かなものにし、授業構成力を培えるような授業研究会にするには、その仕組みを整える必要があります。そのためには、授業研究会を「参観者が参観した事実を伝え合う（全体の感想でなく、固有名で出し合う）」→「参観者がみんなで授業の意義を明らかにする（生徒の学びを再生する）」→「最後に授業者が授業を創った想いや研究会に参加しての感想を述べる」という流れに変えていく必要があります。このことにより、参観者同士が意見を交換し合う中で、参観者自身が授業の意義を見出し、授業を捉え直していくという、参観者全員の力量形成の場とすることが可能となります。

たとえば、福井市成和中学校では、参観者同士の意見交換をより活発にするために、ワークショップ型の授業研究会（図Ⅲ－2参照）を導入しました。ここでのグループ協議は、「一人一実践」の授業研究部会を活用しています。

「授業を開くこと」「授業を語ること」「記録に残すこと」、この一連のサイクルを校内研修システムに組み込むことが大切です。教師には、普段の授業を変革していくために、積極的に授業を開くという主体性が求められます。授業研究会や部会での豊かな対話を通して、授業を見る目が養われ、授業観・指導観が鍛えられていきます。さらに、実践記録を書くことにより単元構想力が培われ、教科の本質まで問うといった深い学びが実現していきます。これはまさしく、今求められている「主体的・対話的で深い学び」そのものです。

私は、これまでの教職経験から「教師の学びは、子どもの学びに転移する」と考えています。授業を変えるためには、教師の学びを変えることです。そのことにより、子どもの「主体的・対話的で深い学び」が実現するはずです。

（大橋厳）

(1) 付箋を模造紙に貼る。
(2) 付箋を仲間分けする。
- 教師側の手立てや授業などは右側
- 生徒の学びや具体的な姿は左側

(3) 仲間分けしたものに小見出しを付ける。
(4) 仲間分けしたグループどうしの関連性をみる。
(5) 関係のあるものは線で結び、説明を書く。
(6) 課題や疑問について、具体的解決策を考える。
(7) 課題や解決策を中心に代表者が発表する。

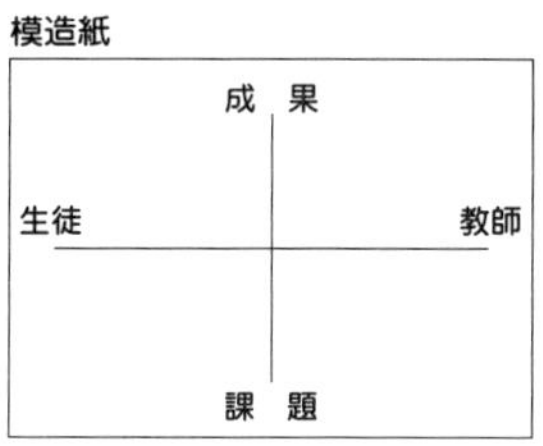

図Ⅲ-2　ワークショップ型授業研究会の進め方

3-4 ねらい

——学校の研究・教科の研究・子ども理解

■授業研究会のねらい

授業研究のプロセスとサイクルを回していく中で常に同僚間で確認し合い、共通理解を図り続けなければならない大事なことがあります。それは、学校で授業研究を実践するそもそもの**ねらい**です。国内外の授業研究の実践と研究をリードする世界授業研究学会・副会長の秋田喜代美は以下のように述べています。

校内研修の場で行う授業研究で最も大事なことは、参加者が参観共有した実践の場で感じた直感に依拠しつつ、授業の展開に沿って、教師と子どもの行動と発言内容と教材のつながりに関して分析していくこと、つながりを読み解くことが大事であるだろう。**その際にも研修のねらいによって、力点は変わる**[1]。

すなわち、研究授業において、参観者は（あるいは授業者も）、その時々の授業研

［1］秋田喜代美著「子どもの経験に学ぶ授業分析の方法」『教育研究』1308号（2011）14-17頁。ゴシック表記は筆者（木村）による強調。

究会のねらいに応じて授業を見る「視点」を調整する必要があるわけです。そして授業研究会においては、すべての参加者はその学校の、その時々の授業研究のねらいに即して対話と議論の「力点」を定める必要があると言うことができます。

これらを裏返して言えば、授業研究のねらいが不明瞭であったり、共通理解されてなかったりすると、私たちは「なぜ授業研究を行うのか?」という素朴な疑問を抱えたまま授業研究に臨むことになってしまい、「研究授業で何を見ればいいのか?」「授業研究会で何を語ればいいのか?」と途方に暮れてしまうことになるのです。[2]

それでは、授業研究のねらいとはいったい何を指すのでしょうか。「ねらい」という言葉は「目標」と「意図」を意味するのですが、文脈によってその「ねらいどころ」は伸縮します。たとえば、授業研究によって「学校の組織文化の成熟をねらう」「教師の同僚性の構築をねらう」「授業の改善をねらう」「教師の授業を見る目の涵養をねらう」「授業者の教材理解の促進をねらう」「ある子どもの学びの改善をねらう」と言ったとき、これらの「ねらい」がそれぞれ意図する規模と時間は異なります。

この「ねらい」の規模と時間の伸縮性に鑑みると、授業研究会のねらいは**展望**・**目的**・**目標**の三層構造で捉えることができます（図Ⅲ-3）。

■授業研究の展望と目的

授業研究の展望とは、子どもと教師の成長と学校組織の発展を見すえたときの授

[2] こうなると、授業研究はたちまち教師たちにとってシャドウ・ワークと化し、こなすべき学校業務の一つとして形骸化したり、時折のイベントとして非日常化したりしてしまう（鹿毛雅治著「授業研究を創るために」鹿毛雅治・藤本和久編著『授業研究を創る——教師が学びあう学校を実現するために』所収（教育出版、2017）2-24頁）。

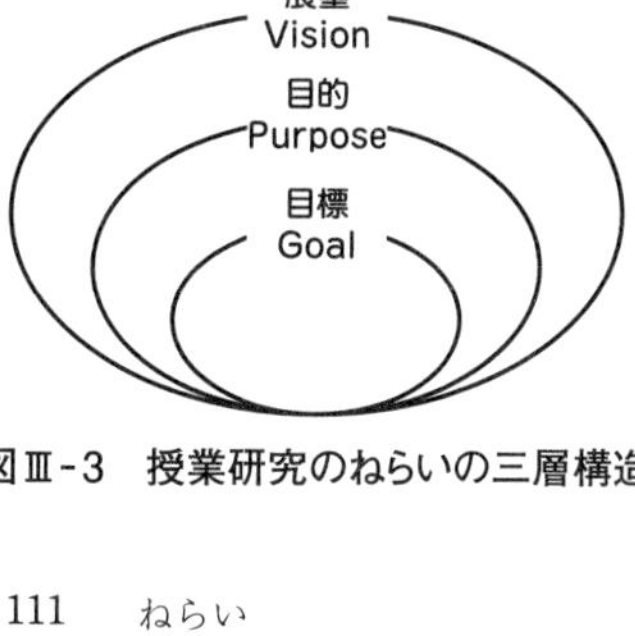

図Ⅲ-3　授業研究のねらいの三層構造

業研究の布置、すなわち学校全体の「**大きな絵**[3]」における授業研究の位置づけのことです。授業研究の位置づけが明確になることで、私たちは授業研究を学校で実践する目的、そしてその時々の授業研究の目標をよく理解できるようになります。

授業研究の目的は、「**教師を育てる**」と「**学校を育てる**」という授業研究の二つの力を発揮することです。すなわち、教師一人ひとりの個別具体の成長と、それを支える専門職の学び合うコミュニティの文化の成熟、この二つを目指すことを意味します[4]。ここでは、**教師の成長と学校文化の成熟のどちらか一方ではなく双方を目指す**、**教師の成長と学校文化の成熟がすべての子どもの学びと成長に結びつく**、そして**研究授業の授業者だけでなく参加者全員の成長を目指す**、これらを共通理解することが必須です[5]。少し欲張りに思えるかもしれませんが、二兎、三兎を追うことが授業研究のマルチな力を最大限に引き出すための戦略です。この授業研究会の目的に基づいて、その時々の授業研究会の場に即した目標を定め、学びと探究を進めていくのです。

■授業研究会の目標

ここでは、学校全体の研究会（公開研究会を含む）、特定教科の研究会、子ども理解の研究会、という主だった三つの授業研究会の場を例に挙げて、それぞれの場に即した目標を考えていきます（表Ⅲ－1）。

学校全体の研究会の主な目標は研究主題の探究と解明にあります。そこで、研究

[3] 教職員、子ども、保護者、地域の人々、外部支援者・機関等のすべてを含んで描く学校組織の将来像を見据えたビジョンのこと。「学習する組織」で言うところの「共有ビジョン」である。詳しくは、ハーグリーブス、A著（木村優・篠原岳司・秋田喜代美監訳）『知識社会の学校と教師――不安定な時代における教育』（金子書房、２０１５）を参照。

[4] 「１－２　教師を育てる」と「１－３　学校を育てる」を改めて参照。「共有ビジョン」を同僚間で共有することは、学習する組織として学校が発展し続け、教師の視野を未来志向へと押し開いていくのに不可欠な活動である。

[5] 授業研究で参加者全員の成長を目指すという点については、「３－１　発想と調整」および「３－３　組織マネジメント」で繰り返し述べており、「３－５　学びと探究の必然性」でも論を展開するので参照のこと。

授業の参観者は、**学校の研究主題に合わせて授業を見る視点を調整する**必要があります。たとえば、「子どもたちが学び合う授業の創造」という研究主題を掲げた学校の授業研究では、参観者は子どもたちの学び合いが起こる相互作用を追う必要があります。また、教師と子どもたちの**特性や時々の状況への理解**、教師と子どもたちが授業を通して成長していく**変化の可能性**を考慮して授業を見る必要もあります。なぜなら、学校の研究主題は通常一年以上の歳月をかけて授業づくりを通して探究する論題であり、そこで中長期にわたる授業の改善や教師と子どもの成長、学校の発展を考えていくためです。

これらに配慮することで、授業研究会で参加者は学校の研究主題と学級の現状に即した対話に参加することができ、教師と子ども一人ひとりの成長、学級と学校それぞれのコミュニティの発展に力点を定めた議論を展開することが可能になります。

特定教科の研究会では、**教科固有の教材や教具の意味や価値**、**学習内容に対する子どもたちの反応や理解の仕方**、**学習指導のリ・デザイン**等の解明が目標になります。そこで参観者が授業を見る際には、教材や教具や授業展開が子どもたちの学びをいかに支えているのか、教育内容に子どもたちがいかに接近し、理解を深めていくのか、また、学習指導案に現れる子どもたちの学びに対する授業者の構想を踏まえて、授業での子どもたちの学びの実際を追究する必要があります。以上の追究点を研究会で示しながら、**一授業や単元を通した教育内容の組織、教科の学びが子どもたちに拓く学**

表Ⅲ-1　授業研究会の場に則した力点

	授業研究会の場		
	学校全体の研究会（公開研究会）	特定教科の研究会	子ども理解の研究会
力点	◆研究主題の論点に則した子どもたちの学ぶ姿 ◆教師と子どもたちの特性 ◆教師と子どもたちの変化可能性	◆子どもたちにとっての教材や教具の意味と価値 ◆子どもたちの授業内容への反応と理解 ◆学習指導案と実践の授業展開	◆子どもたちの発達課題と既有知識 ◆子どもたちの学びのプロセス ◆子どもたちの学びを支え促す環境

問の世界の意味や価値を分析していくのです。[6]

　子ども理解の研究会では、子ども一人ひとりに特有の学び方や、子どもが抱える困り感を把握し、対応を練ることが主な目標になります。そこで、参観者は何よりもまず**子ども一人ひとりが授業で生きる世界**に心を砕き、子どもがいかなる**発達の途上**にあり、いかなる**既有知識**や**素朴概念**を用いて学んでいるのか、これら**子どもの学びのプロセス**を丁寧に見取る必要があります。研究会ではこの見取りに基づき、子どもの学びを**ストーリー**で語り、具体的な**エピソード**から子どもの学びを支える／妨げる要因の探索に力点を置いた議論が求められるのです。[7]

　これら目標と語りの力点がズレてしまうと、授業研究会での対話と議論が空転する可能性があります。おそらく最も多いケースは、学校全体の研究会で特定教科の追究点に目標と語りの力点を定めてしまうことです。先の例で言えば、「子どもたちが学び合う授業の創造」を探究する学校全体の研究会で、教科内容や教材や学習指導案の分析に終始してしまうケースです。授業研究では必ず何かしらの教科の授業を検討するので、このズレは陥りやすい一種の「罠」とも言えるでしょう。学校全体の研究会が特定教科の話題に尽きてしまうと研究主題の探究はおろか、すべての参加者の研究会への十全参加も保障できません。ただ特定の人たちが発話のターンを独占するだけになってしまうのです。

　ただし、どの授業研究会の場でも共通して言えることは、**子どもの学びに必ず力点**

［6］それゆえに、当該教科の指導方法や教育内容として自明の事柄は省略されたり、子どもの学びの実際から次第に離れ、教科の親学問の核心へと議論が展開したりすることがある。特定教科の研究部会における語りの省略や学問回帰は、同教科を専門とする参加者が多数を占める場合によく起こりうる。子どもの学びの事実が語られなくなると、対話：ダイアローグは根拠不確かな独話：モノローグへと変貌し、授業の議論は「机上の空論」へと乖離してしまう。

［7］子どもの経験世界をエピソードとして語ることについては、鯨岡峻『エピソード記述入門』（東京大学出版会、２００５）に詳しい。なお、子ども理解の研究会はケース・カンファレンスと呼ばれる。詳しくは、福井雅英著『子ども理解のカンファレンス――育ちを支える現場の臨床教育学』（かもがわ出版、２００９）で理論的背景と実践事例が豊かに描かれている。

が置かれることです。子どもの学びという事実無くしては、学校の発展や授業の改善の方向性を見定め、教師の働きかけや教材の効果を把握することはできません。子どもの学びこそが、授業研究会の目的と語りの力点のズレを編み直してくれる糸にもなるのです。この意味で、**授業研究はまさに子どもの学び中心の実践**と言えます。

以上の授業研究会の目標に基づいて、その時々の具体的な事実から探究を進めることになります。その探究は、子どもの教育内容への理解を深める指導法や教材の開発であったり、ある子どもの授業での困り感の解消であったり、学校の研究主題の解明であったりするでしょう。すなわち、教師一人ひとりの挑戦課題、学級の子どもたちの特性、学校独自の発展プロセスと対話しながら探究が進み、深まっていくのです。

授業研究のプロセスとサイクルの中で、授業研究のねらいの三層構造である展望・目的・目標を常に意識し確認しながら、授業研究会を組織していきましょう。

〔木村優〕

3-5 学びと探究の必然性——授業者は誰で、学校はいかなる発展プロセスにいるのか

授業研究会ではねらいを共有することに加え、**参加するすべての人の学びと探究の必然性を最大限に保障すること**が必要になります。もしも教師たちが授業研究を通した学びと探究の必然性を感じることができなければ、授業研究会での議論に興味関心を抱けず、授業研究のあらゆる活動から距離をおき始めてしまうことになるでしょう。子どもでも大人でも、活動の必然性は学びと探究に不可欠なのです。この学びと探究の必然性を保障するために、私たちは次の二点に心を砕く必要があります。すなわち、**授業者は誰で、学校はいかなる発展プロセスにいるのか**、です。

■授業者は誰？

授業研究には必ず一人ないし複数の授業者がいます。授業者は何日も前から授業デザインに専心し、研究授業で力の限り子どもたちの学びを紡ぎ、学習内容への深い理解を促し、その挑戦を私たちに開示してくれます。したがって、授業研究に参加するすべての人の学びと探究の必然性を保障するには、**授業者の特性と挑戦課題を把握す**

ることが先決になります。そこですぐ取り組めるシンプルな方法が二つあります。

一つは、参加者が直接的にも間接的にも事前に授業者とコンタクトを取り、授業デザインの構想を共有することです。もう一つは、参加者が事前入手可能な学習指導案等の資料を読み込むことです。特に、学習指導案には多かれ少なかれ授業者が設定する学習目標や子どもの学びを支援する「仕掛け」が描かれていますし、その叙述から授業者のキャリア、想いや悩みを読み取れるとも言われます[1]。これら研究授業前の授業者との対話により、授業者の特性や挑戦課題にアクセスすることができるのです。

しかし、研究授業前に授業者といつもコンタクトを取れるわけではありませんし、学習指導案等の資料がいつも用意されているわけでもありません。また、間接的かつ事前の対話が授業者の特性の実際や日々の授業で移り変わる挑戦課題を開示してくれるとは限りません。私たちは通常、授業者のその時々の挑戦課題を即興的に読み取り、授業者のニーズに応じながら授業を見て、事実を象《かたど》ることが必要になるのです。

この即興的な読み取りと象りを実現するには、**授業者のキャリア**（教職歴）にあらかじめアクセスしておくことが有効です。なぜなら、キャリアを手がかりにすることで、授業者固有の専門性開発の軌跡に応じた挑戦課題を推測できるためです。

イギリスの教師研究者であるクリストファー・デイらにより、教師のキャリアの特性と課題が見出されています[2]。このデイらの研究知見を踏まえ、表Ⅲ－２に若手教師・中堅教師・熟練教師それぞれのキャリアの特性と主な挑戦課題をまとめました。それ

［1］木原俊行著「教師と研究者の対話に基づく校内研修の充実」鹿毛雅治・藤本和久編著『授業研究を創る――教師が学びあう学校を実現するために』所収（教育出版、２０１７）93－１１３頁。

［2］Day, C., Stobart, G., Sammons, P., Kington, A., & Gu, Q. (2007), *Teachers matter: Connecting lives, work and effectiveness*, Berkshire, UK: Open University Press.

ぞれの特性と挑戦課題に沿って、授業者の学びと探究の必然性を保障するための、授業研究会での語りと分析の切り口となるヒントを探ってみましょう。[3]

教職の道を歩み始めたばかりの若手教師は、授業づくりや子どもとの関係づくりに関して多くのサポートを必要としています。したがって授業研究会では、若手教師の授業デザインや子どもへのかかわり方を実際の子どもの学ぶ姿に関連づけ、行動レベルの分析から必要なトレーニング要素を模索することが大事になります。ただし、トレーニング要素をことさらに取り上げ、その指導と助言に明け暮れては、他の参加者の学びと探究の必然性を保障できませんし、若手教師も絶え間ない指導に辟易して教職への希望を失いかねません。[4]一方、子どもの学びの事実を語り示せばいいのかというと、それだけでは若手教師に「もの足りない」といった不満足感を残しかねません。

若手教師が教職を続け、成長し続けていくためには、この時期に教師としての**自己効力感**や**自信**を高め、**教職アイデンティティ**を確立していくことが最も重要です。したがって、参加者は必要なトレーニング要素に着目しながらも、若手教師自らが授業デザインのねらいや教育方法や教材の選択理由を語り、意味づけ、価値づけるのを手助けするように**実践の振り返りを促す**ことが最も肝要です。実践の振り返りを含む**省察的実践の習慣化は若手教師の熟達化を支え加速してくれる**のです。[5]

表Ⅲ-2　教師のキャリアに応じた特性と挑戦課題

	教師のキャリア		
	若手教師 （教職歴０年～７年）	中堅教師 （教職歴８年～23年）	熟練教師 （教職歴24年以上）
キャリアの特性	◆多くの困難に出会い、サポートを必要とする時期 ◆教職アイデンティティと効力感を確立する時期	◆変化に挑戦し、変化をマネジメントする時期 ◆教職に深く関与し、実践を磨き洗練する時期	◆教職への意欲継続にサポートを必要とする時期 ◆実践が円熟し、高度な意思決定が可能になる時期
挑戦課題	◆教育方法や教材解釈の拡張と洗練 ◆子どもとの関係づくり ◆教育信念や授業観・学習観の形成	◆教育方法や教材解釈の革新と創造 ◆子どもの学びの追究 ◆教育信念や授業観・学習観の問い直し	◆教育方法や教材解釈の刷新と進化 ◆子どもの学びの再検討 ◆実践と哲学の継承

教職経験を積み重ねてきた中堅教師は、あらゆるキャリアの中で最も変化に開かれ、これまで培ってきた実践を洗練し、新しい試みに挑戦する時期にいます。したがって授業研究会では、中堅教師が授業で洗練してきた方法や新たに挑戦している試みに**寄り添い**、それらを**支えるために必要な情報を象る**ことが必要になります。

たとえば、協働学習の授業デザインを新たに試みている中堅教師が授業者の場合、授業者が協働学習のデザイン中にはかかわりきれない、見きれない子どもたちの学びを見取り、多様な協働の学びの様態を授業者に伝えます。そうすることで、授業者と共に、協働学習の多様な利点や複雑な配慮を確認しながら[6]、学級の子どもたちの特性に合った協働学習の授業デザインを創造することが可能になります。

ここで大切なことは、若手教師に送る手厚いサポートを中堅教師に提供する必要はほとんど無いことです。なぜなら、ほとんどの中堅教師は教職経験を積むことで**自己の個性的な実践と教職アイデンティティを確立している**からです。授業研究会で、中堅教師の個性的な実践と新たな挑戦に寄り添わず、挑戦課題と異なる点の指導ばかり繰り返してしまったら、中堅教師は授業研究に「うんざり」して退屈感や嫌悪感を覚え、次の授業研究のサイクルへの関与に消極的になってしまうかもしれないのです。

実践の円熟期を迎える熟練教師は、授業をはじめとした教育実践への情熱を維持するとともに、後進を育てる動機を高め維持する必要があります。したがって授業

[3] ただし、いかなる授業者のキャリアに応じようとも、授業で子どもたちがどのように学習課題と向き合い、何に挑戦し、何に困難を覚えていたのか、教師はそこでいかなる働きかけや支援を行っていたのかを、参観して捉えた具体的な事実に基づくストーリーで語ることが大前提である。この点は本書で繰り返し述べている最重要事項である。

[4] 若手教師への助言は授業研究会の最中には最小限に留め、授業研究会の終了後に職員室等の公共的な場で同僚とともに行うのが望ましい。教師の専門性開発の機会をすべて授業研究で賄う必要はない。「ハレ」の場と「ケ」の場それぞれの特性を活かすということ。

[5] 木村優・森﨑岳洋著「福井大学教職大学院における『新たな学び』を展開する『学び続ける』教員の養成と支援——学部新卒学生の大学院における学修成果と教員採用後の成長過程

研究会では、熟練教師が授業中に展開している**無意識の思考や情動や行為**に着目し、それらを可能にしている**暗黙知**や**信念**を熟練教師に語ってもらうことが大切になります。

そうすることで、熟練教師は半ば自動化している自らの**意思決定**のプロセスとその背後にある**教育哲学**にアクセスしやすくなり、自己の実践を見つめ直し、新たな挑戦や展望を拓くことも可能になります。また、同僚をはじめとした参加者にとっても、熟練教師が培ってきた円熟のわざと意思決定を学ぶことができ、さらに、教師の専門性における実践知の内実や、教師の専門性開発の道のりにおける省察や情動や学校コミュニティの布置とそれぞれの相互作用の解明も大いに期待されます。

の追跡」、『教師教育研究』第7号（福井大学教育学研究科教職開発専攻、2014）215－231頁。

［6］秋田喜代美著『授業研究と談話分析』（放送大学教育振興会、2006）、木村優著「挑戦的課題が方向づける思考――探求するコミュニティづくり」秋田喜代美編著『教師の言葉とコミュニケーション』所収（教育開発研究所、2010）110－114頁。

■学校はいかなる発展プロセスにいるのか

すべての参加者の学びと探究の必然性を保障するには、授業者だけでなく学校の発展プロセスにも心を砕くことが必要です。なぜなら、その時々の**学校の実情**が教師たちの授業研究に対する理解度や切実さ、関与の度合いに影響を及ぼすためです。

たとえば、生徒指導上の問題が多発し、教師たちが子どもたちのケアに追われて多忙を極めている状況では、授業研究会を開くことさえ奇跡的なことです。そこで授業研究会を学校業務として渋々引き受け、授業者の教育方法への指導に終始したり、同僚の授業参観方法のトレーニングに集中したりしては、みなただ疲弊するだけです。

このような状況では、気がかりな子どもの学びを協働で見取り、その子どもの「困り感」を対話により共有し、子どもの経験世界への理解を深め、現状を打破するための新たな可能性を見出していく、そんな授業研究会をデザインすることが想定できます。[7]

子どもたちが落ち着いて学校生活を送り、教師たちも心理的な余裕をもって仕事にあたれる状況であれば、授業研究を活用して学校の組織文化を**専門職の学び合うコミュニティ**へと移行させていくチャンスです。[8] ここでは、授業の見取りを共有する「対話」と子どもや教師の成長を見すえた「議論」とのバランスをとり、発展や進化や成熟を目指した同僚間の学び合いを組織する、そんな授業研究会が考えられます。

すでに子どもたちも教師たちも学び合う関係が学校文化として根づき、醸成されている状況では、授業研究それ自体の革新と進化を期待できます。たとえば、授業研究会での対話と議論の「カタチ」に工夫を凝らし、すべての参加者が授業の見取りを語り聴くことができ、議論の進展をさらに活性化すること、また、教師たちの協働省察を実践記録と参観記録の執筆へと明確に結びつけ、書く文化を創発することで学校の授業研究の自律進化とその継続を促すこと等が考えられます。[9]

このように、授業者と学校の発展プロセスに心を砕くことが、共創的で創発的で革新的な授業研究会を生み出し、組織し、維持進化させるために必要なのです。

〔木村優〕

[7] この最たる例は、新座高校における授業研究を機軸とした学校改革の実践である。詳しくは、金子奨・高井良健一・木村優編著『「協働の学び」が変えた学校——新座高校 学校改革の10年』（大月書店、2018）を参照。

[8] 「1-3 学校を育てる」を参照。

[9] 「1-5 モード・シフト」を参照。

3-6 対話と議論 ——適したカタチで、見取ったことを語り合い、目標に接近する

授業を観て語り合うとき、その形はさまざまにありえます。前項までで述べられてきたように、その学校の背景や授業者・参観者のニーズに合わせて目標に接近していくことが重要です。ここでは、そのためにどのような形がありうるかを概観し、どうすれば対話と議論を促進していくことができるか、検討していきます。

■語り合う集団の規模

語り合う形の視点として、一つには**集団の規模**が挙げられます。何人くらいでどのような隊形で語り合うか、その集団の関係性や語り合いの目的によって異なるのではないかと思います。

たとえば、参加者全員がロの字型に設置された机に座って語り合う形もあるでしょう[1]。大人数の前であっても誰もが遠慮することなく率直に自分の思いや考えを言える関係性が構築されていたり、参加者みんなが発言するだけの時間的な余裕があったりする場合には可能な形です。あるいは、お互いの意見をぜひとも全員で聴きたいとい

[1] 図Ⅲ-4のような配置がありうる。

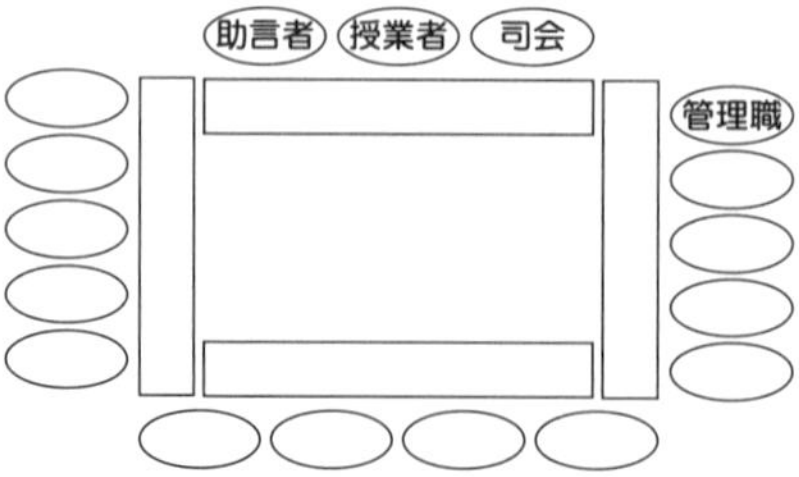

図Ⅲ-4　ロの字型配置の例

ったような目的がある場合にも取られる形かもしれません。

一方で、大人数の前では周りの評価が気になって語りにくいという参加者がいたり、発言力のある参加者だけしか語れないような時間的制限があったりする場合には、少人数のグループに分かれて語り合うことが有効です。[2] コーディネーターは、教職経験の年数や学校に赴任してからの年数、受け持ちの教科や学年などを考慮して、参加者が互いに語り合うことで意味のある相互作用が生まれるようグループを編成することが必要です。

特定の子どもや特定の班の子どもたちを共有して、参観者同士で焦点化した語り合いを促したいという目的の場合には、参観者のグループごとに、参観対象の子どもの班を割り当てて、**グループ編成**を行う場合もあります。

■語り合いのツール

語り合うにあたって、何らかのツールが用いられることもあります。たとえば、**付箋紙**に参観者の感想を書いたり、参観者が捉えた子どもの姿を書いたりして、模造紙などに貼りながら語り合うこともしばしば行われます。その際、付箋紙の色を子どものことか教師のことかという対象によって色分けしたり、良かったことと改善すべきことという内容によって色分けしたりする場合もあります。また**模造紙**についても、指導案を拡大コピーしたものであることもあれば、授業の時間軸が書かれていた

[2] どれくらいの大きさのテーブルに何人で座り、テーブル間の距離をどれくらい、どのような位置関係にするかという環境も、語り合う雰囲気に大きな影響を及ぼすので十分配慮する必要がある（図Ⅲ－5参照）。

図Ⅲ-5　テーブル配置の例

り、観点別にXチャートなど思考ツールが用いられたりすることもあります。あるいは、特段枠組みが描かれていないまっさらな模造紙に、参観者が自由に貼っていき、**KJ法**のようにまとめていくこともあるかもしれません。逆に、付箋紙も模造紙も何も用いない場合もあります。

付箋紙に書いて貼ることにより、参観者がどのような部分に着目して、どのような場面を捉え、どう解釈したのかを言語化しやすくなり、また書いたものは後に残るため、授業者が見返して把握することができるという利点があります。一方で、なんのためにどのようなことを書くのかを共有しておかないと、各自が漠然とした感想を書いて貼るだけになっていまいます。付箋紙の色分けや模造紙の構造化についても同様で、参観者にどのような語り合いをしてもらいたいかというねらいをもち、どう貼っていくのかを共有して行う必要があります。[3]

■語り合う時間と共有の仕方

時間をどのように設定するかということも重要なポイントです。小刻みに時間を切って、短い時間で語り合うのでは、表面的な話に留まり、議論が深まることはありません。可能ならばたっぷりと時間をかけて語り合うことが望まれます。

グループで語り合う場合、しばしば全体での共有が行われます。語り合うことに時間を取ろうと思うと、全体での共有の時間は限られるので、進め方はよく考える必要

[3] 付箋紙や模造紙はあくまでも話を引き出すための道具であり、書いて貼ることが目的ではない。決まった形でやり続ける必要もなく、研究会を重ねるごとにより良い方法に変えていくことも必要である。

があります。たとえば、どのようなことを語り合ったか、グループごとに発表していく場合や、グループに一人が残って後のメンバーはほかを見て回るといった場合もあるでしょう。このようにして共有すると、自分のグループと同じことがほかでも話題になっていたのだなと共通点を確認できたり、自分のグループでは出なかった話に触れて視野を広げられたりします[4]。

また、グループで語り合った後、全体で協議の時間をもつ場合もあります。何らかの論点を決めて、それについて全体で話し合ったり、グループで語り合ったことを踏まえて改めて考えたことを自由に出し合ったりすることもあるでしょう。目的や集団の規模によっては、このような時間をもつことにより全体で方向性を見出すことができますが、発言力のある人が意見を言って終わってしまう場合もあり、このような時間をもつ意義をよく考える必要があります。

[4] グループでの語り合いに重点を置く場合には、会の中ではグループ間の共有を行わず、付箋などを貼って書き込んだ模造紙をグループごとに貼っておいて後で見合うようにするのも一つである。

■終わり方

このようにして授業を観て語り合っていくと、協議会は終末を迎えます。**どのように終わるか**ということも大事なポイントです。指導主事や講師を招いての会であったりすると、その人が何かまとめの話をすることが多いかもしれません。そうでなければ研究主任や管理職がその役割を担うことでしょう。

この際、**きれいにまとめようとしすぎないことも必要**です。この授業研究会の後にも、授業者にとっても参観者にとっても、授業は続いていきます。1時間の授業を観て、ここが良かった・こうすべきだったと、結論が出て、それきりになってしまっては、逆に意味がありません。いかに次の実践につながっていくかが重要です。その意味では、**簡単にわかった気にならず、もやもやと考え続けていく余地を残す**ことも必要だと考えます。そして協議会後に職員室で引き続き、ざっくばらんに語り合いが行われたり、翌日の授業の後にまた語り合いが起きたりするのが理想ではないでしょうか。[5]

■対話と議論

このように、授業を観た後の語り合いにはいろいろな形があります。どれが良いということはなく、学校の状況に合わせて、参加者がモチベーションをもって、取り組んでみようと前向きな思いをもって進めていけるとよいでしょう。

ただ、どのような形であれ、前提として、**見取ったことを対等に語り合う**ことが重要です。「見取る」というとき、それは、眺めるように、あるいはビデオに撮るように、ただ現象を外側から「見る」のではありません。授業が行われる中で子どもたちがどのように学んでいくのか、その過程に寄り添いながら、自分なりに把握していくことです。授業の子どもの姿をそのまま描写するように語るだけでも、授業者に対する自分の直感的な考えをそのまま語るだけでも不十分だと言えます。そこで大事にな

[5] ウェンガー、E・マクダーモット、R・スナイダー、W・M（野村恭彦監修・野中郁次郎解説・櫻井祐子訳）『コミュニティ・オブ・プラクティス』（翔泳社、2002）には、学び合うコミュニティが展開していくための7つの原則が述べられているが、その一つは「公と私それぞれのコミュニティ空間を作る」ことである。多様なコミュニケーションが可能になるように研究会を位置づけることも重要といえる。その他の原則についても、研究会をコーディネートする上で示唆に富んでいるためぜひ参照されたい。

るのが**対話**です。授業の子どもの姿が話題に出されたら、それを参観者はどのように把握したのか、どのように捉えたのかを、対話によって引き出すことができます。あるいは、直感が語られたら、その根拠について対話によって引き出すことができます。相手がいるからこそ、語りは引き出されるのであり、論を戦わせるような**討論**（ディスカッション）ではなく、感じたことや考えたことを言葉にする**対話**（ダイアローグ）の空間をつくることが重要です[6]。

そして、授業の中での子どもたちの学習について、お互いの捉えを出し合えば、自ずと論点も現れてきます。その論点についてより焦点化して語り合っていくと考えを深めることにつながります。考えの交流を通して、授業者も参観者も、自分自身の授業や子どもの捉え方を見直し、次の自分の授業実践に結びつけていくことにもなります。

授業研究会には学校の文脈によって、さまざまな目的があると思いますが、どのような会であれ、すべての参加者にとって学びになることが重要です。その意味で、今のこの教師集団にとって対話と議論の空間をどのように編成するとよいのかを問いながら、いろいろな形を試し、より学びのある会を目指していくことが求められます。

〔岸野麻衣〕

[6] センゲ、P・M（枝廣淳子・小田理一郎・中小路佳代子翻訳）『学習する組織』（英治出版、2011）にも、チーム学習を進めていくには、ディスカッションではなくダイアローグが重要であることが述べられている。

3-7 省察と再構成
――授業研究会の自律進化へ

授業研究において促していくべき最も重要なことの一つが**省察**と**再構成**です。授業研究会で検討する授業についてだけでなく、長期的な視野での省察と再構成も含みます。また授業研究会そのものの省察と再構成も含まれます。本項では、どのような省察と再構成が求められ、どのように促していくといいか、検討していきます。

■実践の省察と再構成

教師として経験を重ねていくと、学習指導においても生徒指導においても、さまざまな場面で、こういうときにどうしたらいいかと深く熟考しなくても、その場の状況に合わせてパッと判断して行為することができるようになってくると思います。そうして円滑に授業を進めたり子どもたちとかかわったりしていても、思いもかけない反応が返ってきたりして、いつものとおりの対応ではうまくいかないズレが生じることもあるのではないでしょうか。このような状況に置かれると、多くの教師は状況を捉え直して自分のかかわり方についても考え直すことでしょう。その場で対応を変えてみたり、その場ではうまくいかないままでも後になってどうしてそうなったのか、どうすればよかったかを考えて次の対応を考えたりします。このように、**実践を省察して次の実践を再構成していく**ことが重ねられていくのです[1]。

授業研究会において、授業者は子どもたちの学びがどのように展開していったのかを追いかけ直すことになります。それにより自分の授業中の判断や行為がどうだったかを振り返り、どこでどんなズレが生じていたかなど、**捉え直す**ことができます。それを踏まえることで、どうすると子どもたちの学習をより深めていけるか、次の授業ではどのように進めていくといいか、**授業を再構成**していくことにつながります[2]。

参観者の側は、授業を観るにあたって、きっとここで子どもはこう考えるだろうとか、自分ならこうかかわるとか、自分の枠組みで参観するはずです。そうしたとき、やはり予想外の子どもの反応が生じたり、自分とは異なる授業者の対応を目にしたりすることがあるでしょう。そして参観者もまた、状況を捉え直して、どうしてそうなったのかを考え直すことになります。それはとりもなおさず**自分の見方を問い直す**ことにつながります。授業者の実践の場を借りて、子どもたちの学習の何をどう捉え、教師としてどのような手を打つか、**判断を鍛える**ことが可能になるのです。

なお、再構成していく上で、その角度は重要です。一時間の授業を終えて、子どもの姿を捉えたら、もっとこんなことも授業に盛り込もうと思うことがあります。その際、教師側の思いだけであまりに急激に角度をつけて変化させると、かえって子ども

[1] 専門職の力量形成にはこのような「行為の中の省察」が欠かせない。詳しくは、ショーン、D・A（柳沢昌一・三輪健二監訳）『省察的実践とは何か』（鳳書房、2007）を参照。

[2] 授業をデザインし、それを実践したあとに省察し、それきりで終わるのではなく、図Ⅲ-6のように省察を踏まえて次の時間の授業を再構成していくサイクルが極めて重要である。

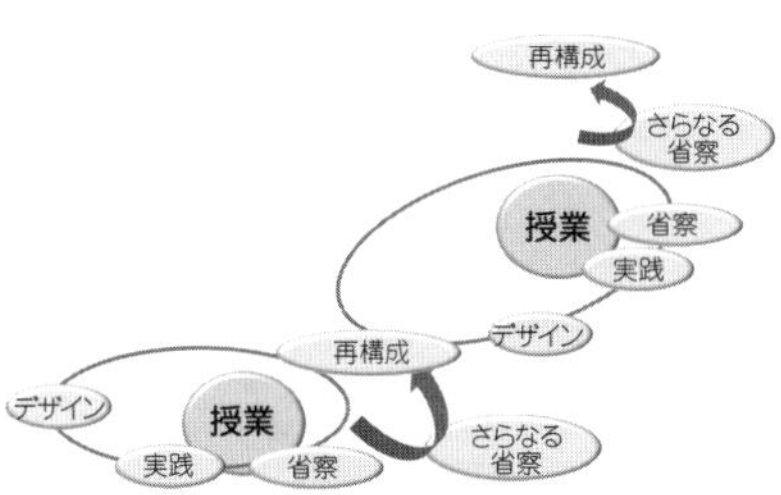

図Ⅲ-6　授業を再構成していくサイクル

たちの学びに添わなくなり、うまく展開しないことがあります。省察するといろいろなことに気づくがゆえにすぐにいろいろな手を打ちたくなりますが、子どもの学習過程を踏まえることを忘れてはなりません。

■より長い実践の省察

実践の省察と再構成は、授業研究会で授業を省察して次の時間を再構成するという一時間の授業の枠に留まりません。毎回授業のたびに省察と再構成を重ね、一つの単元が終わります。この**単元レベルでの省察と再構成**も重要になります。単元を通して見たときに、子どもたちの学びはどのように始まり、どのような試行錯誤を経て、どのように至ったのか、一時間のレベルでは見えないことが見えてきます。このように単元レベルで子どもたちの学びの過程を捉え直すと、次の単元ではどうしていったらいいかという再構成につながります。さらに**複数の単元**を射程に入れて、より**長いスパン**で省察と再構成を重ねていくこともできます[3]。

また、プロジェクトを核に学習を展開している場合などは、山場になるような活動がいくつも連なっていき、発展していくことが多いと思います。子どもが問いや動機をもって活動を始め、何をどうしたらいいかを自分たちで考えていきながら、やってみてどうだったかを振り返り、次にどうしていきたいかが湧きおこり、次の活動につながっていきます。このような**学びのサイクル**[4]は、その場で子どもたちの状況を探

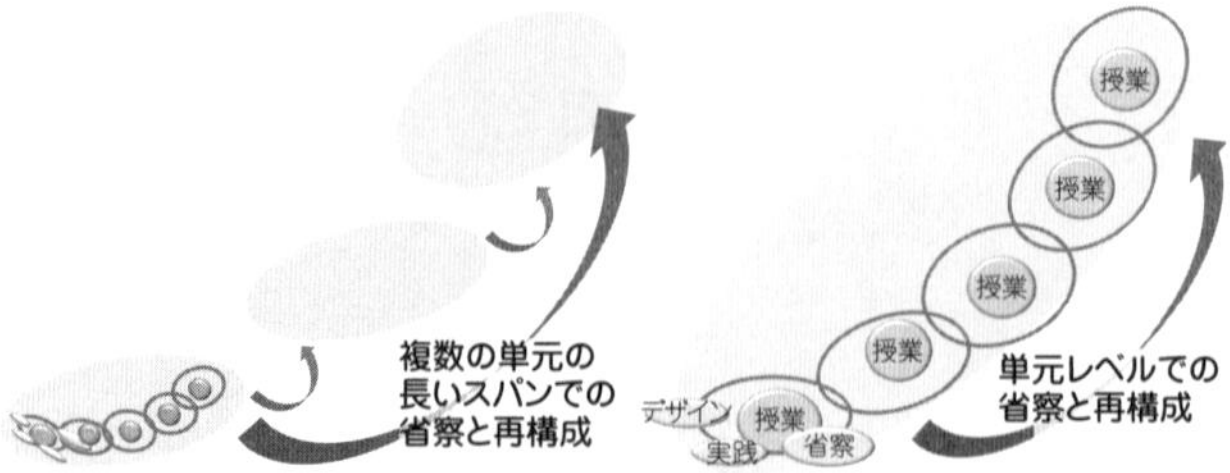

図Ⅲ-7　単元レベルでの省察と再構成

［3］単元レベルでの省察と再構成、複数の単元にわたる長いスパンでの省察と再構成は図Ⅲ-7のように示すことができる。

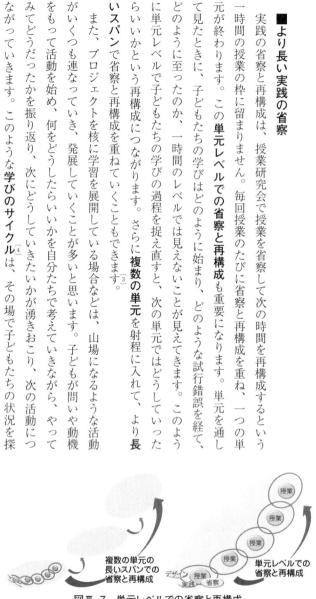

りながら、同時に教師なりに大きな見通しも頭に描きながら進んでいくと思いますが、後になって道筋を見直してみると、改めて折々の見取りや判断がどうだったのか、捉え直すことができます。そして、こうして振り返った子どもたちの学習の歩みは、プロジェクトが年単位であれば、進級した子どもたちの学習をどのように再構成していくかを考えることにつながっていきます。

■実践し省察するコミュニティとしての研究会

実践の省察と再構成は、一人ではなく**協働**で行われるとより効果的です。状況を具体的に共有し、一緒に考えてくれる人がいるからこそ、自分の捉えを引き出してもらうことができます。自分に見えなかったことや考えていなかったことに触れることができ、より状況を豊かに思い返しながら、考え直すことが可能になるのです。

その意味で、**実践の省察と再構成を支えるコミュニティをいかに編み込んでいくか**は極めて重要なことです。年間のどのようなタイミングで、どのような時間単位の実践を省察していくのか、どのようなメンバーで語り合うグループを組むのか、よく考える必要があります。

たとえば授業を見合って語り合う場一つとっても、どの時期にどの学級が授業をし、それをどのようなメンバーでサポートするのか、事後協議会のグループはどのようなメンバー構成にするのかといったことを考えることが必要です。そして、一回ご

［4］福井大学教育学部附属義務教育学校においては、図Ⅲ－8のような学びのサイクルを踏まえて子どもたちの学習の展開過程を捉え、表現している。たとえば、秋田喜代美・福井大学教育学部附属義務教育学校研究会『福井発！プロジェクト型学習――未来を創る子どもたち』（東洋館出版社、２０１８）などを参照。

図Ⅲ-8　問題解決のサイクル

とに完結するのでなく、参加者たちが実践の省察を重ねることで、回を追うごとに見取ったことの語りが厚みを増していくことが望まれます。子どもたちの学びのサイクルが山場を持ちながら発展していくように、**教師たちの学びのサイクルも展開していくこと**が求められるのです。[5] したがって研究会のコーディネーターは、実践について語りを引き出し合うことができるように組織しながら、しかもいかにこれから会が発展していくか、大きな見通しをもち、毎回決まった形にこだわらず、参加者たちによる自律進化を促し、コミュニティを発展させていくことが必要です。[6]

■重層的な省察とそれを支える組織

実践の省察は授業研究会で見合う一時間の授業だけに限りません。日々の授業実践について省察と再構成を重ねつつ、時には授業研究会で省察と再構成がなされ、また一方で長いスパンでの実践の省察と再構成がなされることが望まれます。このような**重層的な省察**がなされるためには、それを**支える場が組織されること**が必要です。

たとえば日々の実践の省察について言えば、職員室の片隅の休憩スペースが語り合いの場になりえます。部活後に一息ついてお茶を飲む教師が一人二人と集まり、一日の子どもたちの様子について語り合うのです。放課後、同じ学年の教師同士で授業や行事の打合せをしつつ、子どもたちの姿や自分の授業での気づきを語り合うようなこともあるでしょう。学校へ赴任してからの年数や教職年数を考慮した教科を越えた部

[5] 教師の学びのサイクルも、子どもの学びと同じ構造を持ち、これらはフラクタルな構造になっているといえる。

[6] 「3-6 対話と議論」の注においても挙げたが、ウェンガーらによる、実践コミュニティ育成の七原則が参考になる。

会を編成して、毎週1時間、時間割の中に部会の時間を位置づけて、お互いの実践の試行錯誤を語り合っている学校もあります。働き方改革が求められている昨今ですが、授業や学級について語り合い子どもの姿を捉え直す時間が削られることのないよう、いかにこうした**時間を確保できるよう組織するか**が問われます。

こうした日々の実践の省察に対して、授業研究会は**リズム**を与えてくれます[7]。授業者側は、どのような授業をしようか、改めて考える機会になります。日々の実践の省察から始まり、これまでの子どもたちの姿を踏まえて、これからどのように学んでいくとよいのかを考えることになります。一人で抱え込むのでなく、教科の部会や教科を越えた部会、日常的な語り合いの中で、**協働探究する**ことが重要です。

長期的なスパンでの実践の省察と再構成は、しばしば長期休業中に行われます。夏や冬、年度の終わりなど、半期ごとに節目として、特に力を入れた単元やプロジェクトについて、**子どもたちの学びの筋道と教師のかかわりについて改めて見直していきます**。こうした検討は、学年や教科を越えて、普段接点の少ないメンバーで行うと、丁寧に語り直すことができ、語りを引き出してもらえます。振り返りを重ねて、実践記録集や研究紀要として発行すると質も高められます。

「授業研究」というと、授業を見合って検討し合う会だけのことを指すように見えるかもしれませんが、このように**多層に実践の省察と再構成を編み込む**ことが重要であり、それにより実践の捉えに厚みを増すことが可能になるのです。〔岸野麻衣〕

[7] さらに大きなリズムを創り出すのが公開授業研究会である。子どもと教師の学びのサイクルを踏まえ、どの時期にどのような形で進めると学びの展開につながるのかをよく考える必要がある。

3-8 書く・書く・書く

——私をつなぐ、世代をつなぐ、文化をつなぐ財産へ

授業研究において、「書く」ということは欠かせません。日々、授業を振り返り翌日の展開を構想していくとき、授業研究会に向けて授業の構想を立てていくとき、自分自身が授業者として授業をした後に振り返ったとき、授業研究会で同僚の授業を参観したとき…。いつも、その時々の子どもたちの姿や自分自身の見取り、思いや考えを綴ってみることが、実践の省察と再構成を助けてくれます。綴ってきた記録を見直してみると、子どもの学びの展開やそれを支えた授業の筋道、自分自身の変容などが、**点ではなく線や面として捉える**ことが可能になります。そうして捉えたことを実践記録として書き起こしてみることも重要です。本項では、このような実践記録[1]を書くことにどのような意味があるのかを論じていきます。

■書くことの重要性

授業研究において、ビデオを用いて、特定の場面での相互作用を捉え直したり、誰がどういう場面でどのような発話をしているかを量的なデータとして示して検討した

[1]「実践記録」には、授業の一場面についてのエピソード記録もあれば、一連の子どもの学習過程を辿った記録や、教師としての実践の歩みを綴った記録など、さまざまな種類がある。本項では、3-7も踏まえ、ある程度の長いスパンで実践の展開を記録した実践記録を前提にしている。

りすることも行われています。このような方法も目的によっては意味がありますが、どうしても子どもの思考の流れを切り取り、断片化することにもなります。実際の子どもや教師の学びは**長い時間をかけて培われる**ものでもあります。一つの発話や相互作用は、その背後にはその人の置かれているコミュニティの変遷があり、その人がそこでどういう者としてそこにいるかというアイデンティティに根差して表出されるものでもあります。このような長い時間をかけて培われてきた土台も含めて子どもや教師の学びのプロセスを検討しようとするとき、何時間にもわたるビデオを見直すことは現実的ではありません。その意味でも、実践記録が有効なツールになります。

書くということは、語るのとは違う難しさがあります[2]。実践を語るとき、そこでは表情やニュアンスで表しても相手にわかってもらえることが、書いたものではそれを明確にしなければ伝わりません。また、語るときには聴き手の反応や問いかけが語りを促してくれますが、書くときにはそれはなく、自分自身と対話をしていかなければなりません。しかし逆に言えば、**自分の見取りや思考、判断を明確に言語化**していくことで**考えを吟味し、深めていく**ことが可能になります。書くことで初めて自分の考えに気づくこともあります。その意味で、書くということは決定的に重要なのです。

そして、教師として子どもの学びや育ちとそれを支える自身の取り組みを言語化して表明できるということは、専門職としても欠かせません。「profession（専門職）」の語源はラテン語の「professus（公に宣言する）」だとされています。かつては、神

[2] 語ることと書くことの違いは表Ⅲ－3のように示せる。

表Ⅲ－3　語ることと書くことの違い

	見合い語り合うこと	書いて読み合うこと
メンバー	同じものを見て共有している	必ずしも共有していない
共有の対象	特定の場面の見方	まとまりを持った活動の展開
使用する情報	表情やトーンなど含む多様な情報	言語情報のみ
対話の相手	語りを引き出す聴き手の存在	論理的に思考をつなぐ自分との対話
永続性	その場限り	時間・空間を越えて残る

に向けた告白や宣誓を指し、神のご託宣を受けるという意味もあったともされています。翻って現代を考えると、公教育を担う専門職として、**説明責任**を果たすことが求められる時代になっています。子どもの学びや育ちのプロセスや自分自身の力量形成の過程を記述した実践記録は、まさにそれに最適なものでもあるのです。

また、子どもたちにおいても、今、生きて働く知識・技能、未知の状況に対応できる思考力・判断力・表現力、学びに向かう力と人間性の涵養といった資質・能力を育むことが求められています[3]。そのため、さまざまな体験や活動が求められ、そこでの気づきや考えを言語化し、対話しながら理解を深めていくことが求められています。子どもたちにこうした力を求める上では、教師自身も自分の経験を振り返り、気づきや考えを言語化して**表現する力**を高めていく必要もあると言えます。

[3] 中央教育審議会「幼稚園、小学校、中学校、高等学校及び特別支援学校の学習指導要領等の改善及び必要な方策等について（答申）」（２０１６）を参照。

■「私」をつなぐ

では、どのように書いたらいいのでしょうか。学校で出される実践集録の中には、研究授業を行った際の学習指導案に、その授業での様子を少し書き足して、各学年や各教科の実践が集められているものもあります。あるいは、子どもの学習場面の写真にそこでの主な発言を箇条書きにして添えて、見やすさを重視してまとめているものもあります。このような実践記録では、「何をしたのか」「何があったのか」という内容はわかります。しかし、「どういう状況だったのか」「どうしてそういうことが起きて「その後どうなったのか」という**文脈**や**脈絡**は描かれておらず、読み取るのは困難です。どんなに優れた教材研究や学習指導案などのコンテンツが掲載されていても、それはどの学級でもうまくいくというものではありません。どのような学級でどういう状況の中でうまくいったのか、ということが重要です。それを踏まえて初めて、ほかの学級で授業をするときにどうしたらいいかを考える材料になるのではないでしょうか。

したがって、箇条書きのような形で、やったことや起きたことを羅列するのではなく、学級の子どもたちがどういう状況にあると教師が捉え、どのように考えたり判断したりして実践したのか、そうしたところ、子どもたちはどのような状態を経てどうなったのかといった過程について、**接続関係を意識してつながりを描き出す**ことが必要です。それは「私」の見てきたことや考えてきたことをつないでいく仕事でもあるのです。

■世代をつなぐ

このようにして記述された実践記録には、**教師の目の送り方**が表れます。子どもの学びや育ちの過程を書くには、それを丁寧に見取っている必要があります。授業のいろいろな局面で教師が何をどう見ているのかということを、読み手は学ぶことができます[4]。何よりも、書き言葉は話し言葉と異なり、**時間や空間を越えて残す**ことがで

[4] 子どもの筋で書かれた実践記録には、教師の動きが直接的には書かれないことが多いが、教師の目の送り方から着眼点を捉えることができ、また学習が展開するような材や環境の構成からも教師の意図や動きを読み取ることができる。

きます。実践記録を通じて、その学校から転出してしまった**優れた教師の実践に学ぶ**ことができます。若い世代が**経験のある世代の実践に学ぶ**こともできます。新しくその学校に赴任してきた教師が、それまでこの学校でどのような実践が行われてきたのかを学ぶこともできます[5]。書き手の文脈に添って読んでいくと、それはとりもなおさず自分の文脈と照らし合わせることになり、**自分の実践を捉え返す**ことにもなります。

学校によっては、年度のはじめに、前の年に書かれた実践記録を読み解くことから授業研究を始めています。そうすることで、担任教師が学級を持ち上がっていなくても、前年度に子どもたちがどのような学習経験をしてどのような力を培ってきたのかを知ることができます。持ち上がった場合にも、もう一度改めて捉え直すことができます。そうやって振り返ることから、**今年度子どもたちとどのような学習をしてどんな力を培っていこうか、展望をもつ**ことが可能になるのです。

■文化をつなぐ

このようにして書かれる実践記録には、教師が子どものどのような姿を大事にし、どのような姿を求めてきたのか、どうやってそこにアプローチしてきたのかを読み取ることができます。それが学校で共有されていればいるほど、その**学校の文化**になります。どの学校にもスクールプランをはじめとするビジョンがあります。しかし、

[5] 学校の中で共有されたと思われた授業観や子ども観、授業研究のリズムが、中核となっていた教師の転出によって持続できなくなってしまうこともしばしば起こるが、実践記録として蓄積されることで、持続可能性を高めることができる。

それは理念的に掲げられた言葉になりがちでもあります。その意味でも、実践記録を通して、学校で大事にしたい具体的な子どもの姿や授業実践を共有することには大きな意味があります。

そのためには、実践を語り合い聴き合う文化と同時に、実践記録を書き、読み合う文化を培っていくことも重要です。実践記録は一人で書くこともできますが、それは先にも述べたように、苦しい作業でもあります。**同じように実践記録を書く状況に身を置いている仲間**がいると、それだけでも心理的な支えになりますし、書き方などについて迷いや不安が生じたときに相談することが可能になります。

書いたものを読み合う場も大事です。読まれることがないと、書いた意味も感じることができません。読み手がいることで、書いたものがこれでよかったのかを確かめることができたり、新たな解釈の可能性に出会ったりすることができます。またほかの人の書いたものを読むと、子どもの学んでいく過程について見方が拡がると同時に、書き手がどう授業の展開を捉えてどう表現しているのかを知ることで書き方を学ぶこともできます。長いものさしで子どもたちの学びや育ちを捉える眼差しを培い、共有することも可能になります。このような意味で、研究紀要や実践集録を作っていく上で、分担して書いて終わりというのではなく、まずはその過程で書いてみた実践記録を読み合い、修正していくこと、そしてまた刊行したものを読み合い、学び合っていくことが重要と言えます。[6]

〈岸野麻衣〉

[6] 夏や春など休業期間にまとまった時間を取り、校内で読み合う会を設けることが効果的である。また、地域や校種、職種を越えて実践記録を持ち寄り語り合う「実践研究ラウンドテーブル」も福井大学をはじめさまざまな大学で行われている。学校としてこのような場に参加することも、多様な視点で実践を捉え直すことにつながる。

3―9

実践記録の価値

――新たな実践の第一歩

■実践記録が自分の実践を捉え直すチャンスとなる

教師は、毎日、毎時間、その瞬間の子どもたちと向き合い、実践を繰り返しながら子どもたちを育てています。しかし、教師の業務は多忙です。毎日、目の前で起こるさまざまな出来事に奮闘しながら、気がつくと一日が、そして一年があっという間に終わっていくような感覚を覚えるものです。この多忙さの中で、教師は一年間でかなりの時間数を授業実践に費やすわけですが、その中で**教師自身が満足のいく授業**はどれくらいあるでしょうか。思うように授業ができないことのほうが多いのですが、自らの実践を吟味し、捉え直し、新たな実践を創造する時間が不十分なままに日々の業務に追われて流れてしまいがちになる、残念ながらこれが教師の仕事の現実です。

経験を積めばそれなりに授業ができるようになり、これまで培った授業技術をもとに自らが思う面白い授業もできるようになります。しかしこれらは私にとって、自らの授業スタイルという枠に子どもたちを押し込めたものでしかなかったと思います。常に、子どもたちがもっと意欲や興味をもって主体的に取り組む授業を実践したいと思いながら、これらの思いはなかなか叶わず、授業改善も進みませんでした。

そのような中で授業改善の大きな転機となったのは、「**授業実践を書く**」こととの出会いでした。もちろんそれまでも、授業の記録や指導案、授業研究会の記録等は残していました。しかし、これらの記録と実践記録とはまったく別物でした。実践記録は主に、一時間目から最終時間までの単元単位の授業でどのような学びが展開されていったのかを、子どもたちの具体的な学びのプロセスをもとに物語のように描いていくものです。まさに**実践の結果の記録ではなく、実践全体の学びのプロセスの記録**です。

私が最初に挑戦したのは一〇時間の単元の実践記録でした。[1] 書く上での約束は「時系列に描く、嘘は書かない、子どもの学びを中心に描く」という三つだけでした。しかし、実際に書いてみるとそう簡単ではありません。書き始めてみると、書くための材料が揃っていなかったのです。授業記録は残していたはずでしたが、記録が無い時間があったり、授業内容の記憶に乏しい時間があったりしました。しかし、授業を振り返るために、自分と対話しながら書き進めていくことに楽しみを感じていました。[2]

結局、一〇時間でA4用紙一二枚という長編の実践記録となったのですが、読み返してみると「授業者が何をした、何を言った、こう考えた」等が中心になり、「子どもたちが何を考え、どのように変容したのか」等は断片的にしか描けておらず、子どもの学びのストーリーというよりも教師の教えのストーリーが中心になっていたことに気づきました。

[1] この実践記録は福井大学教育地域科学部附属中学校『研究紀要第38号』(エクシート2010)53頁-62頁に掲載。
　および、福井大学教育地域科学部附属中学校研究会『学びを拓く〈探究するコミュニティ〉1学び合う学校文化』(エクシート2009)に「学びの必然性を問う」として136-156頁に掲載。

[2] 自分では毎時間の授業がスムーズにつながっていると感じていたが、記録を書いていくと「なぜこの発問をここでしたのか?」「この活動のつながりは?」など、自分の授業中の行為を追うという自分との対話が書く楽しみに変化していった。

これはかなり衝撃でした。私はもっと子どもたちの学びを見ていると思っていたのですが、個々の子どもの会話や姿を書いているもののそれらは単発的で、単元を通した子どもの学びのストーリーとしてつながっていなかったのです。グループ学習で起こっている子どもたちの学びや、個々の子どもの思考の中で流れている学びを見取れていなかった事実を、私は**私自身の実践記録から突き付けられた**のです。

実践記録を書くことで、自らの実践ではあるけれども自身で見えていなかった多くの事実が見えてきます。つまり、**実践記録を書くことで自ら実践を客観的に捉え直すという省察ができる**のです。この自己省察から授業改善のポイントが見え始め、授業づくりの視点の変革の第一歩につながっていくのです。

■実践記録を書くと授業が変容する

実践記録を書くと授業が少しずつ変化していくものです。これが実践記録を書く一番の意義になります。まず大きく変わることは、**子どもたちの学びを今まで以上に見るようになる**ことです。もちろん授業は子どもたちとともに創っていくので、子どもたちの学びを見るのは当然ですが、「授業者と学級全体」ではなく「授業者と多数の個」というように子どもの見方・捉え方が変容していきます。これは、授業者だけの視点ではなく、**子どもたちがどのような学びをしているのか**という学習者の視点で授業を見られるようになっていくことを意味します。そうすると、子どもたちのつぶやきやグループでの話し合いがよく耳に届くようになっていくのです。

また、実践記録を書くことで、子どもたちの学びの姿を**こまめに見取る**ことの良さに気づくことができます。たとえば、グループ学習の様子、ワークシートやノートといった子どもの**学習物への着目**です。学習物も単に見てコメントを書くだけでなく、前時の記録と比較したり、前時からの変容を見たりする視点が生まれてきます。

さらに、記録を残そうとする教師の姿勢は、**子どもの活動を可視化する実践**につながっていきます。たとえば、グループでの子どもたちの話し合いを記録に残すために、ホワイトボード等の話し合いを可視化する教具を活用するようになります[3]。これは、子どもたちにとって大変有効で、グループ等の話し合いのプロセスが見えることは、他者との対話から新たな視点を獲得していくことが可視化できるため、学んだことを実感することにつながっていきます。教師の学びの結果ではなく、学びのプロセスを大事にする視点と姿勢は、子どもたちがどのような学びをして、何ができるようになるのかという、子ども主体の学びになる単元の授業デザインにつながっていくのです。

■実践記録をもとに実践を省察する力をつける

一時間一時間の細切れの授業の記録では、子どもたちの学びの実際とそのストーリーのつながりを描くことはできません。単元を通して子どもたちに培う力を構想する中で、子どもたちが何を考え、どんな活動をしていくのかを教師はデザインしていき

[3] この教具は可視化のためだけに単発的に使用するのではなく、子どもたちが「主体的・対話的な学び方」を身につけるために年度当初から計画的、継続的に活用していく必要がある。1年間を通して学び方をどのように発展させていくかを授業者がデザインする中で活用していくものである。

ます。授業という営みはその時々の状況によって変化するものなので、教師が半ば無意識に行っている思考や動き、そして子どもたちの学びへの支援がたくさんあります。実践記録を書くことによってこれらを文字化していくことで、**教師の実践の「ワザ」を可視化する**ことが可能になるのです。

ただし、学級にいる子ども一人ひとりに学びのストーリーがあるので、すべての子どもの学びを教師が全時間追っていくのは不可能です。そこで、特定のグループや子ども個人の学びを丁寧に追いかけていくことが肝要になります。このグループは教師の意向に沿う良いグループではなく、多様な個の学びが見られるグループを見取っていきます[4]。それでも、子どもの思考の流れをつかむことは容易なことではありません。しかし、子どもの思考の流れはつかみにくいからこそ、子どもの様子を丁寧に見取り、記録を取り、子どもの学びに寄り添おうとする姿勢が教師にとって大事になるのです[5]。そして、グループや子ども個人の学びを見る目が養われると、学級全体の学びの様子を「つぶさに」つかむことができるようになっていきます。

このように実践記録は、学習者である子どもの視点で授業を振り返ることで子どもの学びの軌跡を明確に浮かび上がらせて、そこから、授業者の想いと子どもの学びの実態とのズレを発見し、学習課題の質や展開、手立てや支援等を省察し再構成することにつながっていくのです。

[4]「できる子」「目立つ子」だけでなく、「発言はあまりしないがじっくり考えている子」「苦手としている子」「発言はするが深めていくのが苦手な子」など、多様な学びを展開できるグループに着目するとよい。

[5] なぜなら、教師は子どもたちの学びを想像して、授業をデザインし子どもたちとともに手を取り合って共に授業を創っているからである。

■**実践記録を読み解く**

実践記録は書き上げて終わりではありません。**実践記録を書いた後が大切**になります。実践記録にはその書き手である教師が授業改善に挑戦し、授業を変えていくストーリーが凝縮されているので、この実践記録を読み合う場が大きな学びの場となるのです。授業者である教師も自らの実践を語り、実践を見ていない聴き手もその実践に寄り添いながら、授業者の想いを共有していきます。そうすると、実践記録に描かれていない部分を授業者が言葉で補足したり、授業者自身では気がつかない授業の実際の様子を聴き手に尋ねられたりすることで、授業者はもう一度実践デザインを編み直し、**授業の価値を再認識していく**ことができるのです。授業者自身では描ききれなかったその時々の想いや授業デザインを変更した理由や子どもの学びの姿や変容を、聴き手の読み解きの中から再認識することができます[6]。そして聴き手は、授業者の実践とその想いに寄り添っていくことで、授業の単元デザインの工夫や手立て、子どもの学びを見取るワザ等、多くの学びを得ることができるのです[7]。

このように、実践記録はその書き手である教師が授業改善に挑戦し、授業を変容していく姿が凝縮されているストーリーなのです。だからこそ書き続けることが大切になります。年に一単元の実践をじっくり書くことで十分です。その蓄積が次第に子どもの学びを中心にした書きぶりになり、それに伴って自分自身の授業が子どもの学びをもとに展開されることが実感できるようになるのです。

〈森田史生〉

[6] 聴き手からの問いかけによって、授業中に何気なく行っている発言や手立てなどに価値が見出されてくる。

[7] 【授業実践】－【実践記録を描く】－【実践記録を読み解く場】を軸とした校内研究のサイクルの参考として、福井大学教育学部附属中学校『研究紀要44号』(エクシート2016)237頁参照。

コラム　教師が授業を極める機会＝授業研究が学校を救う――働き方改革に提言

私は若い頃、あこがれの先輩教師の授業を積極的に参観して学習課題や発問の仕方を学び、そこにオリジナル性を加えながら授業改革に取り組んでいました。そして中堅になると、好んで研究授業を行うようになりました。そこで、参観者の先生方に評価いただいたり、時には失敗を指摘されたりすることが刺激になり、心地よかったことをよく覚えています。

ベテランと呼ばれる年齢に達してからは、授業実践の公開はもちろんのこと、若手教師の授業参観を進んで行っています。教師の力量形成の場としての授業研究が、若手教師の成長の支えになるとともに、ベテランである私自身も経験を若手教師に伝え、若手教師と対話することで学びが多いことを、このところ実感しています。

ところで昨今、働き方改革が教育現場でも叫ばれています。学校行事や部活動のあり方の見直し、事務処理の軽減化等の取り組みが始まっています。しかしその中で、教師の勤務時間を削減したり、空き時間を確保したりしようとするあまり、授業研究会の時間を削減するといったことが度々耳に届いたり実際に散見されたりします。

そもそも教師の働き方改革は、教師の負担を減らし、生徒と向き合う時間を多く確保することを目的としています。しかし、その取り組みとして、校内研修の削減、さらには事務処理を行うための空き時間の確保まで検討されることがあります。空き時間に同僚の授業を参観する、その授業の参観記録を書く、放課後に授業研究会を開く、これら私たち教師の力量形成と同僚性の高まりを支える実践が、「働き方改革」の名の下で危機にさらされている現実があるのです。

生徒と向き合う時間の確保は教師自身の授業力向上から始まります。授業こそ最も生徒と向き合う時間です。教師が生徒と向き合う授業は生徒指導の要素を多分に含み、生徒のあらゆる成長を促すのです。教師が授業を極める機会を削減することは、学校の機能を失うことと言っても過言ではないでしょう。

教師の学びと生徒の学びは相似形です。互いに学び合う協働のできる学校づくりこそ、働き方改革の第一歩なのです。多忙化解消は、互いに授業研究会等の学びを通して同僚性を高めることによる多忙感解消からはじまるのです。授業改革こそが学校と教師の終わりなき使命なのです。〈髙間祐治〉

Ⅳ　授業研究の実際

ここからは、小学校・中学校・高校の実際の教室を訪れ、授業研究の一連のプロセス――授業のデザインと実践、記録と分析、協働の省察と再構成――を体感していきます。それぞれの教室にいる授業者の先生、子どもたち、そして参観者と出会い、授業と授業研究の世界を協働で探究し、その奥深さと魅力を味わっていきましょう。

【小学校編】

鯖江市豊小学校
五年生・社会科
単元　わたしたちの生活と工業生産
「これからの工業生産とわたしたち」

「鯖江のめがね産業は、何に力を入れていくと発展していくか」

授業者　森﨑岳洋 教諭
児童　女子11名　男子15名

4－1 ふるさとの産業について子どもたちが価値判断する授業のデザイン――鯖江のめがね産業は何に力を入れていくと発展していくか

私は教職に就いてから前年度まで中学校で四年間勤務したのち、福井県鯖江市の小学校に異動しました。ところで、「鯖江市」と聞いて何を思い浮かべるでしょうか。鯖江はめがね産業の盛んな地域で、全国のめがねフレームの九割以上を生産しています。私はこの「めがねのまち鯖江」に勤務し始めたことから、めがね産業の現状を扱う授業実践を考え、「国際社会の中で日本の工業が生き残っていくためにはどうすればよいのか」という、これからの日本の工業生産の行く末を鯖江のめがね産業から子どもたちと追究していく教材研究に取り組みました。また、子どもたちにとって身近なめがね産業を考えることは、地域の現状をより的確に捉え、具体的な課題を認識することができ、ふるさとへの愛着が深まると考えたのです。

子どもたちは三年生で地域教材としてめがねづくりについて学習し、めがね関連企業を校外学習で訪れていることからめがねは彼ら／彼女らにとって身近な工業製品になっています。

■本時に至るまでの子どもたちの学びの履歴

単元の導入としてめがねについて知っていることを子どもたちに尋ねてみると、「鯖江でたくさん作っている」や「特にフレームをたくさん作っている」等、三年生での既習事項を覚えているような発言がありました。そこで、「鯖江のめがねの**売り上げ**はどうなっていると思う？」と子どもたちに尋ねると「もうかっている」、「たくさん売れている」という反応がありました。子どもたちは**鯖江のめがねは有名だからよく売れているのだ**、と考えていたのです。そこで、「福井県のめがね製造品出荷額等の推移」（巻末付録小学校編資料1）を提示しました。鯖江のめがね産業の出荷額は2000年以降減少傾向にあり、ピーク時と比べて、半分程度になっています。子どもたちはこの資料から気づくことやわかること、疑問に思うことを挙げていきます。子どもたちは「１９９２年は１２００億円近くあった」、「２０１１年が一番少ない」、「徐々に（出荷額が）減っている」と発言し、さらに「出荷額が減っているのはどうして?」という疑問も出てきました。そこで、**鯖江のめがね出荷額が減ったのはなぜか**という課題を子どもたちと考えることにしました。すると、子どもたちから「日本のめがねは**格好**悪いから」や「**人気**がないから」という予想が出てきました。子どもたちはめがねのデザインを出荷額減少の一因と考えたようです。

私は子どもたちの考えをさらに広げるために、めがねをかけている子どもに「そのかけているめがねは**どこで作られた**の?」と尋ねてみました。その子どもは「**チャイナ**って書いてあります」と教えてくれたので、さらに値段を尋ねてみると1万円をきるめがねとのことでした。そこで私は、「日本製と外国製のめがねの価格比較と人件費の違い」（巻末付録資料小学校編資料2）から日本製のめがねは先ほどの子どものめがねより高いことを説明し、子どもたちに鯖江のめがねの出荷額減少の大きな理由として、外国との価格競争という要因を意識してもらいました。そして、子どもたちに消費者としての実感をもってもらうためにA ３万９８００円、B ２万円、C ５７００円、D ４９００円の四つの異なる価格のめがねからどれを選ぶか考えてもらいました。すると、ほとんどの子どもが価格の安いCとDを選びました。

このように、私は子どもたちの「**生活経験**」と「**教科の内容**」をつなぐように学習課題をつくっていきます。子どもたちが鯖江のめがねの売り上げについて生活経験の中から素朴に考えていることを引き出し、そこから資料を検討して現実を確認しながら「なぜ考えていたことと違うのだろう?」という疑問をもってもらいました。この子どもたちから生まれた疑問を学習課題にして、「生活経験」と「教科の内容」を行き来しながら学習を進めていくのです。この行き来をデザインすることが、単元を通して子どもたちの学習意欲の高まりと継続に結びつくと考えているのです。

次に、鯖江のめがね産業の未来を考えるために、福井県めがね協会の方へのインタビュー映像を見ました。この映像では、日本のめがね産業が中国等の外国製の安価な商品によって売り上げが減少していることが説明されます。それでは、売り上げが減少している鯖江のめがね産業を立て直すためにはどうしたらよいだろう、という新たな疑問が子どもたちから浮かびます。そこで私は、本時の実践につながる**鯖江のめがね産業は何に力を入れていくと発展していくか**という学習課題を子どもたちに提示しました。そして、子どもたちに「めがねづくりに対するさまざまな意見」（巻末付録小学校編資料3）を手がかりに、鯖江のめがねづくりで何を重視すべきか考えていきました。資料に示した各社長の主張は要約すると〔価格〕、〔環境への配慮〕、〔デザイン〕、〔かけ心地〕の四項目に分類できます。考える際に用いた思考ツールが「ダイヤモンドランキング」（図Ⅳ-1）です。このツールを用いて順位づけすることによって子どもたち自身が重視したい項目を視覚化できると考えました。まず、子どもたちに四項目の順位づけを個人で考えてもらった結果、〔価格〕を一位としたのは6名、〔環境への配慮〕を一位にしたのは4名、〔デザイン〕を一位としたのは2名、〔かけ心地〕を一位としたのは14名でした。それぞれの理由は、〔価格〕「**安いめがねでも性能がいいめがねがあると思うから**」、〔環境への配慮〕「**地球にやさしい**めがねができるといいと思ったから」、〔デザイン〕「安くても**格好**悪ければ買わないし、**デザイン**がいいと買いたいと思うから」、〔かけ心地〕「**かけ心地**が悪いとすぐ変えたくなるから。私は自分のめがねをかけ心地で決めました」というものでした。

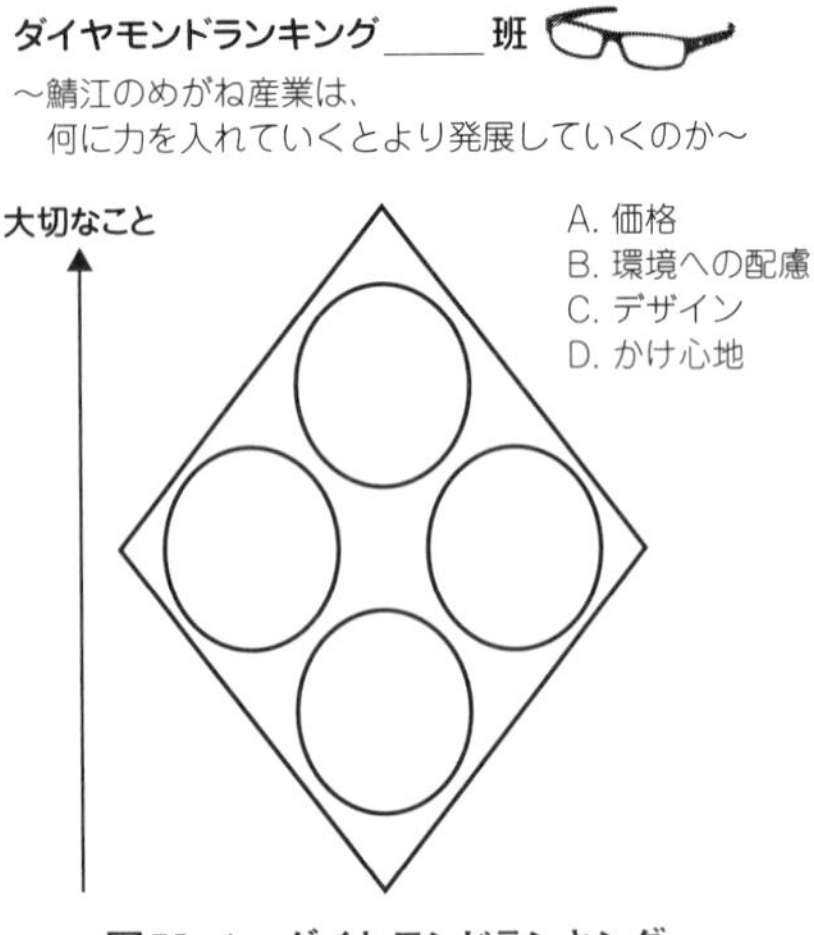

図Ⅳ-1　ダイヤモンドランキング

■本時のおおまかな計画と実際──協働学習と全体共有による意見の吟味

前時の振り返り後、**鯖江のめがね産業は何に力を入れていくと発展していくか**という課題と四項目を確認し、生活班でのグループ活動でホワイトボードを活用しながら項目の優先順位をダイヤモンドランキングで考えていきました。このグループ活動では、ある班はこれまでの学習や生活経験を踏まえ、「かけ心地が良いと愛着がわくし、安いとすぐに壊れてしまうから」という意見を出します。また、別の班では、めがねを使用している子どもが自分自身のめがねのかけ心地を友達に紹介します。価格については、1万円のめがねを高いと言ったり、4万円までならお金を出すと言ったりする子どももいて、価格に対する感覚はそれぞれで異なるようです。デザインについては、重視しない子どもが多く、めがねのデザインを重視するという感覚は子どもたちにはあまり実感が伴わない様子です。

グループ活動後に**学級全体で各班の意見を共有**します。まず、〔かけ心地〕を重視する五つの班から理由を発表してもらい、「**かけ心地**がいいとずっと**長い間使うことができる**から毎年買い替えるよりもいい」や「デザインよりかけ心地のほうが大切」という意見が示されます。一方で〔環境への配慮〕を重視する二つの班は「**リサイクル**できることが大切」と主張します。一つの班は〔価格〕を重視し、「これから**外国産が多く**なって〔国産は高いから〕誰も**買わなく**なってしまう」という意見を述べます。

全班の発表が終わったので、各班の発表に質問がないか尋ねると、かけ心地を優先した三班に質問が出ます。「三班はかけ心地に**いくらまで**〔お金を〕出すんですか?」という質問に対して、三班の子どもは「**1万円**」と答えます。その答えに他の班の子たちから「**安い**」という声があがります。

次に、参考意見として福井県めがね協会事務局の方による今後の方向性についての**インタビュー映像**を視聴します。最後に、学習課題に示した問いに対する**一人ひとりの考え**をワークシートにまとめて授業を終えます。

〔森崎岳洋〕

4-2 互いの考えを交わしながら生活経験を問い、考えていく子どもたちの姿——子ども同士の相互作用のもつ意味

【視点】
子どもたちの言動を見て取ることができるよう、顔の見える位置に立ち、特に班で話し合う場面では邪魔にならない程度に声の聞こえる位置まで近づいて参観しました。参観記録には見聞きした言動をなるべく克明にメモしておき、記録を整理する過程では、子ども同士の相互作用にどのような意味があったのかという問いのもとで振り返り、捉え直しました。たまたま目の前にいた一つの班を追い、三人の相互作用から見えてきたことを記述していきます。

■自然に言葉が交わされる教室の空気

授業が始まる前、森崎先生が「始めますよ」と言うと、子どもたちは笑いながら「まだ早いですよ」「先生が一番緊張しているんじゃないですか」などと応えます。授業が始まり、鯖江のめがね産業が力を入れるべき視点四つが確認され、今日の活動が伝えられました。私は、目の前の六班の三人を追いかけて観ることにしました。小林さんが書く役割を申し出た後、すぐに「Dかけ心地」が一番大事、次は「B環境」だと話がまとまります。

教室には、子どもたちが構えずに**言いたいことを言える雰囲気**が感じられました。すぐにグループの態勢になり、自分たちで役割を決めて話し合っていく姿から、こうして**言葉を交わし合う授業**が日常であることがうかがえました。

■価格の低さを重視するか否か、分かれた意見を吟味する

三位四位をめぐって意見が割れます。「値段大事でしょ。6万円のめがね買うか?」と**価格の低さを重視**する鹿野さん。それに対し「(最下位は)やっぱりA(価格)やな。一か月で壊れたら困るから」と安くて壊れたら困るので**価格の低さは優先しない**という

曽我くん。「どっちにするか**迷う**」という小林さん。曽我くんが「はなちゃんが決めたら?」と言うと、小林さんは「私頭悪いし」と言い、鹿野さんが「みんなで話し合わないと」と、話し合いが続けられます。

鹿野さんが三位をA（価格）にすることを主張すると、小林さんが理由を問います。鹿野さんは「買ったとするよ。5、6万するかも。買う?」と尋ね、小林さんは「買わん」と答えます。一方で、曽我くんは「安かったら壊れるかも。5000円の。」と言い、それに対して小林さんは「二か月くらいは持つんじゃない?」、鹿野さんは「売るんならもう少し丈夫やない?」と反論します。残り時間が迫ってきて、小林さんは「一番下A（価格）にする?」と言います。鹿野さんは「えー」と声をあげ、曽我くんが「やっぱC（デザイン）じゃない?」と言い、混迷を極めてきました。

小林さんは「私頭悪いし」と自己評価を表しながらも、二人に考えの理由を**問い**、思ったことを率直に**答え**、二人から具体的な考えを**引き出して**いきます。しかし、書く役割を担っていたせいか、時間が近づいてくると、**早急に結論を迫る**ような姿も見えました。また安易に多数決を示唆する曽我くんや、話し合わないといけないと窘《たしな》める鹿野さんの姿からは、班で話し合ってランキングを決めることが目的化しているようにも見えます。**ランキングを考えることの意味**やそれを**班で話し合うことの意味**がどのように共有されてきているのか、確かめたい思いをもちました。

■互いの生活経験に基づいた語りから合意形成へ

班の様子を見にきた森崎先生が「高くてもいいんけ? **いくらまで出せる?** 値段よりかけ心地っていうなら」と尋ねます。曽我くんが「6万。3万で。」と答えると、先生は「はなみやったら? いくらなら買う?」と尋ねます。鹿野さんが「安いと余計心配になる」と言うと、先生は「それも理由で書いて」と言って去りました。

値段の話から、鹿野さんが「**10円のスナック菓子**買う? **10円のタイヤ**は?」と尋ねると、二人は「買う買う」と言います。鹿野さんは「**偽物**かもしれない」と安いことによる質への不安を口にします。結局決められないまま、曽我くんが「先生決まりませんし。一番下が」と言うと、先生は「6万で買うんやろ。」と言い、曽我くんは「3万」と返します。小林さんが「じゃ、一番下A（価格）にする？　A（価格）でよくない？」と話を収めていきました。

鹿野さんが「理由書くよ」と引き受けます。「一位はD（かけ心地）です。わけは」と書きかけると、小林さんが「4万、5万するけど」、曽我くんが「二年間とか使えるからいいと思います」と言い、「高くてもかけ心地がいいとずっとかけられるからです」とまとめられます。鹿野さんが次に「四位はA（価格）です。わけは、安いと、壊れるかもしれない」と言うと曽我くんが「安くてすぐ壊れると一か月くらいで、もし一か月で壊れたら一二か月で…」と言い、「はやくこわれていっぱい買ったらお金が多くかかるかもしれないからです」とまとめられました。

価格の低さを重視していた鹿野さんが、曽我くんとやりとりする中で、森﨑先生に「それも書くように」と促されたことも関係するのか、**価格の低さを追求しすぎてもよくないと認識するようになった姿**が見られます。その過程ではスナックなどの例が挙げられ、自分たちの**生活経験を根拠に判断**がなされていきました。高額すぎると買えないが激安でも不安だという、**消費者としての感覚**が表れていたと言えます。一方で曽我くんは一貫して、安いと壊れると主張し、先生とのやりとりを経て3万円が妥当だと言うようになりました。その根拠は、6万円では高いし5000円では安すぎるという彼の**金銭感覚**のようにも思われます。子どもたちからこうした感覚が語られながらも、十分議論を尽くせず、最終的には時間内にグループで順位を決めることに迫られたようにも見えました。

■他の班の意見を取り入れる

各班での発表では、かけ心地を一位にした理由が「いろいろな**人に勧めてくれそう**」（五班）「**ずっとかけられて**、かけているのを忘れるくらい」（二班）等、売り手や買い手の視点から挙げられました。環境を一位にした班は「**リサイクル**すれば使っていためがねがまたかけられる」(一班)などと発表し、価格を一位にした班は「日本のめがねなら**安いめがねでも性能のいいのがある**」(七班)と発表しました。

鹿野さんはワークシートに「DABC⇓DBAC」「価格が安くてもかけ心地が悪いと買い替えると思う」「二位と三位は**一班のおかげ**で変わりました」等と書いていました。曽我くんは「DCBA⇓DBAC」「(一位の)理由はさっきと同じ」「二位は**一班のわけ**でリサイクルに出せば何度でも使えるのがいいと思いました。三位は**七班ので**なりました。四位はみんながCを四位にしていてそのわけをきいていると納得しました」等、小林さんは「ADBC⇓DABC」「**五班と一緒で**理由はかけ心地がいいといろんな人に勧めてくれそうだから(一位はD)」等と書いていました。最後に、めがね協会の方が語るビデオを見て、「上位二つ選ぶなら」という先生の問いに答え、終わりました。

ワークシートからは、子どもたちが**他の班の意見を非常によく聴いて**おり、それらを**取り入れて考えを変更**していることが見て取れました。**自分の班では出なかった視点に触れ、気づかされたり、納得したり**したのだと思います。

三人が意見を交わす中で、自分たちの経験や感覚を問いながら合意していき、多様な視点で考えていく過程が捉えられました。一方で、消費者としての視点だけでなく作り手・売り手の側に迫り、そもそもの価格設定や利益のあり方など問いを拓き、探究していく学習につながるとより面白いのではないかと考えさせられた授業でした。

〈岸野麻衣〉

4-3 個の考えをもち、他者の考えを知る子どもたち——価値の葛藤は？

【視点】

授業では、一番後ろの班の子どもたちのそばで彼らが発する言葉や身体の動きから、一人ひとりの考えがどう表現され、深まるかを読み取ろうとしました。小学校教員だったときに多くの克明な授業記録をいただき、自分では見えなかった個々の子どもの姿が明らかになることが嬉しかった経験があるので、私も授業記録をお伝えして共に考えていきたいと思っています。教科の授業では、子どもと先生のやりとりから、問いの意味について、自分の専門である科学教育と対比して考えることも多いです。

授業は「鯖江のめがね産業は何に力を入れていくといいいか」について、A（価格）B（環境）C（デザイン）D（かけ心地）という四つの価値を考え、子どもたちが工業生産についての考えを深めることがねらいとなっていました。事前に各自が記入したダイヤモンドランキングのワークシートをもとに班で話し合い、各班からの発表を聴き合い、めがね会社の方のインタビュー映像を見た後、もう一度自分の考えを見直すという流れで授業が進みました。

【場面1】 三人の考えを知り、班で一つの考えとするには

授業の始めに、各自が考えてきた一位と四位を班で話し合う課題がクラス全体で確認され、三班の翔太さん、宏さん、優子さんは、早速机を向き合わせて話し合いをはじめました。

翔太さんが「説明、誰がする？」と問いかけると、宏さんは「時計回り、読んだほうがいいよ」と言って、回し読みをしようと提案します。優子さんも「いいと思う」と言って自分のプリントを手渡し、3人とも黙ってプリントを読み始めます。一位は三人ともD（かけ心地）で、四位は翔太さんだけがA（価格）、あ

との二人はB（環境）でした。翔太さんが最もたくさん理由を書いていました。3人とも読み終わると、翔太さんが「どれにする?」と問いかけました。**議論はしないで、誰か一人のものを班の意見にする、という考え**であることがわかりました。

宏さんが「自分のダメだよ。いっせいのせで」と声をかけ、「いっせいのせ」で、宏さんと優子さんは翔太さんを指さし、翔太さんは宏さんを指さしました。優子さんは、二対一で決定!という感じで手をぽんぽんとたたき、「すごいやん」と言いながらホワイトボードを手にとって翔太さんが書いた理由を書き写し始めました。こうして、**理由を一番たくさん書いていた翔太さんが選ばれ、班の意見となりました。**

優子さんは「もう少し大きく書く?　誰が読むの?　大きな声で読まんと」と言いながら書いていきます。さらに、少し不安そうに「うまく理由言える?　みんな違う」と二人に問いかけます。翔太さんは小さな声で「もし、あそこで言うことになったら、適当に。なんとかなる」と言い、宏さんは「翔太なら大丈夫」と言い、二人とも書き終わるのを待っています。翔太さんは、三人の意見をまとめて発表することも期待されているようでした。途中「どう?」と尋ねてきた森崎先生に、優子さんは「Dもいいけどじもいい。デザインも綺麗だからいい」と答えました。初めて、内容に関する発話となりましたが、話はそれ以上つながりませんでした。

三人が**気兼ねなく友達と考えを見せ合い、お互いの考えを理解しようとする姿**が印象的でした。班長の宏さん、意見を出した翔太さん、書いた優子さんと仲良く協力して分業していましたが、それぞれの考えや理由を話し合う場面はほとんど見られず、**意見のぶつかり合いや価値の葛藤**が生まれているかどうかは、わかりませんでした。

【場面2】 四つの価値に順位をつける――価値の葛藤を生み出す

各班からの発表では、ダイヤモンドランキングで一位や四位を選ぶ理由として、「**安くてもかけ心地が悪いといや」のように二つの価値を比較している場合**と、「かけ心地が良ければかけていることも忘れる」

のように、単にその価値の良さを言う場合がありました。森﨑先生の問いかけでも「かけ心地が良ければいくらでも出す?」と価値項目を比較する問いかけと、「デザインは重視しない?」という単純な判断を聞く場合がありました。

森﨑先生の言葉から、**四つの価値の中で「かけ心地」と「価格」を比較すること**が強調されているようにも感じました。いずれにしても、ここで議論されるのは、商品の選び手としての価値判断で、子どもたちは自分の経験や家族の経験等をもとに判断しているようでした。

科学教育でも、「比較」は小学校から段階的に学びますが、最も単純なのは観点が一つで選択肢が二つの場合です(たとえば、値段が高いか安いか)。その後、同じ視点で三点のデータを数値で表し、比例等の二つの量の関係を明らかにしたり、複数の観点のある事象については、二つの観点に着目(条件制御)したりしてさまざまな量の関係を学びます。ただし、数値や量ではなく**価値を比較すること**、しかも**四つの観点(比較する軸)そのものを比較すること**、またそれを言葉で表現することがいかに高度なことか実感しました。ダイヤモンドランキングの結果を交流して、それぞれの価値の葛藤を明確にして議論することはとても難しいことでした。本時の授業では、いろいろな意見があるのだなと感じ、友達の意見や発表に子どもたちが**敬意をもって理解しようとして聴くことそのもの**が目指されていたのかなとも思いました。

【場面3】 現実のインタビューから読み取ることの難しさ

発表を受けて各自が考えを修正した後、鯖江のめがね協会事務局の方のインタビュー映像を視聴しました。子どもたちは映像から流れる言葉を一生懸命に聴いていました。映像を見た後「デザインが良くて、かけ心地も良いものを、と言っていましたね」と森﨑先生が確認し、子どもたちの活発な発言が続きました。「デザインが良くて、素材も」というつぶやきも聴こえてきました。このインタビュー映像では、開発者の現実の文脈の中から、安い外国産と同じようにA(価格)で勝負するのではなく、D(かけ心地)とC(デ

ザイン）という付加価値をつけることを読み取ることが期待されていたように思います。どちらも「品質」という価値と考えられます。

ただ、森崎先生の「なんで外国製なの？」という問いかけに対して「いい製品が作れない、日本では」、また「鯖江ではどんなものを作ればいい？」に対して「安いもの」という声も響きました。インタビュー映像から、安い外国産に対抗して『少し高くても品質の良いめがねを作る』という**戦略を読み取ること**は、子どもたちには難しかったのかもしれません。最後に、話し合いや発表を受けて4つのダイヤモンドランキングをもう一度見直し、二つを選ぶという課題が出されました。このとき、三班の三人がみな、もともと一位に選んでいたかけ心地に価格を付け加えていたことからも難しさがうかがえます。

インタビュー映像から必要な情報を聴き取る（選び出す）の難しさもうかがえました。これは、理科において日常生活の現象から科学の法則を導き出すのに似ていると感じました。**問題は現実世界の中に複合的に存在しており、その中から深めたい内容を切り出す**ところに小学校高学年の難しさと科学への入り口としての意味があると思います。社会科でも、現実の文脈の中から価値の葛藤を見出し、切り出しながら議論することが求められていくのではないかと思いました。

授業全体を通して、自分の考えを書き、友達にわかってもらえるように発表し、自分とは違った意見を聴いて、自分の考えをもう一度ふりかえるという、**考えの表現・交流・省察の活動**があり、また**子どもが意思決定する姿**がたくさん見られました。自分たちの住んでいるまち、担任の森崎先生が実際のめがねという身近な産業を取り上げ、担任の森崎先生が実際のめがね開発者にインタビューする映像を見て、自らも価値判断をしてそれを交流するという社会科の学習は、資料を読み取るだけではなく、**現実の問題として実感でき、わくわくする学習**だったことでしょう。しかし、現実世界から問題を切り出して**価値の葛藤に気づかせることの難しさ**も感じる授業でした。こうした経験を積み上げながら、社会的な問題を見出し、解決法を共に考える子ども達が育っていくのでしょう。

（石井恭子）

4-4 授業における子どもの経験世界の彩りとそれを拓く教師と仲間の存在――サバイバルからの脱却を目指して

【視点】
私は本時で、先生と友達の言動にすばやく反応する一人の男の子に惹かれ、彼の学びを追って授業を参観しました。彼の学びの過程を手がかりに、授業における子どもの経験世界を探りながら、その世界を支え拓く教師と仲間とのかかわりについて考えていきます。なお、一斉指導場面では教室前方から、協働学習場面では子どもの真横から授業を参観しました。また、本時は森﨑先生にとって初めての小学校での授業公開でしたので、森﨑先生の挑戦を支える協働研究者としての立場で参観に臨みました。

授業は前時に学習した「福井県のめがね出荷数の推移」を確認するところから始まります。ここで、ひときわ元気で自発的に発言する男の子が私の目にとまりました。勇気くんです。たとえば森﨑先生が「鯖江のめがね産業は何に力を入れていくといいか、項目が四つありましたね」と学級全体に確認すると、彼はすぐに「かけ心地！」とか「値段！」と大きな声で応えるのです。私はその様子を見て「なぜ彼は反応が早いのだろう」と素朴な疑問を抱き、彼の学びを追うことにしました。以下、班活動場面から勇気くんの学びのエピソードに沿って授業を見ていきましょう。

知りたい・認められたい

勇気くんは翼さんと文《ふみ》さんと組む五班です。三人共通して〈かけ心地〉を一位に、勇気くんは〈デザイン〉を四位にしています。文さんが「四位はデザイン？」と尋ねると勇気くんは「デザインなんて意味ない！　環境のほうが大事だ！」と返答します。文さんは転じて「なんでかけ心地が一位なの？」と尋ねますが、勇気くんは「もうそんなものはない」と言って口を閉じてしまいます。文さんはノートに自分の意見を書くと、勇気くんは**身を乗り出して**文さんの文章を読みます（写真Ⅳ－１）。次に、翼さんがホワイトボードに五班の意見を書き始めると、勇気くんは「オレの出番がない！これくらいさせてくれ」と言ってホワイトボードを引っ張ります。すると文さんが優しく「みんなで考えよう」と言います。勇気くんはハニカミ、**小さく頷いて**ホワイトボードを戻します。

文さんから二度理由を尋ねられたとき、勇気くんがやや強い返答をしたのは、この後に身を乗り出して彼女のノートを読んだことから（理由を明確にもっていなかったため）と推察されます（ワークシート理由欄も空白でした）。ただし、この身を乗り出すという行動は（理由の書き方を知りたい）という意欲を反映しているとも言えます。また「オレの出番がない！」発言には、**授業で活躍して先生や友達に認めてもらいたい欲求**も垣間見えます。勇気くんの友達へのかかわりは一見するだけだと心配に思えますが、じっくり見ると彼が一生懸命に学ぼうとしているのがよくわかります。また、文さんの声かけが勇気くんの世界を揺らし、気持ちを和らげもしました。これはほんの数秒のやりとりでしたが、仲間の存在とかかわりが個人の学びに向かう思考と情動状態を整えてくれる象徴的瞬間と言えます。

写真Ⅳ－１　身を乗り出して

論点を読み、正解を探す

各班の発表が始まります。四班から「安いめがねですぐに壊れて修理代で２万円した」と話題が出ると勇気くんは「修理代で２万円は高い」とつぶやき、二班が（デザイン）を四位にしたと聴くと翼さんに自分の意見と同じだと言います。また、彼は三班の意見を聴き「どうして値段を〔四位に〕選んだ？」とつぶやき、三班の社会科好きの男の子が「値段は大事だ」と言うとそれを復唱します。森﨑先生が「最大いくらまで出す？」と学級全体に問うと、勇気くんは「最大で3000円までなら出します！」と言い、周囲の笑いを誘います。

このように、勇気くんは友達の発表をよく聴き、一つひとつに自分の意見を重ねて応答しました。そしてここでは、彼の関心が〔価格〕に傾き始めたこともわかります。これは、自分で購入可能なめがねの価格を考えることが面白かったことに加え、一連の発話から**森﨑先生の関心**が〔価格〕にあり**授業の論点**と推測可能なため、さらに**社会科好きの友達**が〔価格〕の重要性を示したためと推察されます。つまり、この場面での勇気くんの様子から、彼が学びによく没頭しているという側面と、**教師の意図**を読み取ってそれに沿った「**正解**」を**探索**しているという側面の両方がうかがえるわけです。なお、後者の側面は授業終盤のインタビュー映像視聴場面で再度見受けられました。めがね協会事務局長が〔デザイン〕について言及すると、勇気くんは「じゃあ一位はデザインじゃん」とつぶやいたのです。

受容・安心・喜び・協働・変化

発表最後の七班は一位を〔価格〕にし、その理由を〔外国との競争に負けないため〕としました。その後の質問タイムで勇気くんは「はいはいはい！」と勢いよく挙手します。森﨑先生は笑顔で「気になることある？」と確認すると、勇気くんは黙って頷き、「三班、お金をいくらまで出すのですか？」と丁寧に質問します。この質問をきっかけに教室中でめがねの〔価格〕について話し合いが起こります。続く個人でランキングを再考する活動で勇気くんは一位を〔価格〕に変え、森﨑先生が「誰の意見で変わったの？」と尋ねます。勇気くんは笑顔で「七班の意見」と応答し、森﨑先生は意見が変わった理由を書くよう指示します。勇気くんはワークシートに理由を書き込み「〔字が〕汚いけどオーケー」と言うと、翼さんがそれを覗き込み笑顔を送り、勇気くんも笑顔を返します。文さんも「変わったんだね」と感想を述べ、勇気くんは大きな笑顔で「七班の意見で変わったんだ」と応答します。
この場面ではまず、森﨑先生による笑顔を伴う確認がやや高揚した勇気くんの気持ちを落ち着かせました。また、森﨑先生のかかわりから勇気くんは意見を表明し、翼さんとの笑顔の交換、考えの変化に対する文さんの共感的な言葉かけによって、自分の意見を明確につくり書けたことを確信して喜びを見出したようです。**教師と仲間の受容的で共感的なかかわり**があると子どもは**安心**を感じ、**学ぶ喜びや楽しさ**を感じるのでしょう。この安心感や喜びに包まれながら、勇気くんは力点の第一位を当初の〔かけ心地〕から〔価格〕に変えました。この変化は先の発表場面で始まり、七班が示した理由に共感し、その後の活発な話し合いの様子を見て確定したと考えられます。この考えが変化したという事実から、**他者の意見を聴いて自分の考えを吟味し、自分の意見をつくって表現するという一連の学び**が勇気くんに起こったと言うことができるでしょう。ただし先述のように、この後にまた彼の意見が揺らぎます。そこには、唯一の「正解」を授業で見つけなければという焦りや不安が勇気くんの中にあるためかもしれません。

授業における子どもの経験世界はさまざまで、子ども一人ひとりの世界の彩りや理《ことわり》があります。私が本時で着目した勇気くんは、一生懸命に先生と友達の言葉に耳を澄まし、先生と友達の支えを受けて楽しく学んでいました。この意味で、彼の世界は暖色に包まれていたと言えるでしょう。その一方で、彼が先生の意図を読み取り、正しい答えを探そうとする様子もうかがえました。**教室のコミュニケーション**は「問い」から始まりますので、どうしても唯一無二の「正解」を追求したくなります。そうすると、子どもの経験世界は、概念を深く理解する学びよりも、**教師の意図**を探ってそれに沿う行動や解を見つけるサバイバルに転化しやすくなります。これを避けるために、子どもの焦りや不安を受容する教師のかかわり、仲間同士で互いに**認め合う学級の開かれた関係づくり**の必要性を森﨑学級が示してくれます。また、子どもの経験世界をより広げるため、多様な意見の交換から概念理解を図りながら、**創造性**や**批判的思考**を発揮する**授業デザイン**も大事な挑戦になると思いました。

〔木村優〕

4－5 対話から新たな視点を獲得する授業実践
――学びのストーリーを生み出す協働の学び

【視点】

　私は本時で、三人のグループに着目して授業を参観しました。意見が二対一に分かれた少数派の男の子が自分の考えを表現し、グループの合意形成の過程で、学びのストーリーが生み出されていく仲間とのかかわりについて考えていきます。なお、協働学習場面ではグループの真横から、学級全体の場面では教室後方より参観しました。森﨑先生と同じ社会科の教員として、社会科が目指す判断力を子どもたちに育むための授業づくりについて考える協働研究者としての立場で参観に臨みました。

■ランキングを通したグループの学び

子どもたちは「鯖江のめがね産業は、何に力を入れていくとより発展していくか」についてグループで話し合っていきます。前時から考えてきている「めがねづくりで重視すべき点」として、四人のめがね会社社長のA－Dの意見（表Ⅳ－1）をランキングしていきます。この四つの視点は、森﨑先生がめがね産業に従事している方からの聞き取りをもとに作成した独自資料です。それぞれの社長が重視している四つの視点をもとに考えることで、めがね産業を多面的・多角的に捉えていこうとする授業者の思いが伝わってきます。

　私は、教室右後の智くん、健太くん、恵さんの一班の学びを見ていきます。恵さんと智くんが向かい合い、健太くんが机を横向きに合わせたグループです（写真Ⅳ－2）。三人の話し合いは静かにスタートしました。三人はしゃべらずに自分の作成したランキングを中央に寄せて、お互い見合います。恵さんと智くんはBにしたかに関心があるようです。どれを一位を、健太くんはDを一位に選んでいました。「Bが多いね」と恵さんがつぶやき、智くんは「BかDやな」と言って、「けんたの理由、何?」と聞きます。智くんはBを一位にしていたので、Dを選んだ健太くんの

表Ⅳ-1　めがね会社社長A～Dの意見

社長A「値段で勝負」	社長B「資源を大切に」	社長C「デザインで勝負」	社長D「長く使える」
外国製に対抗して安い製品を大量につくる	環境にやさしいめがねをつくる	高値だがデザインを重視しためがねをつくる	かけ心地のよく長く使えるめがねをつくる

理由を聞くことから始まりました。健太くんは、「かけているんだけどかけていないようなめがねがいいと思う」とDを一位にした理由を言いました。健太くんのワークシートには一位のDと四位にしたCについての意見は書いてありましたが、Bについての意見を書いていなかったので、Bについての考えは言いませんでした。智くんは、「かけ心地も大事やもんな」「うん」と頷く健太くん。恵さんは「自然を大切にするか、使いやすさかだね」と答えます。恵さんと智くんから、**多数決で決めるのではなく、健太くんの考えも大事にしよう**とする様子が見られました。

次に智くんが資料を出し、三人でもう一度資料BとDを黙読します。智くんと恵さんの二人の会話が始まります。「リサイクルすると値段も安くてすむから、安さはBだよね」「Dは値段が高いよね」「高いとなかなか買えないし」「リサイクルがいいと思うんだけど」と。健太くんは会話に参加しませんが二人の意見を黙って聞いています。二人の会話が途切れて沈黙の時間が流れた後、智くんが健太くんに「**Bはいや?**」と聞き、健太くんは「いやではないよ」と答えます。だからBにするかと思って見ていると「あ～、意見が分かれて決まらない」と智くんがつぶやきます。

三人は打開点を見出せず、沈黙が続きました。どうやって違う意見から**合意形成**していけばいいのかがわ

写真Ⅳ-2　グループでランキング作成

からないのです。ＢもＤも利点があり、自分のほうが相手の考えより良いという決定打もなく、決定的なデメリットも見えてこないからだと感じました。三人ともＢもＤも利点があるという思いを抱き、一つに絞れず沈黙し停滞してしまうのです。森崎先生がグループに回ってきたときも自分たちの困り感を伝えることはしませんでした。するとここで**健太くんが「Ｂでいいよ」**とつぶやきます。智くんはにっこりして「いい？」と再確認すると、恵さんが安心したように一位にＢ、二位にＤと書き入れました。私は、健太くんが二人に妥協して同意したのかどうかつかめませんでした。学級全体発表が待っている場合、グループの合意形成に到達するかどうかは子どもたちにとっては大事なことになります。このグループの安易に多数決に流れないことから、日頃から丁寧にグループ学習を指導していることが見えました。

■健太くんの静かな学びのストーリー

森崎先生はグループのランキングシートを同じ順位のものから並べ、比較しやすいように黒板に貼っていきます。恵さんが「やっぱりＢが多いよね」と健太くんに声をかけると、健太くんは「**つけ足して言うわ**」と恵さんに言いました。私は、健太くんが単に妥協した合意でなかったのだと嬉しくなりました。この一言に健太くんの静かながら内面での学びが生まれていたことがわかるからです。健太くんが、発表の場で何をつけ足そうとするのか楽しみでした。発表はＤを一位にした班から始まっていきました。森崎先生は、各班の発表に感想や全体への問いかけを必ずすることで、各班の発表に意味づけを行い、発表への関心を持ち続けていけるように声かけをしていきます。

さて、一班は五番目に発表しました。智くんが一位の理由として「リサイクルすれば使っていたためがねがまたかけられるからです」と言い、その後やや沈黙して、恵さんが四位の理由を発表して終了します。健太くんの発言はありませんでした。全体発表が終わった後、森崎先生はもう一度自分のランキングを再考するよう指示しました。

健太くんの再ランキングを見ると、なんと**一位をＢ**にしていました。理由を見ると「Ｂにした。めがねを買ってこわれたら**リサイクルでもう一度めがねがつくれるから**。金属部分は金属にできるので、Dもつくれるかもしれない」と書いていました。これが、健太くんが言おうとしていたことなのです。健太くんは、グループの中で恵さんと智くんの会話から、「リサイクルすると値段も安くなっていいよね」という考えを自分の考えと融合させていたのです。健太くんの中で、Bの視点が**自分の考えに新たに加わったこと**が「つけ足して言うわ」の言葉だったのです。健太くんは話し合いに積極的に参加してはいませんでしたが、健太くんの中で話を聞きながらじっくりと考えた時間が流れて、Dという一つの視点にBの新たな視点を獲得して考えを再構築する変容と学びの深まりが生まれていました。

■**対話の学びの中で一人ひとりの学びを深める**

この授業参観から、学級の中で**一人ひとりに学びのストーリーがある**ことを改めて実感しました。グループで健太くんの意見が埋もれてしまったのは、ランキングの作成が活動の目的になっていたからです。しっかり意見交流してランキングを行えば個の意見がグループ内で共有されていくのですが、合意形成が前提になると一つの意見に集約する方向になってしまうのです。その中でも健太くんは、二人の考えを認めながら自分の考えを融合させ、発表しようとしました。彼の意見は表出されませんでしたが、グループや学級の対話の中で自分の学びをつなげていったのです。

今回はランキングの作成が最終目的ではなく、その活動を通して学習課題について思考して、表現して、**より良い価値を判断していく学び**を生み出すことでした。今回は四つの視点のランキングで考えていきましたが、「自分はこの視点がいいと思うけど、他の視点も含んで取り組まないといけないね」という四つの視点を捉えることで、価値を判断する力がついてくると考えられます。子どもたちが、ランキングのような対話を生み出すための多様な手法の経験を積む中で、課題を設定し、課題を解明するために「個⇔グループ⇔学級」と対話と協働の学び方を繰り返し行うことで、次第に**自分たちで学べる力**がついてくることが見える授業でした。

〈森田史生〉

4-6 多様な記録と現象解釈を介した授業研究会の意義――自身の授業の見取りに関する特徴の認識と洗練

■授業研究会のあらまし

２０１７年5月、森﨑先生によって行われた公開授業に関する授業研究会が開かれました。当日は、授業者である森﨑先生をはじめ、授業参観の有無を問わず学校の先生方や大学の教育研究者、教職志望の大学院生をあわせて二十名ほどが研究会に参加しました。多様な専門性や背景をもったメンバーによって語り合いが展開され、森﨑先生が実践した授業が丁寧に価値づけられ、授業中に起こるさまざまな現象が細やかに意味づけられていきました。

はじめに、森﨑先生が授業のおおまかな展開と単元を通した目標、協働学習によって子どもたちが作成したダイヤモンドランキングの結果を紹介し、授業者としてどのような願いとねらいをもって授業をデザインし、教材を作成したのかを語ってくれました。さらに、森﨑先生は授業の実践記録に基づき、本時で扱った鯖江のめがね産業が「地域教材」としてどのような価値があったのか、子どもたちが「**学びの必然性**」を感じて課題を探究したいと思っていたのか、「**価値判断**を取り入れた社会科の授業」として「なぜ？」、「どうして？」といった問いを通してより工業について深めることができたか、資料の選択は適切であったか、「**教師と子どもの感覚のズレ**」としてめがねの価格やデザインに対する価値観のズレがあったのではないか、といった複数の問いから実践の成果や改善点を実践の省察として示してくれました。この森﨑先生の実践記録に基づく省察の語りを踏まえ、参観記録が共有されていきました。

まず、木村優先生からはA4用紙計八枚にもなる参観記録が提示されました。そこでは、一人の男の子の四十五分間を通した学びの物語が彼の発言、行動、周りの友達と森﨑先生とのかかわりを通して具体的に描かれ、一つひとつの出来事の意味が根拠に即して解釈されていました。特に、木村先生ご自身が研究を進める教師と子どもの情動という観点から、安心、嬉しさ、楽しさといった**ポジティブな情動が溢れる授業**であったと本時が価値づけられました。また、小学校教師として新たな挑戦を始めた森崎先生を応援する木村先生の柔らかな**語り口**がとても印象的でした。

次に、石井恭子先生からは、森崎先生と子どもたちの発話のやりとりを記した詳細な記録が提示され、実際の発言を根拠にした子どもたちの**意思決定**のプロセスが語られました。また、石井先生の研究分野である科学教育の観点から、子どもたちが「数値」ではなく**「価値」を比較するという学びとしての高度さ**と、**ビデオ教材から情報を選び出すという学び方**が理科の実験での学び方と照らし合わせて検討できることが示されました。

■多様な記録を持ち寄って語り合うことの意義

私はこれまで、学校現場で行われる多様な授業研究会に参加してきました。そこでは、さまざまな授業参観・分析ツールを活用したり、グループワークを取り入れたりしながら、先生方とともに授業や子どもたちの学びのあり方について議論してきました。この私自身の授業研究の経験を踏まえながら今回の授業研究会で強く感じたことは、授業者と参観者がそれぞれの記録を持ち寄り、多様な記録の検討に基づいて、授業の総体やその中で生じる細やかな事象を意味づけ、語り合うということの大切さです。授業者による実践の記録と参観者による複数の見取りの記録が、連続性と一過性を同時に含む複雑な営みである授業とそこで起こる教師と子どもたちそれぞれの**物語**を映し出し、複数の物語が相互に交わっていくことで授業の世界が立体的に浮かび上がってくるのです。また、複数の参観者が同じ現象を見たとしてもその**解釈**が異なることはよくあります。授業における出来事や現象にたった一つの答えや真実は存在しません。授業では多様な出来事が局所的に起きます。授業の当事者である教師や子どもたち自身もその時々の出来事にいつも意識を向けているわけではありません。そのような出来事を参観者は、自身の専門職としての知識や感性に従って、解釈し意味づけていきます。また、授業研究においては、同じ出来事をそれぞれがどのように捉え、解釈したのかを互いに擦り合わせていくことが、授業という営みの意味理解につながります。多様な解釈や意味づけがあるからこそ、授業研究における見取りと分析はより確かなものになるのです。

また、授業者の省察に基づく実践記録と複数の参観者の視点に基づく参観記録が共有されることで、授業を参観していない参加者も実際の授業展開と子どもたちの学びの様子を容易に想像しながら、研究会での議論に参加することが可能になります。たとえば、本授業研究会に参加された大橋巌先生は、当日の授業を参観していないのですが、中学の社会科教師の立場から、記録に現れる子どもたちの学びの実際に基づき、ダイヤモンドランキングをはじめとした思考ツールの選択を教師が学習内容からしっかりと吟味する必要性を示してくれました。そして、社会科授業に子どもたちの価値判断の機会をデザインすることに挑戦した森崎先生を讃えたのです。また、私も教育方法学の研究者としての立場から、森崎先生の子どもたちへの温かく受容的な応答の様子に言及し、子どもたちが授業中に示す言語的および非言語的なさまざまなサインを教師が注意深く見取り、子どもたちの求めに応じながら授業を**即興**でデザインしていく教師の専門性の本質について語ることになりました。

さらに、授業研究会の議論の最中、木村先生が公開授業を撮影した映像を消音にして流してくれたので、話題となっている場面での子どもたちの学ぶ様子や森崎先生の子どもたちへのかかわりを確認することができました。これは、授業研究会の目的や内容に即して道具をうまく活用することの好例と言えます。

■見取りの特徴の認識と洗練

参観記録を持ち寄る授業研究会は、自分自身の授業の**見取り**の特徴を認識する機会になります。自己と異なる他者の授業の見取りや現象の解釈に出会うことで、半ば無意識的に行ってきた自己の授業の見取りの特徴に気づくことができるのです。私自身も参観記録を持ち寄る授業研究会に参加することで、授業において子どもたちが微細な行動や表情によって示すサインに強い関心（**レンズ**）があり、子どもの学びに参観の範囲（**スコープ**）と焦点（**フォーカス**）を合わせる特徴をもっていることを改めて認識することになりました。さらに、授業参観中の自己の関心が揺れ動き、参観の範囲と焦点が流動的に揺れ動くことも実感しました。

また、他者の授業の見取りと解釈はとても参考になります。授業参観や授業研究の初学者の方で、授業参観中に何を見ればいいのかと迷いや戸惑いを感じている方は、他者の授業の見方をまずは模倣してみてもいいでしょう。ただし、模倣し続けているだけでは新しい発見はありませんし、子どもの学びの見取りと現象の解釈も限定的になってしまいます。模倣から始めたとしても、他者の授業参観記録や語りを鏡にしながら、自己が授業に関心を抱いている現象に光を当て、その現象を探究するために自己の授業参観の視点をいかに調整し、刷新していくのかを考えていくことが大事になります。そして、複数の異なる**レンズ**と多様な角度から授業を照らすことで、授業の世界を構成する教師と子どもたちの関係の網の目や、教師の教えと子どもたちの学びの**時間的な広がりと奥行き**が見えてくるのです。

授業研究のプロセスとサイクルに実践記録と参観記録の作成と交流を組み込むことで、授業者にも参観者にも授業という営みの広がりと奥行きが見えてきて、授業の見取りと現象解釈が洗練されていきます。多様な記録に基づく授業研究はすべての参加者に実り豊かな学びをもたらし、それぞれの専門性開発を促してくれるのです。

〔藤井佑介〕

4－7 さまざまな視点で授業を省察し、今後の実践の可能性を広げる研究会

■授業実践を振り返って――子どもたちへ驚き／子どもたちとの感覚のズレ

私は今回の実践を通して、子どもたちの**既有知識**の豊富さにまず驚かされました。三年生時の社会科副読本での産業学習やめがね企業の校外学習、めがね企業で働いている保護者の方々の影響もあって、子どもたちはそれぞれめがねに対する強いイメージをもっていたのです。授業実践では、**鯖江のめがね産業は何に力を入れていくと発展していくか**という学習課題を通して、鯖江のめがね産業の未来について、子どもたちに**価値判断**をせまる授業を実践しました。

実践を振り返ってみると、子どもたちと私との**感覚のズレ**を感じました。問いに対する授業者としての私の考えは「**〔かけ心地〕と〔デザイン〕を重視**して、**外国産の安いめがねと差別化**を図ることで、鯖江のめがね産業は生き残っていく」というものでした。さらに「その差別化が鯖江のめがね作りだけでなく、**日本の工業製品の付加価値**につながっていく」と私は考えていました。

子どもたちはグループで考えた後、全体で発表しました。同じ意見のグループで多数派のグループから発表しました。多数派の意見としては、〔かけ心地〕を優先するグループが八つの班中五つありました。その理由の一つは、「安い値段でめがねを買ってすごくかけ心地が悪いのは嫌で、値段も下げて、性能（かけ心地の良さ）も下げるのは嫌だから」というものでした。また、〔かけ心地〕を一位、〔価格〕を四位にしたある班は「長く使えるとお金もかからないし、軽いことでストレスもかからないことが良いと思った。四位を値段にしたのは、二年ずつめがねを変えていくのだったら、ふつうに一個4～5万円のめがねを買ったほうが得すると思った」という意見でした。ここで私は〔価格〕に対する子どもたちの感覚を知りたくなりました。そこで「めがねに対していくらまでなら（お

金）出せる？」と子どもたちに尋ねると「1万円」と答える子どももいれば、「4万円」と答える子どももいました。私は安いもので1万円程度、高いもので4万円以上と考えていたので、**めがねの〔価格〕に対する私と子どもたちの感覚がズレている**とようやく気づいたのです。

また、〔デザイン〕を重視する子どもはほとんどいませんでした。**〔デザイン〕に対する感覚**も私と子どもたちとでズレていたのかもしれません。〔デザイン〕は人によって「かっこいい」や「かわいい」、「色や形」によって好みがあります。好みを〔デザイン〕としてひとくくりにしたことで、子どもたちの価値判断基準として〔デザイン〕を重視するということの感覚はピンとこなかったのかもしれません。この〔価格〕と〔デザイン〕に関する感覚のズレが私と子どもたちの間で、また子どもたち同士の間で起きていたのかもしれません。

■参観記録を持ち合う授業研究会の三つの特徴と意義

参観記録を持ち合う授業研究会には三つの特徴があります。第一の特徴は、一定の期間がおかれてから授業研究会が開かれることで、授業者自身の実践記録を研究会に持ち込むことができることです。授業研究会を目標にしながら実践記録を書くことができますので、授業者自身の実践の省察が促され、口頭だけではなく文章に表すことで実践の中で自分自身が何を考えて何をしているか、じっくりと確認できた思考や行動を報告することができるのです。第二の特徴は、参観者それぞれの授業の見方が披露されるということです。各教科や各専門家の視点で参観記録が書かれます。このことによって、授業が多角的に見られ、何が起きていたのか分析され、授業者の視点では気づかない教室の出来事を知ることができます。第三の特徴は、授業を参観していない人でも実際の授業の展開と子どもたちの学びのプロセスを、共有される参観記録とその報告を手がかりにして自らの頭の中で組み立てることができることです。その中で、授業を参観していない人は自らの授業の見方を省みることができ、参観記録をもう一度手がかりにしながら自分自身の授業の見方や授業デザインの指針等を表現することができます。このように、参観記録の共有によって授業者・参観者・研究会参加者それぞれの授業の見方と授業デザインの指針が重層的に交流される授業研究会となるのです。

　また、参観記録を持ち合う授業研究会の目的は、研究会に参加する各自の授業の見方が確認され、変化していくことにあるように思えます。そして、「この授業はこうやるほうが良かった」といった根拠が希薄のままで授業者に代替案を示すような議論ではなく、「この授業からはこういうことが学べて、自分に振り返るならばこういうことに生かされていくであろう」といった**自分自身の実践に立ち戻りながらその改善を参加者と一緒に検討する議論**になるのが、参観記録を持ち合う授業研究会の意義だと私は考えています。

■参観記録からの学び――子どもの学び／価値判断と問いの質／資料の読み取り

私は授業研究会に実践記録をもって臨んだ時点で、上述した「**授業者の感覚と子どもの思考のズレ**」が研究会の主要な論題になると推測していましたが、さまざまな参観記録から多様な論題が浮かび上がることになりました。

　木村優先生は一人の子どもと授業者である私の行動や情動を、それぞれの動きや表情から丁寧に見取った記録を取ってくださいました。特に、授業における教師と子どもたちとの関係性、子どもの内面で起こる思考や情動の動きについて、想像がかき立てられるような参観記録です。また、授業者では把握できない部分も見取ってもらえました。たとえばグループ活動の中でホワイトボードを活用して意見をまとめる場面で、五班では投げやりにものごとを決めようとしていた男の子に対し、女の子二人がケアしながら学習へと誘《いざな》うエピソードがあります。その男の子は全体発表の場で積極的につぶやくのですが、彼がどのようにして学びに入っていくのかを私は授業中に把握できていませんでした。しかし、木村先生の参観記録を読み進めるうちに、彼がグループの中で役割を与えられることで課題に向き合い、自身の意見を表現し、学級全体での議論の中でも自身の意見をつぶやきとして表出していたことがわかりました。協働学習における子ども同士のケアの意味や関係性のあり方を学ぶことができたのです。

石井恭子先生は理科教育の観点から社会科の「価値判断」と「問いの質」という二つの視点で参観記録を書き表しています。この参観記録から、ダイヤモンドランキングという思考ツールが子どもたちの学びに効果的であったのかという視点で実践を捉え直すことができました。子どもたちはダイヤモンドランキングを通して「安くてもかけ心地が悪いと嫌」と言うように二つの価値を比較している場合と、「かけ心地が良ければかけていることも忘れる」と言うように単にその価値の良さを取り上げる場合がありました。私の問いかけも「かけ心地が良ければいくらでも出す？」という価値項目を比較する問いかけと、「デザインは重視しない」という単純な判断の問いかけが混在していました。科学教育で「比較」として最も単純なのは「一つの観点で選択肢が二つの場合」とのことです。しかし本実践では、数値や量でない価値を比較し、さらに、観点が四つあって選択肢を省略していました（価格）で示すと、高いほうがいいのか安いほうがいいのかは特に確認しませんでした）。この点で、子どもたちにとって価値判断の難しい問いかけだったことがわかりました。

また、大橋巌先生は各自の参観記録を踏まえて社会科の教科教育の視点で授業の改善点を示してくださいました。子どもたちが活動し、価値判断をするためには、資料を丁寧に読み込む必要があり、その資料は子どもたちの価値判断（本実践であれば、めがね産業が重視すべき点）の拠り所となります。このことが、「**資料のどこどこに、このように書いてあるので**」と言うように、子どもたちが互いの意見を伝え合う際の根拠となるのです。しかし、本実践で用いた資料「めがねづくりに対するさまざまな意見」（巻末付録小学校編資料3）では、四人のめがね会社の社長の話を取り上げ、どの社長の意見を支持するのかという点が鯖江のめがね産業は何を重視すべきかという価値判断の拠り所になっています。しかし、どの意見に対しても、「その意見もいいよね」という反応になってしまい、議論が起きにくい状況になりました。この資料には数値データがないために、それぞれの意見の説得力は不十分だったのです。そのため、子どもたちは自分の考えと似た主張の社長の意見を支持することに留まってしまいました。資料として数値データを提示し、そこから、気づくことやわかることから子どもたちが自分の考えを構築していくことで、鯖江のめがね産業がどうすべきなのか議論になっていくのではないかと考えました。子どもたちが意見を構築するための資料として、たとえば「めがね出荷額の推移」や「めがね関連企業の従業員数」や「めがね関連会社数」などが挙げられます。これらの資料を読み取り、二つ以上の資料を関連させていくと、めがねの出荷額は減少しているけれども、一社あたりの利益は上昇していること等を子どもたちが追究の結果として知ることが可能です。ここから子どもたちは鯖江のめがね産業の方向性に対する意見を構築し、議論する授業を展開できます。このように数値データに基づいた複数資料の検討により学びを展開することで、鯖江のめがね産業の強みを追究していく授業の可能性を考えることができました。

参観記録の価値は、参観者がさまざまな視点で授業を見て重層的に授業の実際を紡いでくださることが授業者自身の授業の見方と考え方の学びに結びついていくことです。実際に参観記録を読み込んでみると、私は授業研究会において、授業の中で私が何に挑戦していたのかを研究会の参加者に理解してもらい、その上で、私の挑戦が子どもたちの学びに適していたのか、子どもたちの学びを促していたのかを知りたいと思っていることがわかりました（たとえば今回の授業実践での私の挑戦は価値判断を取り入れたことでした）。そして私自身の授業の見方を省みると、私は教育方法や教材解釈、子どもへのかかわり方に関心をもっているこことに気づき、そしてそれらをさらに磨くためには、子どもたちの学びの実際がどうであったのかを知る必要があることも実感しました。これまで経験したさまざまな授業研究会を振り返ってみると、子どもたちの言動だけを話す授業研究会でもの足りなさを感じていたことを思い出します。このもの足りなさの感覚は、子どもたちの学びと教師の教え双方をバランスよく学びたいという私自身の想いに基づいていたのです。この意味で、参観記録を持ち合って授業を多角的、重層的に検討する授業研究会は、私にとってまだまだ不足する視点を与え補ってくれる貴重な場であり機会となっています。

■今後の展望——子どもたちの資質と能力を育む学び続ける教師へ

社会科では、子どもたちが将来一人の社会人として自立していくための資質や能力を育むことが必要です。そのために、私自身が教材理解の力と子どもたちの思考を読み取る力、多様な教育方法を用いる力を身に付けていかなければなりません。参観記録を持ち合う授業研究会ではさまざまな授業の見方に触れることができ、授業者が授業デザインにおいて意識する必要のある点を多様に学ぶことができます。そして、立体的に象られる授業の豊かな世界を知ることで、私自身が子どもたち一人ひとりの学びと成長を保障する実践を追究し続け、教師として学び続けていきたいという想いを強くしています。

〔森崎岳洋〕

コラム

学級王国から「チーム学校」への転換を図る――教師の多様性を生かして――

小学校教師は、一年間のうちほとんどを、同じ学級の子どもたちと過ごします。そのため、空き時間が少なく、互いに授業を参観したいと思っても、同僚の教室に足を運ぶことが難しいのが現状です。「自分の学級の授業は自分で考えて行う」という、学級王国と呼ばれる状態に陥りがちです。

しかし、小学校には一年生から六年生まで、幅広い発達段階の子どもたちがおり、それぞれ学年の担任教師もいます。つまり、**さまざまな学年の子どもたちとかかわる、多様な教師がいる**のです。私は、まさにこれが小学校の授業研究の強みだと思っています。教職経験も多様、専門教科も多様、担任している子どもたちも多様なことで、さまざまな見方で子どもたちの姿を見ることができます。

私の前任校では、こうした強みを生かして授業研究を進めていこうとする風土ができつつあります。全学級担任が、年に一回は公開授業を行い、事後研究会を行います。学年も教科も年齢もばらばらの小グループに分かれ、授業の中で見えた子どもたちの姿について話し合います。

「Aさんは、最初全然わからなくて、鉛筆が進んでいなかったけれど、途中からものすごい勢いで考えを書き始めた」「それはきっとBさんの一言が、Aさんにとって身近に感じられることだったのではないか」など、子どもの学びの事実を見取りながら、その事実にいったいどういう意味があるのか、学びとしてどういう価値があるのか、といったことについて、さまざまな立場から話をします。**事象に見出す意味や価値は、教師によって違います。**だからこそ、多様な視点で子どもの学びを振り返り、それを授業者に返し、授業者が気づかなかったことに新たに気づき、子どもの見方を広げることができるのです。まさに**「多様性」が生かされる授業研究会**であると言えます。

現在、年一回の公開授業によって、授業を互いに見合うことのよさを共有し、次のステップとして「授業参観月間」に取り組んでいます。普段の授業を、短時間でもよいので、互いに見合って子どもの姿を共有します。授業を参観したある先生は、「Cさんの姿から、深い教材研究をもとにすれば、子どもたちの意見をつなげ、話し合いを深めることができるということを学んだ」と話していました。いよいよ、**日常的に「学級王国」から「教師が協働する学校」へ転換する時期に来ています。**若手からベテランまで、多様な教師が、子どもたちに対する多様な見方を働かせて、協働して子どもたちを育てる学校になることが目標です。

〔北島正也〕

【中学校編】

福井市至民中学校

三年生・英語科

単元　Let's Read 3 An Artist in the Arctic

「感じたことを英語で表現しよう――写真家・星野道夫の世界より」

授業者　鈴木三千弥 教諭

生徒　女子12名　男子11名

4−8

「心の声」を表現する授業実践──感じたことを英語で表現しよう：写真家・星野道夫の世界より

■三年間を見通した大きな単元構想と本単元の概要

私は、「自分の意見・考え」を大切にした授業を常に意識し、気持ちや感じたことなどを英語で表現できるような生徒を育成したいと考えています。そこで、中学三年間の最後の単元である **"Let's Read 3 An Artist in the Arctic"** を、単に読み物教材として扱うのではなく、「自分の意見・考え、気持ちや感じたこと」を英語で表現するという三年間を見通した大きな単元の最終段階と位置づけ、実践することにしました。

この物語は「一枚の写真が星野道夫の人生を変えた」という一文から始まります。「**大学生の星野青年の人生を変えてしまった写真とはどんなものか、何がそこまで彼を突き動かしたのか**」という問いを単元冒頭の授業で生徒たちに投げかけます。生徒たちは、偉大な写真家・星野道夫氏（以下、星野道夫）のすばらしい写真に触れ、六頁に及ぶ長文を読み解いていく中で、この問いに対する答えを探し出すことができるであろうと考えたのです[1]。

また、この物語を通して星野道夫のメッセージとは何かを常に生徒たちに考えてもらい、自己とのかかわりを意識した表現活動へとつなげることを考えていました。義務教育終了を間近に控えた十五歳の生徒たちにとって、中学校生活を見つめ直し、将来の夢実現へ向かって歩み出すきっかけとなると考えてカリキュラムをデザインしたのです。

■単元のおおまかな計画と実際（九時間配当）

（1）第一時：一枚の写真の何が星野道夫の人生を変えたのか？

"Why did this photograph change Hoshino Michio's life?" 授業の冒頭にこの問いを生徒たちに投げかけると、写真をのぞき込んで写真の中に見える物を話し合ったり、教科書本文からその答えを仲間と共に一生懸命探し出そうとする生徒の姿がありました。

（2）第二時～第七時：本文の内容理解とトピック・ライティング

続く六時間は、各ページの内容理解と「考えや感じたことを書く」活動です。星野道夫の生き方や考え方を表すメッセージ性が高い英文と関連のあるトピック（問いや発問）を、毎時間三つずつ投げかけ、生徒自身が書きたいトピックを選んで表現する活動を行いました。学級の中には英語に苦手意識をもっている生徒もいるので、**トピックを自分で決める**ことで**学習意欲**を高め、**全員参加の授業**を目指したのです（巻末付録中学校編資料）。

（3）第八時（本時）：一番好きな写真についてスピーチしよう

①学習空間を演出（挑戦1）

星野道夫の写真約二〇枚を教室と英語エリア[2]を使って生徒たちを取り囲むような空間を作り、写真家星野道夫の世界に包まれているような視覚にうったえる空間演出を仕掛けました。また、授業開始前の休み時間から、教科書には掲載されていない星野道夫の美しい写真を心地よい音楽とともにスライドで映していくDVD（約6分）を流し、生徒たちが星野道夫の世界に浸れるように工夫しました。

②いよいよ授業開始！

授業の冒頭、私は、教科書本文を引用しながら、"Hoshino Michio's own life was changed by one photograph. Which photograph is that?" と生徒たちに問いかけます。生徒たちは周りを取り囲んでいる約二〇枚の写真を見回しながら、教室後方ホワイトボードに貼ってある写真[3]を見つけ出します。この写真を教室前面の黒板に貼らずに後方ホワイトボードに貼ったのには、二つのねらいがありました。一つは先述のとおり空間演出のためで、もう一つは、生徒たちがぐるりと周りを見回して後方の写真に注目しながら、全員で多くの参観者たちと顔を合わせて参観者が誰なのかを知ることで、学ぶ様子を参観されることから生じる彼ら／彼女らの緊張感を和らげ、気持ちをリラックスさせたかったためでした。

③活動Ⅰ：チャット・タイム

生徒たちは隣同士や前後のペアをつくり「どちらの

写真が好きか」、「どの写真が一番好きか」を対話します。できるだけ多くの仲間と考えや気持ちをやり取りできるように、ローテーションしながらペアを変えていきます。

④本時の課題を提示し、教師がモデルスピーチを示す（挑戦2）

星野道夫の作品から「一番好きな写真」を選び、その写真から「感じたこと」を英語でスピーチするための原稿を仲間と一緒に作成するように生徒たちに提案します。中学三年生にとって、（即興的に）英語でスピーチをすることは困難ですので、私が自身の家族をテーマにして簡単な表現を使いながらモデルスピーチを行います。

⑤活動Ⅱ：スピーチづくり

㋐　最大の挑戦！グループがどうなる？（挑戦3）

私のスピーチを聴き終えた生徒たちは、それぞれ好みの写真はどれだろうかと迷いながら教室内と英語エリアに拡がる写真を一つひとつゆっくり眺めて歩き、「一番好きな写真」を選んでからその写真の近くの席に移動します。そこで生徒たちは偶然に同じ写真を選んだ友達とグループを形成し、協働学習によって即興スピーチ原稿（メモ）を作るのです。予測不可能で挑戦的な課題に生徒たちはどう取り組むのか、私は内心ドキドキしながら見守っていました。

㋑　自然発生グループが活動を始める

私の心配は無用で、誰一人「一人きり」になることなく、同性のグループとペアがいくつかと異性でのペアが二組でき、楽しそうに学び合いが始まります。生徒たちは「自分が感じたこと」を仲間と紹介し合いながら、一生懸命に英語で想いを表現しようと没頭していきます。生徒たちは教科書やノート、学びの履歴が詰まった「英語ファイル」を総動員して語彙を確認したり、友達と表現を確認し合ったりしながら、英語での表現の幅を広げ、一枚の写真から感じたことを交流し合い、その感性を深め合っていきます。

⑥活動Ⅲ：スピーチ・タイム

最後に、生徒たちは生活班に戻り、「自分自身」を表現するスピーチ原稿を読み上げます。即興で作ったスピーチなので英語表現が十分でなかったり発表の声が小さかったりする生徒もいますが、生徒たちは仲間のスピーチに「耳と心」を傾け、スピーチの内容と出来に対して互いに賞賛し合い、労い合う拍手が所々で起こり、さらに友達のスピーチの面白さや巧みさに対して「うぉー！」と驚きや感嘆の歓声があがるグループさえあります。

（4）第九時：スピーチ完成（カリキュラムを再構成）

当初は八時間の予定だったカリキュラムを再構成し、最後の一時間で生徒たちは「一番好きな写真」のグループに分かれて課題のスピーチ原稿づくりの完成に向けて真剣に取り組みました。生徒たちは英語表現の正確さに悪戦苦闘しながらも、「感じたこと」を英語で表現するスピーチ原稿を全員が完成させ、この単元が幕を閉じたのです（巻末付録資料参照）。

〔鈴木三千弥〕

注

［1］この授業デザインでは、星野道夫著『アラスカ：永遠なる生命』（小学館文庫、２００３）を中心に複数の写真集や著書の中から、彼の写真とエッセイを参考にメッセージ性の高いトピックを考えた。

［2］至民中学校は教科センター方式の学校で、英語の授業は「英語エリア」と呼ばれる教室とオープンな学習スペースが融合した場所で行われる。

［3］大学生の星野道夫の人生を変えたアラスカ州シシュマレフ村の写真である。後に星野道夫は、この村の村長宛に手紙を書き、数ヶ月間生活をすることになる。そして、アラスカの大自然や動植物、そこに生きる人々に魅了された星野道夫は、数年後アラスカでの生活を始めるのである。

4―9 お互いへの尊敬から紡ぎ出される学びの連続性――ある男子生徒の学びのプロセス

【視点】

私は本時で、ある一人の男子生徒がどのように学びの世界へ没入していくのかが気になり、彼の学びの様子を参観しました。彼が出すさまざまなサインとそこに潜む感情や文脈としての出来事がどのように作用しているのか、また、それを生み出すものは何かという問いを追究するために彼とその周辺に焦点を当てて参観に臨みました。

授業直前、星野道夫氏の写真作品をスライドで流すDVDを、ほとんどの生徒たちが授業開始のチャイムが鳴る中でもじっくりと映像を眺め、星野道夫の世界へと浸っていきます。その一方で、星野道夫の世界へ浸ろうとしていない下田くんの様子が私の目に止まりました。ここでは授業開始時に学びに向かっていなかった生徒が次第に学びへ没入していくプロセスを、一時間の流れといくつかのエピソードから紐解いていきます。

【エピソード1】認め合う関係が学びへと誘う

授業開始時、下田くんは足を揺らしたり、肘をついたり、ペンを回したりという授業に対して無関心と捉えられるしぐさを見せます。机の上にファイルと教科書を出していましたが、教科書の向きは逆さです。このような下田くんに鈴木三千弥先生はすかさず「Can you see?」と声をかけます。下田くんはそれに「Yes.」と答え、「パーフェクト!」という評価を鈴木先生にもらいます。この一瞬のやりとりは、鈴木先生と下田くんによる単なる問答ではなく、鈴木先生の下田くんに対する「しっかりと見ているよ、安心して授業に入っておいで」という優しい誘いのメッセージとそれを素直に受け容れる下田くんの応答であり、両者がこれまで育んできた温かな信頼関係を感得させるものでした。その後、教室中に貼られた星野道夫の写真の確認が行われチャット・タイムが始まります。この場面での下田くんは当初、ペン回しや足の揺らしを続けていますが、彼がファイルを開いた途端にそれらはピタリと止まります。そして、彼はペアになった吉田さんと笑顔で会話し英語でのチャットに楽しさを見出しているようです。吉田さんとチャットを進める中、鈴木先生が下田くんの側《そば》に来て「どこに（前出の英単語が）書いてある?」と問いかけます。下田くんは「ここ!」と応答すると鈴木先生は「よく覚えているね!」と驚きの表情を浮かべながら褒めます。その様子を隣にいた生徒二人も嬉しそうに見ており、褒められた下田くんもとても柔らかい笑顔を見せます。**自己の学びを認めてくれる教師と仲間の存在**が一人ひとりを学びの世界へと誘うのだろうと感じた瞬間でした。

【エピソード2】 教師と生徒をつなぐ縦糸を介した意欲の活性化

鈴木先生から「一番好きな写真を見つけよう」と課題が提示され、生徒たちは一斉に動き出します。下田くんも教室内を歩きまわりながら、いろいろな友達に声をかけたり、最終的には高田くん、野宮くん、石川くん、三井くんと同じグループとなり、星野道夫の肖像写真を「一番好きな写真」に選びます（この肖像写真は作品写真ではないので、課題の選択肢ではありません）。その様子を見逃さないかのように鈴木先生が彼らに前に現れ、「まさかこれを選ぶと思わなかった!」と感嘆の声をあげます。彼らはその鈴木先生の様子を見て「どうだ」と言わんばかりの**嬉しそうな表情**を返します。自分たちが選んだ写真を教師に認めてもらい、かつ**教師の思惑を超えた**という実感は彼らにとってこの上ない自信へとつながったと推察されます。また鈴木先生は、生徒が星野道夫の肖像写真を選択する可能性も考慮されていたようです。鈴木先生はポケットに忍ばせていた赤色の付箋（他の写真に番号を振った付箋は青色）を出され、「0」の数字を書き込んで星野道夫の肖像写真に貼りました。この鈴木先生の粋な対応に見られる下田くんたちへの全幅の受容が、彼らが活動に意欲的に取り組む契機となったと考えられ、鈴木先生はさまざまな可能性を想定して即座に対応する細やかな配慮の中で授業を進められていることがわかります。教室における教え手としての教師と学び手としての生徒とがつながる縦糸が太く、強く、豊かであるほど、生徒はよく学び、教師も生徒の学びをよく支援できるのでしょう。この縦糸の大切さを鈴木先生の生徒たちへのかかわりがよく教えてくれます。

【エピソード3】 仲間との横糸を介した学びへの没入

グループ活動が始まると、下田くんは「He looks happy」と書いており、「笑っている」という言葉をめぐって、下田くんと野宮くんでやりとりが行われます。野宮くんは下田くんにすっと辞書を差し出し、下田くんもそれを受け止めて調べます。阿吽の呼吸かのような出来事から、普段からの二人の関係がわかり、理解できないなりに悩んでいる中で、自分だけでなく、**仲間の学びを支えていくというとても太い横の糸のつながり**を見ることができました。そのような中で下田くんは「彼は笑っている」という表現をしたいという展開になり、「He is ラフ」と書きます。そこで野宮くんは「なんかおかしくない？　それでいいんか？」と問いかけ、石川くんは「たぶん」と答え、下田くんは「これに ing をつければいいんか？」といったようなやりとりを展開し、どのような表現が正しいのかを三人で議論していきます。Laugh という単語も下田くんは最初はわかっていませんでしたが、野宮くんが下田くんのプリントの端に小さく書いてサポートします。グループの中でも、下田くんは「〇〇って何？」と聞くことが多く、それに対して周りは答えをそのまま伝えるのではなく、一緒に考えるというかかわりや支援を行っていました。これは「仲間と共に学ぶ」ということや「下田くんにわかってほしいという仲間の想い」が凝縮されたような姿であり、これまでの授業の中で学び合うことの本質を生徒がたくさん実感してきたのだろうと考えられます。その後、時間になると生活班へ移動し、それぞれの発表となります。そこで下田くんはそれまでしまっていた教科書を出します。しかし、他の人の発表の間、下田くんは自分の教科書を持っているにもかかわらず、自分の教科書は開かず、岩竹さんと一緒に見ます。下田くんの順番に来ると、得意げに星野道夫の写真を選んだことを伝えます。このことは、自分の教科書を開かなかったことともかかわっており、**自分が選んだ写真は教科書にはないんだぞ！　どうだ！　といったような彼の自信や主張だったと**推測されます。発表後も吉田さんから「伝わったよ！」と言われ、下田くんはとても達成感に満たされた表情で嬉しそうでした。このときはすっかりペン回しや足の揺れはなくなっていました。

教師と生徒という縦糸、生徒同士の横糸という、相手への尊敬から瞬く間に紡がれる織物のような**学びの連続性**を今回の授業から見ることができました。また、その縦糸と横糸を「星野道夫」という教材が斜め糸として強固に編み込んでいたように思います。生徒たちがグループで互いに助け合いながら課題に向かっていく中でもどうしても超えられない壁に直面したとき、「先生の助けが欲しい」と願う瞬間に鈴木先生が来ました。この現象が、下田くんたちのグループだけでなく他のグループでも起こっていました。鈴木先生は教室中に**身体感覚というアンテナ**を張り巡らせ、瞬時の判断でグループに関与していたのです（かかわらない手立ても含めて）。このような感覚を生み出すものは鈴木先生の実践知のみではなく、生徒との信頼関係によるものでしょう。鈴木先生は生徒が出すさまざまな**言語的かつ非言語的なサイン**をつぶさに捉え、判断をしていました。そして、判断の中に直接的なかかわりと間接的なかかわり（たとえば、声をかけやすいように生徒の目線に入ったり、周辺を歩く等）があり、生徒の学びの後押しをしていました。生徒一人ひとりに沿った丁寧なテーラーメイドのかかわりがあったように思います。

〈藤井佑介〉

4-10 「私」と「あなた」にとって意味のある言葉を獲得していく生徒――自分の「感じ」を表現する

【視点】

「生徒は英語の語彙を自分の『感じ』とかかわらせて把握している。」これは、鈴木先生の授業を初めて参観したときの印象です。以来、鈴木先生の授業を参観する度に、生徒が自分の『感じ』を表現するために必要な英語の語彙や文法事項を獲得し習熟する姿に出会いました。

私は、今回の参観で、どのようにしてそのような学びが成立するのかを捉えようとしました。

個人追究の冒頭、藤森さんは自分で選んだ星野氏の写真から受けた印象を学習プリントに「beautiful」と書きますが（記録Ⅳ-1）、自分が捉えた「美しさ」を「beautiful」一語で表現しきれないことをもどかしく思っていました。その後、彼女は考えをめぐらせ、「私がそれを美しいと思うのは写真の中に**たくさんの特別な色**があるから」と思考を深め、それを表す英語表現を検討します。彼女だけでなく、感じたことを表す英語を探しその表現をもとに自己の思考を耕し、新たな知識や技能を獲得する学びが多くの生徒に見られました。このような学びが個々の生徒にいかに実現したのでしょう。本時の生徒の学びとそれを支えた鈴木三千弥先生の指導から考えていきます。

■対話を通して「私」の内奥にある言葉が引き出されていく

藤森さんの思考、判断、表現が引き出され深まるには**対話**が欠かせなかったと思います。まずは物との対話です。藤森さんは「いいな」「きれいだな」「すごいな」と驚き感動しながら星野氏の写真と対話します。写真が目の前にあることで、彼女は写真から受け取る印象を何度も日本語でつぶやくことができ、その印象を英語に置き換えて「beautiful, nature, feel free」とノートに記録します。しばらくすると藤森さんは自

冒頭の記述	I think this picture is beautiful.
終末の記述	Our world has many colors. However, I think this picture's colors are special.

記録Ⅳ-1　藤森さんの個人追究の冒頭と終末の記述

藤森さん2－1：きれいなんだよなあ、気持ちがいいんだよなあ、beautiful, nature, feel free ...。
藤森さん2－2：これ（beautiful）だけだとこの写真の気持ちよさが伝わらない。
藤森さん2－3：この自由な感じって何だろう？気持ちいい、自由だ。

記録Ⅳ-2　個人追究での藤森さんのつぶやき

田中さん3－1：（別の写真を選んだ田中さんが藤森さんに声をかける）難しいね、なんて書いたらいいんだろう。
藤森さん3－2：この写真、きれいで気持ちがいいんだけど、その単語じゃうまく伝わらない。
田中さん3－3：私もきれいだと思うけど、どの辺が自由で気持ちがいいの？
藤森さん3－4：うーん、このへん。色がきれい。同じ青なんだけど微妙に違う。いろんな青がある。小さい時に海に行って潜ったときにね・・・（色に感動した体験を話す。）

記録Ⅳ-3　藤森さんと田中さんの対話

分が記録した英単語とも対話を始めます。記録Ⅳ－2から、彼女は記録した言葉と写真とをかかわらせ（2－2、2－3）、言葉を記録したときの自分の心の動きをつかもうとします。そのようにして、自分の内にある感情を音声や文字で把握し始めたのです。

さらに、隣の田中さんと対話します（記録Ⅳ－3）。田中さんは藤森さんの困り感を共有しつつ、写真のどこをどう見て「自由で気持ちがいい」と藤森さんが思ったのかを尋ね（3－3）、藤森さんの思考の根拠に光を当てます。それに促され、藤森さんは「beautiful, feel free」と自分が表現した理由を写真の中に探すとともに、自分の体験を田中さんに語ります（3－4）。藤森さんは「青と一言で言っても澄んだ水の色と空の色などいろいろな青がある」、「緑にもいろいろな緑があってそれは私の大事な思い出につながる」と語っていきます。

そのような追究を経て、藤森さんは**物・人・事との対話**を通して、自分の感情を引き出して記録し、それを要約して他者に説明しながら、「私にとっての『美しさ』とは『特別な体験に裏づけられた特別な色』

があるからだ」という思いを込めて、一気に次のように英文を書くことができたのでした。

Blue sky, White mountain, Green plain, Clear lake, all of them are very beautiful. Our world has many colors. However, I think this picture's colors are special.

■他者の学びを鏡に自分の学びを振り返る

その後、藤森さんは四人グループの中で写真の選択理由を紹介します。彼女はこのとき、手元にある英文を見ないで自分が選んだ写真とその選択理由を英語で説明します。ここで、藤森さんが原稿を見ずに説明できたのは、彼女が「写真のどこをどう見たのか」という**自分の心の動き**とそれを表す英語表現をかかわらせて把握できていたからだと思いました。私は、藤森さんの学びの確かさに感動するとともに、確かな追究を行ってきた彼女だからこそできた**友への働きかけ**にも大きく心を動かされました（記録Ⅳ－４）。

藤森さんと同じグループの坂本くんは、一匹の狼が雪原に立つ写真に心惹かれますが、その理由をうまく説明できません（４－１）。何とか説明しようと彼が「一人」と日本語で言うと、藤森さんがすぐに彼の思いを引き出そうとします（４－２、４－４）。彼女は、**自分の心の奥にある声**を田中さんが引き出してくれたことを思い出したかのように坂本くんに働きかけたのです。藤森さんは坂本くん

坂本くん４－１：（雪原に一匹の狼が写っている写真を示しながら）俺、この写真がいいんだ。I like this picture. Because、えっと、何て言うかな。This wolf is? ちがうな。He is、一人だ。
藤森さん４－２：一人ってどういう感じ？ 孤独？
坂本くん４－３：孤独っていうんじゃないんだよなぁ。
藤森さん４－４：じゃ lonely じゃないね。Only one、（映画の）Home Alone の感じ？
坂本くん４－５：ああ、あれね。置いてきぼりにされた感じとは違う。自分で決断して立っている感じ。
坂本くん４－６：そうだなあ、自分を見つめているような。あ、He is looking life. He is looking future.
藤森さん４－７：あー、なるほど。私たちみたいだね。
坂本くん４－８：うん、そうだ。
藤森さん４－９：写真をいいと思うわけを考えると、自分のことに返っていくね。

記録Ⅳ-４　藤森さんのグループの様子

の思いを引き出しつつ、狼が雪原に一匹で立つ様を「looking future」と彼が表現したことを共に喜びました。生徒たちは、**友と一緒に学ぶ愉しさ**をしみじみと味わっているようでした（4－9）。

■長いスパンで育ちを支える教師の支援

本時で鈴木先生は、写真を観賞するのにふさわしい教室環境づくりや机間支援での声かけ等、さまざまな工夫をしました。それらは、生徒が対象から受ける印象をじっくりと言葉にしたり既習の語彙等を想起したりするために有効でした。こうした工夫の背景には「人はどのように言語を獲得するのか」についての鈴木先生の思いがあると考えます。たとえば、知識や技能に差のある生徒が「自分の感じ」を表現しつつ互いの物の見方・考え方を交流させ、自らにとって大切な語や文法だと認識しながら習熟していく学び方が生徒に定着していました。ここから、鈴木先生が**英語表現の語感と生徒の実感を結ぶ場**を意図的、継続的に設定していたことがうかがえるのです。また、坂本くんはじめ生徒たちは仲間との追究を経て得た新たな語彙を単語帳に記していて、「単語は誰かが教えてくれるものでなく、自分の実感とその語が結ばれたときに自分が獲得するもの」とでもいうように、「私たちが獲得した大事な表現」を書き入れていました。こうした姿は一朝一夕に養われるものではないと考えます。

鈴木先生は、生徒が自ら学び方を理解し確かな力を養うために**必要な支援を中長期的な見通しをもって**意図的、継続的に行っていたのでしょう。その結果、生徒は自主的、自発的に他者との関わりを愉しみながら、自分にとって意味のある知識や技能を獲得する学習を展開できるようになったのだと思います。

教科書に書いてあることをいかに教えるかではなく、「英語教育を通して人を育てる」教師の支援や、そのような支援の確かさを映す**鏡**（子どもの学びの姿）に接し、改めて私の実践が、教科等の教育を通して人を育てる実践になりえているのかを問う勇気をいただきました。

〈宮下哲〉

4-11 教師と生徒が共につくる教育の憲法的価値——授業における自由権としての学習権保障と幸福追求に向けて

【視点】
本時の生徒たちは冒頭から提示された星野道夫氏の作品に魅了され、自身の思いと向き合い、自分事としてそれを表現したいと気持ちを高め、英語の習得と活用に没入していました。授業後の研究会では、英語を得意とする生徒ばかりではなかったことが確認されましたが、授業では生徒の学力差が授業での学びを阻害することも、誰かが授業から疎外されることも起きていませんでした。私はこの授業を、生徒たちの具体的な姿から教育の憲法的価値の観点より意味づけようと試みました。

私は教育行政学や学校経営論を専門とするため、授業の中の子どもたちの姿にいかなる教育的な価値が認められるのかを考えたく、授業参観に臨みました。それというのも、三年前に参観した鈴木三千弥先生の授業の中で、生徒たちが実に喜びに充ちた表情で学びに向かっていたことが強烈に記憶に刻まれていたからです。そのときに見せてくれた生徒たちの姿にどんな意味があったのだろう、それはどのような条件によって実現していたのだろう、これらを再び訪れた鈴木先生の授業から考えたいと思いました。ここでは、私が本時において見取った生徒たちの姿から、鈴木先生の**授業の中で実現していた教育的価値**を**憲法に照らし**考えてみます。

■題材に魅了され没入していく生徒たち

授業の冒頭で鈴木先生が提示した発問、Which photograph do you like more? Which photograph do you like the most? Why? は、生徒たちが本時の題材となっていた星野道夫氏の作品にどれほど没入しているかによって、その後の授業展開を大きく左右しうるものだったかもしれません。ともすれば、自身の気持ちとは関係なく作業的に作品を一つ選択するような生徒も出てきかねません。生徒に理由を尋ねても「なんとなく」「よくわかんないけど」等、明確に説明することができずに授業が展開する恐れもあったはずです。生徒たちが星野氏の写真にどのような関心を抱いているか、私が教室の中で真っ先に注目したのはこの点でした。

冒頭の心配がまったくの杞憂であったことは、その後の生徒たちの姿からすぐにわかりました。生徒たちは思いのままに自分のお気に入りの作品を選び、どのグループにおいてもそのお気に入りの理由を生き生きとした表情で語っていたのです。私はこの様子を見て思わず「すごい！」と口にしてしまいました。どこからこの「表現したい、伝えたい」と切望する気持ちが溢れてくるのだろうと、私は生徒たちの姿にぐいぐいと引き込まれていきました。

たとえば、あるグループ（宗像・山崎・小出・坪井）の生徒たちのやりとりが印象に残っています。[1] 小出さんは、教室中に掲示された数多くの星野氏の作品から、親子グマの写真に注目していました。その写真についてグループで語り始めましたが、「タイトル思いつかん、LOVE だけじゃダメ?」と真向かいの山崎さんに話しかけます。私が小出さんのワークシートを覗くと、"Baby bear is very like a my dog" と書いています。小出さんは親子グマの写真を、自分の家族と重ねて特に気に入ったようです。そして、山崎さんと「塩対応ってなんて言えばいい? Cold それとも Salt 対応?」とやりとりを始めます。自宅で飼う犬の性格がどうやらそうらしいのですが、それを英語でどう表現すればよいかを山崎さんと考える中で「自宅で飼う犬が素っ気ないところがあるんだけど、それがまた可愛くて好き」と嬉しそうに語るのでした。また、その斜向かいに座る宗像さんも小出さんの語りに影響を受けたようで、自宅で飼う犬の話をし始め、さらに星野道夫の写真に対する評価にも触れていきます。宗像さんは同じ写真の親グマについて「子グマを守ろうっていう気持ちが伝わってくる」「愛は大切って！」と、写真で表現されるものを積極的に感じ取っています。小出さんや宗像さんの語る姿やその表情は、鈴木先生が提示した星野氏の作品を心の底から味わい、その1つの写真に自分自身の生活を重ね、そこで浮かび上がる気持ちを表現したくてたまらない様子に見えました。

　教室中を見渡しても、数多ある星野氏の作品の中で何が好きだろう、どれが最も好きだろうと、その理由は何だろうと、各グループやペアの中で生徒たちが一生懸命考えて、英語で表現する姿に溢れています。中には、鈴木先生が掲示した作品だけでは飽き足らず、教室の脇にある星野氏の作品集を手にとってお気に入りの作品を探す生徒や、星野氏の作品ではなく星野氏自身の写真が「かっこいい！」と選ぶ生徒まで現れました。表現することにおいて、何よりも**自分の気持ちを解放し、自分に正直であることが大切にされている授業**なのだと感じます。まさに、このような表現と自由の関係の中に、鈴木先生が行った授業の教育的な価値があったのではないでしょうか。

■社会権としての教育を受ける権利（憲法第二六条）から自由権としての学習権保障・幸福追求へ

　本授業で私が最も目を見張ったのが、すべての子どもに教育を受ける権利を保障するという日本国憲法第二六条の社会権としての価値が、国家に保障を約束させる意味での社会権保障の目的を超えて、**生まれながらの人間としての自然権**、あるいは**自らの求めに正直に教育を求めようとする自由権としての学習権**、そして**幸福追求権**の実現へと展開していたことです。

「思想・良心の自由」や「表現の自由」等の日本国憲法で規定される国民の自由権と、教育という社会権保障に基づく行為、言い換えれば個人の内心や行為に対する他者からの意図的な介入によってその個人の社会的な発達や自立を促そうとする行為は、ともすれば矛盾を孕むものです。学校という制度がその矛盾に無自覚なとき、子どもたちは教えられる客体として扱われ続け、自律的に学び、自由に自らを形成できる・しようとする主体へと導くことが難しくなるわけです。それは言い換えれば、**社会権保障の無自覚な強要による自由権保障の侵害の問題**だと言えます。ですが、本時の授業はこのような学校が陥りがちな矛盾を明らかに乗り越えていたと感じました。私は、お気に入りの作品を通して自分の思いを表現したくてたまらない生徒たちの表情が忘れられません。作品の鑑賞を通して自己の気持ちが解放されたこと、またそれを授業の中で表現できること、それを伝えられる相手、聴いてくれる相手が近くにいることなど、本時の授業の中だけでも、生徒たちが学びを通して自らの幸福追求を明らかに実現できていたと確信するのです（そうでなければ、授業後の研究会で私は涙を流すことなどなかったでしょう）。

注目すべきは、鈴木先生が提示した星野氏の作品への生徒たちの圧倒的な関心の高さに違いありません。それが生徒たちの内心の解放、表現への欲求の高まりへとつながり、教師が授業で目指したい**英語教育としての目的**と生徒たちの教育を通じた**自由権の要求**が共鳴していたのです。そして、なぜこのようなことが起きたのでしょうか。本時においては、授業の冒頭における鈴木先生自らのスピーチにその鍵があったように映りました。鈴木先生は、教室の正面に掲示する作品たちを鑑賞しながら、既習の英語を用いどの写真のどの点がなぜ好きなのかを、自分の家族の事など自分語りも交えてモデルとなるスピーチを披露していたのです。そう、つまり、教師が生徒たちの前で**自らを解放し対象と向き合う姿**を例示したところに、**生徒たちの自己解放への種蒔き**と**自己表現欲求の耕し**があり、それが授業での生徒たちの学びの姿につながったのだと考えます。そして、このことはきっと本時だけで実現したことではなかったはずです。その意味で、本時において確認できた教育的価値とは、この単元全体はもちろんのこと、日常の学級経営や授業実践を通し、鈴木先生と生徒たちが**共に歩んできた三年間の道のりの結晶**であったと意味づけられるのです。

（篠原岳司）

注

［1］ここでのやりとりは、巻末資料の授業実践資料【中学校編】に詳しい。ここでの小出さんは巻末資料の「彩美」、山崎さんは「衿華」である。

4-12 学びの「偶然性」を「必然性」へと転換する教師のダイナミックな実践——すべての生徒の学びを保障するために

【視点】

本時における鈴木先生の最大の挑戦は、生徒たちが偶然に同じグループやペアとなる仲間と学び合い、協働して英語のスピーチ原稿を作ることでした。偶発的で何が起こるのかまったく予測不可能な協働学習を効果的に組織し支援することは、教師にとって最も難しい挑戦的な実践と言えます。そこで私は、鈴木先生の挑戦に寄り添いながら、学びの「偶然性」を「必然性」へと転換する鈴木先生の円熟の実践の妙を明らかにしようと考え、先生と生徒たちとの相互作用を追って授業を参観しました。

授業の一週間前、鈴木三千弥先生から一本の電話をいただきました。そこで鈴木先生から、「生徒たちが星野道夫氏の作品から一番好きな写真を選び、たまたま同じ写真を選ぶ仲間と協力してスピーチ原稿を作る」という、「**授業の不確実性**」を生み出す要因である**偶然性**をより高める授業デザインへの挑戦をうかがいました。私は迷うことなく鈴木先生の挑戦に賛同しました。教師の挑戦にぴったり同行して授業の世界を探究できる、協働研究者にとってこれほど幸せなことはありません。また、鈴木先生は実践の円熟期にある熟練教師です。鈴木先生の挑戦から**熟練教師のワザと意思決定の内実**を学ぶことができ、「授業の不確実性」に挑み続ける教師の専門性の本質へと迫れると考えました。

また、本時は生徒たちにとって**中学校三年間の英語学習の集大成**に位置づく授業です。私は、生徒たちの三年間にわたる学びがいかに発現するのかにも関心をもって授業を参観しました。それでは、私が見取った鈴木先生の「仕掛け」と「かかわり」に生徒たちの学ぶ姿を編み込みながら授業を描いてみましょう。

■円状の学びの空間で生徒の自己決定と学び合いを保障する「仕掛け」

教室にやってきた生徒たちは、教室と教科エリアに拡張して円状に貼られた星野氏の作品を**すぐに眺め**、友達と「この写真キレイだね」「今日は何をするかな」と言葉を交わします。しばらくすると、星野氏の美しい作品映像が教室前方モニターに流れ始め、生徒たちはみな席に着いて静かに映像を見つめます。

授業開始のチャイムが鳴ると、まずは教科書のセンテンスをデジタル教材で確認します。生徒たちはみな**真剣な表情**です。特に、星野氏がアラスカで命を落としたことが示される場面で、生徒たちの眼差しはとても真っ直ぐです。なかには目元にうっすらと涙を浮かべる生徒もいます。鈴木先生は教室側面から生徒たちに視線を送り、生徒たち一人ひとりの真剣な表情を見つめて軽く頷きます。

鈴木先生による**学びの空間演出**という「仕掛け」を受け、生徒たちは円滑に直前の他教科の授業から英語の授業へと身体と思考のモードを切り替えたようで、前時で学んだ内容を振り返ったり、本時の学習内容に思いを巡らしたりもしていました。また、星野道夫氏の世界へと誘う映像とデジタル教材も生徒たちの身体と思考のモードを切り替える「仕掛け」の一つでした。ただし、この切り替えはデジタルの効果もさることながら、生徒たちの言葉、表情、眼差しから推察される学びに対する真摯な態度により負うと思われました。これら生徒たちの真摯な態度は、英語授業をはじめとした三年間の学校生活で培ってきた「学びに向かう力」の現れと言っても過言ではないでしょう。生徒たちの様子を見守る鈴木先生の眼差しからも、生徒たちへの敬意と彼ら／彼女らの成長への喜びがうかがえました。

また学びの空間演出に関して、星野氏の作品群が教室を包み込むように円状に配置されていたことも特徴的でした。円はとても柔らかで広がるイメージを喚起するので、教師と生徒の身体や心を解きほぐし、教えと学びのどちらにも必要で大切な温かく落ち着いた情動と、その情動に基づく柔軟な思考や行為を導くと思われました。[1]

さて、本時の学習課題「一番好きな写真を選んだ仲間と学び合いながら、スピーチ原稿を作る」には、学びの「偶然性」を「必然性」へと転換する重要な「仕掛け」が二つ含まれていました。一つは、生徒が作品を「自ら選ぶ」という**自己決定の保障**です。[2] 生徒は自分で決めて選ぶ作品だからこそ自己の意見と情動をもち、責任と意欲をもってそれらを必然的に表現できるのです。もう一つは「仲間と学び合う」という**協働の提案**です。この提案では、「同じ作品を選ぶ仲間が存在すること」「同じ作品を選んでいなくても仲間と協働すること」のどちらかが学びの条件であること、すなわち偶然に同じ作品を選んだ仲間がいてもいなくても協働することが求められていました。自己の想いと気持ちを伝えるべき仲間の存在が明確になることが、生徒一人ひとりの「必然性」を喚起する「仕掛け」だったのです。

結果、同性ペアが三組、男女ペアが二組、女子生徒四人のグループが二組、男子生徒五人のグループが一組できます。生徒たちは誰一人孤立することなく協働でスピーチ作りに臨むことになったのです。

■二重の円でスパイラルを描く「かかわり」

生徒たちの協働学習が続く約二〇分間、鈴木先生と生徒たちの相互作用を追うと、鈴木先生のまさに「円熟」の協働学習の授業デザインを目の当たりにすることになりました。鈴木先生の支援の動きを図Ⅳ－２に示します。

円状の学びの空間で、鈴木先生は図中①の男子生

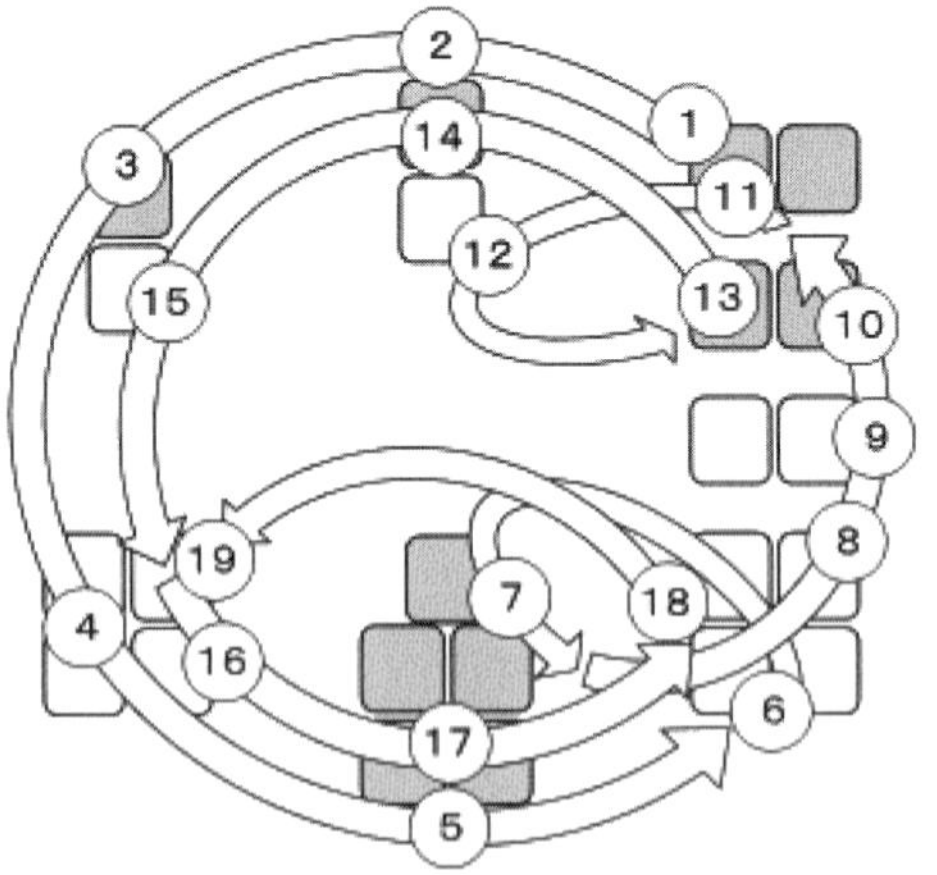

図Ⅳ－２　協働学習における鈴木先生の支援の動き

注）■は男子生徒で□は女子生徒、番号は支援の順番を表す。

徒ペアへのかかわりを起点として、**反時計回りに二重の円**を描くように生徒たちの学びを支援していきます。もちろん機械的に教室をただ周るわけではありません。鈴木先生は時折立ち止まり、**生徒たちの学習状況をつぶさに見つめ生徒の声に耳を澄ませ**、生徒たちの学習状況や求めに応じて円の動きの中でスパイラルを描くように（図中⑥⑦⑧等の渦）、滑らかにグループやペアにかかわっていきます。生徒たちへの支援はさまざまで、単語スペルの説明、表現の工夫とヒント、学習状況の確認、励まし等、多岐にわたります。鈴木先生の支援を受けた生徒たちは、偶然に仲間となった友達と教科書や辞書やノートや形容詞リストを駆使し、知恵を出し合い、助け合い、励まし合いながら、三年間培ってきた英語の知識とスキルを発揮してスピーチ原稿を作ります。

協働学習中、教師は生徒たちの学習状況を判断し、学習が不活発なグループやペアを優先して支援すると考えられ、教師のかかわりは不規則で偏る可能性が考えられます。しかし、本時の鈴木先生の支援の動きは**規則的で偏りも最小限**でした。これは、生徒たちの能力や関係性を考慮した意図的なグループやペアの編成をあえて行わない偶然の学びの中で、可能な限りすべての生徒と言葉を交わし、すべての生徒の挑戦に寄り添いながら、すべての生徒の学びを保障する、鈴木先生の**教師としての哲学**を反映していると思われました。鈴木先生による学びの空間演出、自己決定の保障、協働の提案という三つの大きな「仕掛け」、そして二重の円でスパイラルを描く「かかわり」が**生徒たちの学びへの没頭と協働**を支え、**学びの「偶然性」を「必然性」へと転換するダイナミックな実践**となったのです。

（木村優）

注

［1］木村優著『情動的実践としての教師の専門性――教師が授業中に経験し表出する情動の探究』（風間書房、2015）

［2］Deci, E. L., & Ryan, R. M. (2002). *Handbook of self-determination research*. Rochester, NY: University of Rochester Press.

4-13 参観したことと授業者の想いが重なり合う授業研究会──研究会を重ね授業からの学びを深める

鈴木三千弥先生と三年生による「『心の声』を表現する」授業の授業研究会は、授業直後と約五か月後の二回行われました。授業直後に至民中学校で行われた授業研究会では、授業で高揚した気持ちと、次の時間の授業に向かっている生徒たちの存在を感じながら、参観者それぞれが生徒たちの学び合う姿を感動とともに具体的なエピソードで語り、授業が新たな意味づけを加えられ再現されていきました。五か月後の授業研究会では、鈴木先生の授業記録と参観者七名分の詳細な参観記録、時には授業場面も映像で示しながら授業が再現され、授業を参観していなかった半数以上の参加者も授業の実際をイメージできたように思います。

授業は、教室の四方八方に貼られた星野道夫の写真の中から最も好きな一枚を選び、その理由を英語で表現する、という課題に向けて、同じ写真を選んで出会った偶然のメンバーで協働するというものでした。スピーチメモを作り上げる中で、英語の表現や写真そのものの鑑賞、星野道夫という人への敬意や憧れ、さらには自分の夢や家族の話等、**生徒たちそれぞれが伝えたいことをまず思い描き**、それを英語で表現しようとする姿が感動的でした。

■高揚した気持ちで授業の感想を話し合う授業直後の授業研究会

授業直後の授業研究会では、生徒たちの言葉のやりとり、表情、課題に向かう姿など、参観者がそれぞれの言葉で振り返りました。教科センター方式の至民中学校の環境を生かし、黒板から窓、後ろの壁面までを一つの学習空間として写真で取り囲んだ演出、教科エリアに置かれた星野道夫の写真集や英語の辞典、また授業開始前から映像を流し、チャイムや号令ではなく静かに星野道夫の世界に浸りながら始まった教室の雰囲気等、私たちがお話しする「気づき」に対して、鈴木先生は一つひとつに込めた「授業デザイン」を語ってくれました。一人も置き去りにしない、すべての生徒があらゆるレベルで英語を学べるようにしたい、という鈴木先生の熱い想いが伝わってきました。

参観者は、福井大学教職大学院の教員と院生、至民中学校の同僚と福井市の中学校教員、さらに福井県外の大学教員等、多様でした。話し合いの参加者は、主に教職大学院に関わる教員や院生でしたが、それぞれ、至民中学校や鈴木先生とのお付き合いの長さや密度も異なります。しかし共通していたのは、一つの授業を丁寧に参観した事実と自らの関心や専門から考えた振り返りを交差することによって、**新たな視点を得て学びたいという想い**であったように感じます。そして、どの参観者も語ったのは、星野道夫の写真に自分の想いを重ね合わせ、英語でそれを表現しようとし、友達と学び合う生徒たちの姿でした。

星野道夫への想いやご家族への愛情をユーモアいっぱいに開示された鈴木先生の英語スピーチが、生徒たちの自己開示を誘い、英語表現への自然な活動となったこと、写真の前で偶然出会った生徒同士が星野道夫や動物たちの姿を想像し合う姿、ノートやファイルをめくりながら、より自らの想いに近い単語を探したり、友達に尋ねたりする姿等、どちらがどちらに教えるといった関係でなく、友達の学びに関与し合っている姿が教室のあちこちで起きていたことが明らかになりました。個々の生徒のエピソードや感想が次々と語られると、鈴木先生は「嬉しいな」「そうだったか!」と言いながら、生徒たちの三年間にわたる歩み、彼ら/彼女らへの想い、さらに学級経営や英語学習で目指していること等を丁寧に話されました。

半原芳子先生は、星野道夫の写真と出会った十五歳の生徒たちがおそらく将来もう一度、星野道夫の写真と出会い直し、新たな感情をもつだろうという、長期的な視野での感想を述べました。また大学院生の一人は生徒たちの学ぶ姿から、これからの英語教育において生徒が自らの想いを表現していく大切さとそれを実現する教師の使命について語りました。このように、多様な視点からのミクロな参観による意味づけと授業者の授業構想や思いが共鳴し、授業がさらに立体的に再現され深く見えてきて、それぞれの高揚した気持ちがさらに心に響く話し合いとなりました。

■多様な参観記録を持ち寄って振り返る授業研究会

五か月後の授業研究会は、授業を参観していない人も含め、福井県内外から、大学教員や大学院生、学校教師等、さまざまな人が参加して行われました。この研究会は、実践研究福井ラウンドテーブルの中で行われたため、至民中学校や鈴木先生を初めて知る人も多く参加していました。参観者と授業者の振り返りから、全員が議論に参加し、生徒同士が互いの学びに関与し合う授業、自己決定のある学習として授業が意味づけられました。一八頁にも及ぶ鈴木先生の実践記録には、授業直後の研究会で話し合ったことや、参観記録の引用なども含まれており、参観者とともに振り返った授業のさまざまな気づきや発見が、**ご自身の授業の省察にさらなる厚みを加えている**ことがわかります。多くの場合、授業研究会は、授業直後か数日後に行われますが、この研究会では、参観記録を持ち寄り、共有することにしているため、少し時間をおいて行われることが多くなっています。教師教育・教員養成にかかわる大学教員として、どのような授業参観記録を授業者にお返しするのが良いのか、他の研究者はどのように授業参観記録を書いているのだろうか、という素朴な関心から始まったこの研究会では、**多様な研究の背景をもつ仲間から学び、自らの授業の見方を明確にしていく**ためにも、授業参観記録を書くこと、また読み合うことが欠かせないのです。それでも、今回のように、学校の置かれている状況や授業者を知らず、参観もしていない参加者とともに行う開かれた研究会、また授業者自身の実践記録を手元に置いた研究会は初めてでした。

振り返りの後半では、授業を参観していなかった参加者も、それぞれが自分の専門の視点から発言し、話題はさらに広がりました。たとえば、長崎大学の瀬戸崎典夫先生はＩＣＴ教育の立場から、授業中でも英語教材にすぐに触れられる教科センターを生かし、生徒に寄り添った授業と価値づけました。また福井大学教職大学院の王林鋒先生は英語教育の立場から、英語表現において自己の想いを表現することに鈴木先生が焦点を当てたことに共感し、英語が苦手な生徒たちを学びへと誘っていく鈴木先生のかかわりの的確さに驚きを感じたと述べました。

■授業研究会で多様な参観記録を交流する意味

授業研究会で参観記録を交流することには、分野の違う実践者や研究者が、**同じ授業を意味づける多様な視点を知り視野を広げるという大きな価値**があります。

教科を超えて教員同士が授業を参観するとき、その授業を通して自分自身の実践や教科を振り返ります。同じように、研究者も授業実践を通して、また同じ実践を意味づける他の分野の研究者の読み取りを通して、自身の授業の見方や意味づけを振り返り、さらに豊かな目を養っていくことになるのだと思います。

また、参観者と授業者との関係を垣間見ることにもなります。たとえば、至民中学校の数学教師である堀紘先生の参観記録からは、**校内の同僚関係の実際**が伝わってきました。堀先生は、「生徒たちが何かワクワクする雰囲気になっていた」という授業開始時の生徒の姿と、四方八方に貼られた写真の間を鈴木先生が移動する姿から、「ずっと前を向いていなければならないという管理体制はなくなる」と表現しました。さらに堀先生は、偶然のグループ編成について、「ひとりぼっちになる危険性、嫌な雰囲気が流れる危険性、そんな心配はみじんも感じませんでした。しかも男女ペアが二組もありました。これには本当に驚きです。生徒たちが本気で自分の好きな写真を選んでいた証拠」と述べました。この点は、堀先生も鈴木先生も「積極的生徒指導の自己決定の場があった」と意味づけています。鈴木先生はこの堀先生の振り返りを「熱誠、男気」と表現し、生徒指導や学校運営など共に過ごした仲間としての二人の絆の強さが伝わってきました。

福井大学で共に至民中と関わってきた金沢大学の松田淑子先生は、授業研究会での議論を通して「良い実践が研究者の力量形成を支えてくれるのだということを実感した」と述べました。研究者自身が授業実践から謙虚に学び力量を高めていくという大切な視点を指摘しています。授業者や研究者、学生が共に授業を参観して話し合い、記録を書き交流していくことは、授業の見方や記録の取り方を学ぶだけではなく、授業にかかわる**すべての人が対等な立場で協働して授業実践改革を進めていく**ための大切な営みの一つと言えるでしょう。

〔石井恭子〕

4−14 「心にひびく」参観記録と「涙あふれる」授業研究会——心が豊かになる「宝の場」

授業づくりは焼き鳥に似ています。いろいろな材料（題材や資料等）と仕込み（仕掛けや工夫・手立て）を準備・厳選し、一本の串（単元を貫く構想）でそれらを一まとめにするからです。食に喩えるのはいささか不謹慎に思われるかもしれませんが、この「シンプルでありながら多種多様で多重多層」[1]の試行錯誤による思考活動が授業づくりだと私は常々考えています。この考えを踏まえながら、参観記録を通して授業を振り返っていきましょう。

■三つの挑戦を参観記録から振り返る

【挑戦1】同僚へ宛てた授業公開のねらい

教師はなぜ授業を公開するのでしょうか。生徒のため？ 授業者のため？ 参観者のため？ それぞれに目的があり、授業者はさまざまな想いとねらいをもって授業公開に臨んでいます。この点について、至民中学校での同僚・堀紘先生（数学科）が参観記録に「鈴木先生がどんなメッセージを込めて我々に授業を見せてくれたのかを第一に考えて授業を参観させていただきました。この公開授業には『これからの至民中のために』という想いも込められていたと思いました。まず、教室の環境づくり。単元のまとめという位置づけもあってか、教室の四方八方に星野道夫さんの写真を貼り、先生がその場に移動しながら、写真の説明や振り返りをしました。生徒たちは「今日の授業も何かワクワクする」という雰囲気になっていました。いろいろなところに目を向けることで〔ずっと前を向いていなければいけない〕という管理体制はまずもってなくなりました」と記してくれました。

堀先生は、私の**授業公開への想い**とそこに込めた学校の先生方へのメッセージを瞬時に読み取り、学びの場を「閉ざされた教室と黒板」[2]だけではなく、教室全体から学びのエリアへと広げるという**空間演出のねらい**を理解してくれていました。この参観記録から、堀先生の教師としての「熱誠」に同僚性を超えるほどの敬意を感じました。

【挑戦２】教師が「自分を開く」モデルスピーチ

本時のねらいは英作文ではなく、あくまで「感じたこと」を仲間に伝えるスピーチなので、「生徒にとって身近であり、『心の声』を表現できるモデルになれば」という想いで私の一番好きな写真についてスピーチを行いました。

教師：This is the photograph I like the most. The title is "He is me!"

だらっと寝ているシロクマの写真を指さす。

生徒たちから笑いが起こる。

教師：You know, I am a "*Majime*（まじめ）" teacher at school, Yes?

すると、おきまりのコントのように生徒は"No!!!"と叫ぶ。

教師：O.K.（シロクマの写真を指さしながら）

But, I am like him at home. This is my wife and this is my daughter. She is always saying to me, "Dad, you are always sleeping!!"

生徒は、鈴木家の様子を知るはずもないのに、なぜか納得している様子。"Yes!"とつぶやく生徒までいる。「おいおい！」という気持ちである。

教師：I can relax at home. I feel free, incredibly free at home. So, my family is my treasure to me. Hoshino Michio loved his work as a photographer. I love my job as a teacher. He loved Alaska. I love my family. So, this is my favorite photograph. と、教科書本文のメッセージ性が強い英文を使いながら生徒へのインプットを試み、スピーチを締めくくった。

この場面について、福井大学教育学部附属義務教育学校の加藤学先生（理科）が授業研究会と参観記録の中で「三千弥先生のスピーチが生徒にとってとても良いモデルとなっていた。すべて英語を使って話しているのに、ジェスチャーや今までの先生との関係の中で、子どもたちはちゃんと理解しスピーチを聴くのを楽しんでいた。先生はところどころで生徒の笑いを誘いながら、いかに家族を大切に思っているのかを静かに熱く語る。生徒は真剣な眼差しで先生の話を聴いている。英語という教科を越えて、子どもたちの情動を育むような要素が授業の至る所に溢れている。心が熱くなる」とコメントを寄せてくれました。

これを読んで、私の心が熱くなりました。私は「土を耕す学級づくり[3]」を心がけてきたので、英語の授業を通して「心」の部分を見取り、「子どもたちの情動を育むような要素」と表現してくれたことに大きな喜びを感じたのです。参観記録の価値の一つは、授業者が「授業公開をしてよかった」とポジティブな情動をもち、さらなる授業研究のエネルギー源になることなのです。

【挑戦3】互いの学習を尊重し合い、学び合う関係性

4-8でも述べたとおり、私の最大の挑戦は「一番好きな写真を選んだ仲間と学び合いながら、スピーチ原稿を作る」ことでしたが、生徒が好きな写真を選んだ友達と一緒になる偶然で突発的なグループで学び合うことができるのか心配でした。授業の一週間前に木村優先生にこの挑戦について相談したところ、木村先生は「教師としての先生の挑戦をぜひ参観したい」と言ってくださり、「生徒たちを信じてみよう」と決心がついたのです。そして、この挑戦に対する私の心配を生徒たちは見事に打ち砕いてくれました。

この活動での生徒の様子について、堀先生は参観記録の中で「普通なら四、五人のグループになることが多いと思いますが、二人でのペアもあり、しかも男女ペアが二組もありました。これには本当に驚きです。生徒たちが本気で自分の好きな写真を選んでいた証拠ではないでしょうか。英語が得意な生徒同士、逆に苦手な生徒同士、仲良し同士ではなく、先生の発問の意図を生徒がしっかりと汲み取っていたように思います。積極的生徒指導の『自己決定の場』がここにあり、学びを深める工夫だと思いました」と見取ってくれました。また、石井恭子先生は「互いの課題を受け入れながら、教え合い励まし合っている。グループの

友達が今何を思考しているのか頭の片隅に入れながら、自分の課題に取り組んでいる。そのことを知っているから、つぶやきながら取り組んでいるのかもしれない」とコメントくださり、岸野麻衣先生は「本当に生徒たちが自分たちの感じたことや考えたことを、英語を使って自然と表現していく場が作られていたと感じます。英語が得意な子も苦手な子も自分なりに表現できるような課題だし、やってみようと思える支え合うクラスになっていたと思います。英語が苦手な子だけが助けてもらうのでなく、お互いの学習を尊重し合いながら、支え合って学び合っていく関係性が構築されていました」とコメントくださいました。これらの記録を読み、授業は学級の人間関係が根底にあり、学級づくりに一層力を注ぐことの大切さを再確認することができました。

参観記録は誰のために書かれるのでしょう? 第一は授業者のためです。授業者は、授業中にさまざまなアンテナを意識的にも無意識的にも張り巡らせ、生徒を観察し瞬時に判断し、学習課題とその目標達成へ向けて知識と技能を総動員します。しかし、生徒一人ひとりの学びの様子は参観者の「生の記録」から、**授業後により深く読み取ること**ができるのです。そして**記録を通して授業を再構成**し、**生徒の次なる学び**を支えていくのです。第二は参観者のためです。授業の全体的な印象を書くのではなく、参観者自身の目（2-2参照）で生徒の学びを記録するのです。さらに、記録として書きながら**参観者自身が省察を加えていくこと**が大切になります。第三は参観していない人のためです。生徒の学びの筋で書かれた参観記録を読む（時には議論に参加する）ことで、**授業を追体験**できるのです。

■授業研究会での議論から振り返る

授業研究会で藤井佑介先生に「生徒が『聞きたい』と思ったその瞬間に先生は絶妙なタイミングで現れるんです。なぜでしょうか?」と問われました。この問いに私は「においです」と冗談で答え、その場でうまく説明できなかったのです。そこで授業者として何を大切にし、どういう手立てをすると「生徒主体の授業」になるのかを整理してみますと、私が普段の授業で特に大切にしている二つのことが頭に浮かびます。それは、第一に**生徒を見る・観る**、それ以上に**生徒の声を聴く**こと、第二に生徒の質問に対する答えや英語の表現方法を**すぐに教えすぎない**、ということです。

英語の授業では、生徒は自分の言いたいことを表現しようとするときに壁にぶつかります。[4] この「英語表現の壁」が「自分の課題として捉える」という問題解決型学習の核心にあたると考えています。そこで机間支援しながら生徒が「知りたい」、「言いたい」、「書きたい」と感じたとき、つまり「学びの欲求」が現れる瞬間を大切に見取り聴こうと心がけているのです。生徒の質問に対しては、生徒自身の考えや心の声を少しずつ引き出しながら、対話的に理解を深めるよう支援していきます。その試行錯誤の過程（探究）を通して、生徒は英語による表現方法を習得していくと考えているのです。この点に関して宮下哲先生が授業研究会で「『感じたことを表現しよう』という課題を、生徒たちが本気で探究している。誰一人として課題から外れる生徒がいない。それどころか、英語表現にこだわりながら感じたことを表現しようとしている。いくらでも日本語を使えるし、簡単にスピーチを書き終えることもできる。温かい、本当に温かい雰囲気の中で、生徒同士が教え合い、伝え合い、表現の幅を広げようとしている。まさに問題解決型の学習だと思います」と述べてくださいました。この言葉を聴いて、至民中学校赴任以来、七年間のモヤモヤがすっと晴れた気がしました。英語科の目標は端的に言うと「英語によるコミュニケーション能力の育成」ですので、英語を使って自分の考えや気持ちをやりとりする、つまりコミュニケーションを図ること自体が英語科の探究型・問題解決型学習なのです。このことを、**授業研究会を通して確信**できました。

実は、この授業研究会の最中に何人かが涙を浮かべました。生徒たちのリアルな姿を通して語り合う研究会だからこそ喜びや感動の涙が浮かんでくるのです。参観者が初めて出会った子どもたちの学びの様子を各自の視点を通して「主体的に」観て感じ、研究会で「対話的に」報告し合います。授業者は参観者の見取りを聴いて、生徒のエピソードを交えながら彼／彼女の学校生活の様子も語ります。このエピソードを聴いて研究会の参加者たち（授業を参観していない者も）が議論に惹き込まれ、参加者すべてが「深い学び」へとどんどん誘《いざな》われていく「正のスパイラル」効果を体感できるのです。私が初めて参観記録をいただいた平成二二年に「病みつきになる！」と叫んだあの時の感動を今でも思い出します。それほど、**参観記録を持ち合う授業研究会**は、実践者である教師だけでなく、教職志願の学生、そして実践研究を希求する研究者とその卵たち皆にとっての「宝の場」であると思うのです。

二一世紀半ばには、人工知能やロボット技術の発達等により知識社会がさらに進展し、現在の職業の半数以上が変化または消失すると言われています。そのような社会の中でも、人との深いつながりと結びつきの中で営まれる専門職としての教職は決して失われることはないでしょう。そのため、生徒も教師も研究者も「主体的・対話的で深い学び」を今、推進していくのは必然で、特に教師はこの学びを同僚とともに実現するために授業研究を活かしていく必要があります。**参観記録を通して生徒の学ぶ姿を語り合う授業研究**が、日本全国そして世界に広がることを心から願い、私自身も専門職としてこれからも同僚と協働して授業をつくり、生徒とともに学び続けていきます。

（鈴木三千弥）

注

［1］木村優「校内授業研究に包摂する2つの力――『専門職の資本』と『専門職の学び合うコミュニティ』を培う」『教師教育研究』第九号、２０１６、19～21頁。

［2］至民中学校は教科センター方式の学校で、英語の授業は「英語エリア」と呼ばれる教室とオープンな学習スペースが融合した場所で行われる。

［3］「土を耕す学級づくり」とは筆者の学級経営のモットーである。教育の結果・成果だけをすぐに追い求めるのではなく、千日（中学校三年間）かけてじっくりと生徒の「心」を育てたいという教育理念である。

［4］二宮秀夫「『専門職として学び合うコミュニティ』の基盤となる授業研究」『福井市至民中学校実践記録２０１４』２０１４、２６０～２６１頁。

コラム　誰もが学び育つ中学校の授業研究――「生徒の学び」を探究するコミュニティ

国語の先生が数学の授業を、保健体育の先生が社会の授業を参観する――数年前から東京都板橋区立赤塚第二中学校で定着した教科を越える授業研究は、「生徒の学びの事実」に寄り添う省察的実践による教師コミュニティの形成に発想の出発点があります。

一般に中学校には、目に見えない学年の壁や教科の壁が存在します。この「壁」は、互いの領域（業務や専門性）に立ち入ることをためらう中学教師の慣習によって同僚間の孤立を誘引し、限られた範囲内で個人の職務が遂行される、という弊害があります。そのため、教師たちが、隣のクラスでの出来事や他学年の動向、同僚の授業展開に関心を抱いたとしても、見えない「壁」に阻まれ学びの意欲も減退していきます。

そこで本校では、互いの実践を「語り」「傾聴する」関係性を重視した小集団による活動を授業研究の拠点となるよう、研究組織を再構築しました。この小集団は、学年・教科・職層の枠を越えたメンバーで構成され、研究の時間を週時程に組み込むことで、持続的な相互交流が可能となるシステムとして機能しています。その理由は、ディスカッション（議論）を経た決定事項の推進というよりは、ダイアローグ（対話）に価値を見出すような仕組みを整えたからです。

具体的には、同僚の授業参観の際、生徒のつぶやきや表情といった「学びの事実」に着目することで、その生徒が主体的に学びに向かった／向かわなかった背景や要因について探究するコミュニティが育まれていくプロセスを内在化した点にあります。教師が自身の専門性から見た授業のストーリーを同僚の視座と重層的に交流させながら意味づけし、自身の実践を省察する、小集団による歩みを毎月の校内研修会、学期ごとの授業公開、毎年の自主研究発表会で吟味し、それぞれ明日の実践を全体で探る、これら一連のプロセスにより、協働的で互恵的な教師コミュニティが創られ、多様な教育課題への挑戦へとつながっています。成熟しつつあるコミュニティは、近隣小学校児童との交流事業（リトルティーチャー）、地域と協働したアントレプレナーシップ教育、生徒会活動における教科リーダー部会の創設など、教科横断的な実践が絶えず同僚間で吟味、実践されていることからも窺い知ることができます。

今後、本校がさらに研究組織を成熟させるには、言語化された実践記録の質的向上を図り、過去の実践を将来の学校の財産へとつなげる教師集団の一層の自覚と覚悟が必要と考えます。

（岡部誠）

【高校編】

福井県立若狭高等学校
三年生・国語科（現代文B）
単元　短歌の創作

「短歌をつくろう――明治と平成のティーンエイジャー」

授業者　渡邉久暢 教諭
生徒　女子8名　男子18名

指を折りつつ短歌を作る生徒

4−15

短歌をつくろう——自己認識を育む

■単元設定の理由

本単元「短歌をつくろう」は、左に示した三つの目標を実現するために設定しました。

1　経験を問い直し、ことばとことば、ことばと対象をつなぐ。

2　つないだ関係性を、対話を通して問い直し、吟味して意味づける。

3　自らのものの見方、感じ方、考え方を見つめ直したり、深めたりする。

本実践は福井県立若狭高校三年海洋科学科の海洋探究コースの生徒二六名に対して行いました。この生徒たちは卒業後に、漁師・船員・公務員として働く者、料理・美容・プログラミング等の専門学校に進む者、外国語学・看護学、海洋学、スポーツ保健学を大学で学ぶ者など、さまざまな進路を歩むことになり、文学にかかわる機会も減ることが予想されます。だからこそ、他者に伝えることばを吟味しながら短歌を創作する活動を通して、自己認識を育てていきたいと考え、本単元を設定しました[1]。

短歌の創作活動を通して生徒は、見たこと、聞いたこと、感じたこと、考えたことを表現します。三十一音の定型に収めるために、ことばの選び方や表現の仕方を工夫する中で、自身の体験した出来事や経験のもつ意味を問い直し、ことばとことば、ことばと対象をつなぎます。さらには、そのつないだ関係性をクラスメイトや教師、テキストとの対話を通して問い直し、吟味して意味づけます。これらの過程は、自身の世界認識を明らかにしていくことでもあります。なぜなら、吟味され、選ばれたことばは、生徒自身の個性や世界認識の表れ以外のなにものでもないからです。このような短歌創作の過程を経ることにより、自身の作品はもちろん、自らのものの見方、感じ方、考え方を見つめ直したり深めたりすることができるように計画しました（巻末付録高校編資料参照）。

■ことばに対する見方・考え方を鍛えていくプロセス

本単元は四つのセクション（次）で構成しました。第一次は生徒の主体性を高めるセクションです。第一時に「『飛び出すな車は急に止まれない』の後に続く下の句を詠む」という活動を設定し、既知の標語の下の句を考えさせることを通して、短歌を詠むことへの抵抗感を払拭することを狙いました。第二時には、山川登美子記念館に引率し、「企画展に展示する短歌を創ってほしい」という依頼を小浜市職員から話していただくことで、短歌創作への意欲の高まりを期待しました（生徒の作品は実際に記念館に展示されました）。

第二次は、短歌に関する知識や技能を身に付けながら思考を深めるセクションです。どのような短歌が良いのか、どのようなワザを使うと良い短歌となるのか等の創作にかかわる知識や技能は、短歌を創りながら考え身に付けていく性質のものです。そこで、知識や技能の習得と思考のプロセスを分断しないよう工夫しました。第三時から第九時にかけては、俵万智・穂村弘・東直子などが記したテキストに書かれた作歌の技法の中から、自身の創ろうとする歌の題材や主題に合ったものを選び取ることを促しました。また、短歌の一部分を空欄にしておき、その部分にぴったりと当てはまることばを考える「穴埋め短歌」を取り入れることにより、ことばの選択の重要性を理解させました。さらには、作歌の過程を振り返らせる活動を何度も組み込みました。佐々木幸綱が述べるとおり、文芸における個性とは、自身の経験を問い直し、ことばとことば、ことばと対象をつなぐ中で育まれていくものです。[2] 何を題材として詠むか、どの対象をことばにして選び取り、意味づけるかを考える豊かなプロセスを組織することにより、生徒の「ものの見方・考え方」が培われていくよう、工夫しました。

第三次が公開した本時です。本時の目標を「自身の世界認識・ことばへの認識・自己への認識を理解する」と設定し、まず帯活動として行っている「穴埋め短歌」を行いました。今回の短歌は俵万智の「焼き肉とグラタンが好きという少女よわたしはあなたの（　　　　）が好き」を取り上げました。意外な一語が入る短歌ですし、生徒だけでなく、参観者の方々にもさまざまに想像してもらえるかなと思ってこの歌を選択しました。当てはめたいことばをグループ、クラス全体で共有した後に、本時の主たる活動である、参観者に自身の歌と作歌のプロセスを紹介し評価を受ける活動を組み込みました。まず生徒は自分の創った短歌を音読し、どんな情景・テーマを思い浮かべたか、どう感じたか、どんなところが良いかを、参観者に質問します。生徒は参観者からのコメントを踏まえ、自歌の情景・テーマ、テーマ設定の意図、今回最も工夫した点などを説明します。それを聴いた参観者は、短歌の評価や修正点等のアドバイスを行い、生徒はそれを書きとめた上で、今日の活動の振り返りを書きました。書けた振り返りは、一人ひとり廊下にいる私に見せに来ます。

対話的な学びの風景

生徒はこれらの活動を通して「私はなぜこのような題材を選び、このようなことばを選んだのか」「私は何を伝えたいのか」等についての言語化が促され、最終的にものの見方・感じ方・考え方の問い直しを余儀なくされます。

第四次は再度、自分の短歌をより良くするための時間を取りました。クラスメイトや私、参観者からの自作の短歌に対する評価を踏まえた上で、生徒それぞれが自分の個性を発揮した納得のいく短歌を作成しました。

■多様な方から評価を受ける機会を充実する

本単元の評価計画で特に意識したのは、多様な方から評価を受ける機会を充実させることです。授業者である私が評価を独占するのではなく、生徒に評価基準に基づく自己評価や相互評価を促したり、学校外のさまざまな方に評価を開いたりすることを意識しました。生徒の多様で質の高い学びを引き出すためには、学校が社会とのつながりの中で教育を展開することが有効に働くと考えたからです。本単元においては、学校外の方から直接評価を得る機会を四度設けました。最初の機会となったのは、山川登美子記念館の協力を得て行った企画イベント「明治と平成のティーンエイジャー」での展示です。来館者の短歌愛好者からコメントを書いてもらったり、投票による評価を受けたりしました。有志の生徒が来館者へのギャラリートークも行うことにより、直接各自の短歌の評価も得られました。二度目の機会が公開授業となった本時です。五十名を超える方々が生徒の詠んだ短歌を評価してくださいました。三度目は、第四次の第十五時です。小浜市の歌人協会から七名の短歌同人をお招きし、生徒が創った短歌の合評会を開催しました。長年短歌創作に携わってきた短歌同人の方々からの専門的で深い示唆は、生徒の学習を大きく促進させました。そして、四度目が短歌コンクールへの出品です。プロの歌人から短歌を評価していただく機会を得ることは、生徒の励みとなりました。第二十回山川登美子記念短歌大会にて入選した生徒の短歌は以下のものです。

「あけおめと打ち終わり君からの返事みかん一粒食べては確認」

このように、ことばに対する見方・考え方を鍛えていくプロセスを経るとともに、多様な方から評価を受ける機会を充実することにより、自らのものの見方、感じ方、考え方を見つめ直したり、深めたりすることができるよう、単元をデザインしました。〈渡邉久暢〉

注

［1］本実践の詳細については、渡邉久暢著「教養に裏打ちされた『言語行動主体』を育てる――ことばに対する『見方・考え方』を鍛えていく単元の開発」（『福井県立若狭高等学校研究雑誌』第47号、2017、3～21頁）を参照。

［2］佐々木幸綱著『短歌に親しむ』（NHK出版、1998）

4-16

やりとりの中で、自分を見つめことばの感覚を高める生徒の姿——ことばを吟味する

【視点】
公開研究会のため教室から溢れるほど参観者がいる中、私は、生徒の言動を捉えるために生徒の顔が見える場所から参観したいと考え、教室窓際の前方に立ちました。授業を見る際には、他者とのやりとりが生徒の学習にどのような意味を持つのかということに着目しており、渡邉先生と生徒の言動で聴きとれたこと、見てとれたことすべてを逐語的に記録しました。ここでは三つの場面を取り上げ、先生とのやりとりの中で、自分を見つめ言葉の感覚を高める生徒の姿について考察します。

■他者と共に、個々に課題に向き合う空間——授業のはじまり

チャイムが鳴る前に教室にやって来た渡邉先生は、ノートをペアにして生徒の名前を呼んでいきます。受け取った生徒から座っていきます。先生は「自分自身を見つめ直そう」と板書し、チャイムが鳴ると「ノート、これだけ書いておいて」と黒板を指し、「書けたら今日の流れわかっておいてー」と書き加えました。生徒たちはノートに課題を書くと、それぞれプリントを見て「ねえねえ、これって…」と**自然に隣とやりとり**を始めます。

休み時間の日常から緩やかに授業へ移行し、多くの参観者がいるにもかかわらず、生徒はそれほど構えることのない雰囲気でした。**教師の声**は極めて限定され、生徒がそれぞれに**課題を汲み取ろう**とし、わからなければ**相談**し合う様子から、いつでも自然な形で隣の誰かとことばを交わしながら、個々が課題に向き合う空間になっていると捉えました。

■ことばを吟味する過程——短歌の穴埋めの活動

渡邉先生は「今日の穴うめ」と書き「いつものとおり、今から書くので、映えるやつたくさん書いてね」と言って「焼き肉とグラタンが好きという少女よ　わ

たしはあなたの（　　　）が好き」と書きます。生徒は**つぶやいたり指折り数えたり**して書いていきます。五分に設定されたタイマーを見て、先生は声を出さず「あと一分」と板書します。時間になり、四人の班になりました。苦戦していた城島くんが「俺わからん。何にした?」と口火を切り、長岡くんが「字余りなんだけど。『全て』と『輝き』にした。理由は、焼き肉は表面で見えて、グラタンは内面。中身がいっぱい詰まっている。そういうのがみんな好きっていうので『全て』にした。『輝き』のほうは、どれもすばらしいから輝きを放っているということで。」と語ります。「深いな」というつぶやきが漏れました。城島くんは「『好み』にした。好きな物がある少女が好きっていうのと、あと『手料理』にした。あなたが作ったすべてが好きってことで。」中田さんは「とりあえず、お腹がいっぱいになるやん。それで『食欲』と『胃袋』にした。」南さんは「『感触』。理由は…恥ずかしい」と口籠りました。

タイマーが再び鳴り、渡邉先生の声かけで、各班の生徒が班で出たことばを黒板に書いていきます。三人はそれを眺めて、「手料理系出るんやな」「一緒や。なるほどね」「食べかすって書いてある」等と**感想をつぶやき合って**いました。

黒板に書かれた「どれが良い?　なんで??」という問いに、生徒は**黙って黒板を見つめ**、ノートに**自分の選んだものと理由**を書いていきます。城島くんは「冷たさ　焼き肉もグラタンも熱いから少女の体温の冷たさ。読む人に驚きを与える」、中田さんは「笑顔　食べている少女の笑顔が浮かぶから」と書きました。その後、班で報告し合い、最後に先生が「俵万智の歌で、『お父さん』」と種を明かし「いろんな驚きがあると思います」と活動を終えました。

生徒の語りを見直すと、詠み手の側に立って思いや意図をさまざまに読み取ろうとする様子が見られます。同時に自分ならどんなことばを入れるのかを考えることで、詠み手にもなっています。入れたことばを共有する中で再び詠み手の思いを想像し、最後にはまた詠み手としてことばを選んでいきます。一度ことばを入れてみて終わりでなく、**鑑賞と創作のサイクルを重ねる**ことで、自分の選んだことばを他と比べ、よりぴったりとくることばに出会い、選ぶことばでいかに歌が変わるかを実感し、**ことばを吟味する視点**を得ていくように見えました。正解を当てるのが目的ではなく、自分の言語感覚を問われ、他者とのやりとりを通してそれを磨いていく過程が見られ、私にとっては興味深い場面でした。

■自分を見つめ直してきた過程を語り直す――参観者とのやりとり

渡邉先生が「参観の先生方、うまく入ってもらえると助かります」と言い、生徒のペアの前に参観者が立ちます。城島くんは「『受験生大学目指しカリカリカリ　日が落ちるまで机と対面』。受験生ってしたのは、最初高校生にしようと思ったんだけど高校生は一年生や二年生もいてみんなが受験生ってわけではないので受験生にしました。カリカリカリは勉強しているイメージ。もっとどんなふうにしたらいいと思いますか」と尋ねます。「机と対面のところ、カリカリカリと韻を踏むようなことばにしたら」「下の句でもこういうのを活かすといいのでは」と言う参観者に「最初『朝から晩まで大変だ』っていうのを『日が落ちるまで』ってして、**一日勉強を頑張っているイメージ**にした。何を目的にしているのかというので、『大学目指し』にした」と説明します。込めた思いを尋ねられ「短歌が苦手で、勉強のことしか思いつかなかった。**看護師になりたくて大学受験**をする。**頑張ってるぞという思い**を込めた」と語りました。

続いて中田さんが「『電車見え足がムズムズイス取りに　黒い窓見え白いため息』。状況わかりますか?」と尋ねます。参観者が「学校帰り?」と言うと「電車で、座れるかなと思って待っていて、そうしたら来たのは満員電車で。ほかの学校の制服の子で真っ暗に見えて、がっかりしたのを白いため息で表した」「電車通学にしかわからないことを詠めば面白いと思った」「足がムズムズっていうのは、『電車来て気持ち焦るぞ』だったんだけど、印象的でないと言われたので、ムズムズにした」と解説を加えていきます。参観者からは「通ってくる電車のイメージが伝わる」「がっかり感がよく伝わる。黒い窓と白い息で、すぐにわからなくて一瞬考える間がある」と感想が伝えられました。

生徒の語りから、創作の過程で、**日々の生活**を見つめ直し、今向き合っていることは何か、切り取ると良い風景はどこか、**自分に問いながら考えてきたこと**が伝わりました。外部者に向かうからこそ、これまでの過程を自覚的に語り直すことにつながっていたように思います。一方で必ずしも短歌に造詣が深いわけでなくその場で話を聞いただけの参観者にとって、詠み手の思いを丁寧に汲み取ってことばを吟味するやりとりを行うのは難しかったとも感じました。

最後に、生徒はメモを付箋に書いて渡し合い、語ったことを振り返り、ノートに書きました。渡邉先生は**廊下で待機**し、書き終えた生徒が来るとノートを見て「どうだった？」「いい感じやな」等と声をかけました。教室は生徒が個々に思考をことばにして書くことに集中する場になっていました。全体を通じてこの授業では、思考を遮る音が極力削られており、それが、**じっくり考え、他者を前にことばを紡ぎ、また思考していく空気**につながっていたと考えます。

山川登美子記念館での短歌の展示を動機に、佐々木幸綱のテキストに学んで創ってみることから始まり、教師や友達の評価を元に推敲し、最後には創作過程を振り返り、世界認識・自己認識を自覚し、ことばを吟味し続けていく、という単元構成も大きな意味をもっています。教師の選び抜いた教材で、緻密に練られた活動が用意されており、それが学習の質を保障しています。一方で、順番に用意された課題に生徒が従事していくようにも見え、あくまでも主導権が教師にあることや活動間のつながりが見えにくいことが気になりました。生徒は参観者に語ることにどんな発意をもっていたのか、穴埋めの活動が短歌の推敲にどうつながったのかと問いながら、研究会に臨みました。

〔岸野麻衣〕

4-17 若い世代の生きることを支えることばの授業――渡邉久暢先生の授業と役割のダイナミズムを跡づける

【視点】
私は自身がことばの教育にかかわっていることから、授業前より「渡邉久暢先生のことばの授業がどのように生徒たちを支えているか」に着目したいと考えていました。はじめは教室前方から先生と生徒たちのやりとりを、次第にグループ、そしてあるペアの言語活動にフォーカスを絞り記録を取っていきました。そこから立ち上がってきたのは、渡邉先生のことばの授業は、若い世代の「生きることを支える」授業であるということでした。

■授業前――異なる世代が学び合う場が立ち上がる

チャイムが鳴る前、渡邉久暢先生が「緊張するわー」と言いながら笑顔で教室に入ってきます。そして、生徒たちに本時の後半に行う自歌の披露の形態を、ジェスチャーを交え次のように伝えます。「今日発表する人、この組（ペア）とこの組だったら後ろ向いて背中合わせになって、大人の方にここに立ってもらって」。先生は私たちを「参観者」や「見学者」ではなく「大人」と表現していました。このことにより生徒たちと私たちとの間で「授業を見られる人と見る人」ではなく「高校生と彼らより（多少）長く生きている者」という関係性が立ち上がりました。少なくとも私にはそうした意識が生まれ、本時において**生徒たちとどのように学び合えるのかという期待**が膨らみました。

教室を見渡す中で私はある二人の男子生徒、松川くんと迫田くんに目がとまりました。後から知ることになりますが、松川くんは、高校卒業後は父親の跡を継いで漁師になることを決めている生徒でした。

■「今日の穴埋め短歌」――同世代の仲間と共に等身大の自分の感じ方を表現し交換し合う

授業開始のチャイムが鳴りました。しかし、渡邉先生は生徒に起立も礼も求めません。授業はまるで、生徒たちの日常の中にあるかのように進んでいきます。先生は黒板に大きく「今日の穴うめ」と書き、「焼き肉とグラタンが好きという少女よ　わたしはあなたの（　　）が好き」という短歌を書いていきます。学習指導案によると、ここ数時間は授業の冒頭に本活動を設けているとのことです。生徒たちは四人グループになり、穴埋め問題に挑戦します。松川くんと迫田くんのいるグループでは次のようなやりとりがありました。「長沢くん：食欲、笑顔　迫田くん：見た目、におい　松川くん：顔、笑顔（他の三人が笑う）横顔でしょう、カレカノの目線で（恥ずかしそうに笑う）」。驚いたことに、生徒たちはかなり私的な感覚をためらうことなく次々と出し合っていきます。それはまるで、**どんな自分を出しても相手（仲間）が受け止めてくれるという信頼や安心感**からきているようでもありました。

■「自身の歌と作歌のプロセスを参観者に紹介し評価を受ける」――異なる世代に自分の感じ方を表現し検討する

次はいよいよ生徒が自分たちの歌を披露する時間です。ペアによる発表で、授業前の渡邉先生のアドバイス通りに生徒たちが座席を動かし場を整えます。私は松川くんと迫田くんのところに向かいました。二人のところには私を含め二十代から五十代の四名の大人が集まりました。発表は一人ずつ行われ、一人が発表しているときにもう一人がその発表に対する参観者からのコメントを付箋に書き取るという具合で進みました。

　松川くんの歌は【夏休み　常神沖へ船を出す　そこではまるで父が先生】です。彼は「僕のお父さんは漁師で、僕もここを出たら漁師になります。これは部活が終わって手伝いをしたときに書いたものです。工夫したのは、父を先生と喩えたことです」と発表します。私は彼の歌と説明を聴いて思わず「夏に常神に行ったのですが、とても神秘的な場所で、松川くんのお父さんがそこで神様に見守られるように静かに漁をしている情景が浮かびました」と伝えました。彼は「実際うちから常神沖までかなり距離があるのでそこが描ければもっといいですかね」と返してくれます。私はこの年の夏、常神半島を訪れていました。常神半島は若狭湾に突き出た半島で、最奥の「常神」に辿り着くまでに「遊子」「神子」という地区を通ります。それぞれの地区に漁場があり、神社があり、人々の暮らしがあります。私は当時、半島の奥に入っていく毎に静寂が深まる感覚を覚え、常神に着いたときにはまるで神域に足を踏み入れたかのような厳かさを感じました。冬は厳しい姿を見せる日本海ですが、夏はとても穏やかで、漁師は陽光の中を、静かに舟を漕ぎ出していきます。松川くんの歌を聞いたとき、そうした**常神での記憶と経験**が呼び起こされたのです。

いまだにこのようなコメントをしてよかったのかどうか私の中で答えは出ませんが、他の参観者も松川くん、そして迫田くんに、**自身の経験や関心を出発点とする多様な視点からのコメント**を寄せていました。

■「他者との対話に基づき、自身のものの見方・感じ方・考え方を問い直す」――他者を鏡にした省察

生徒たちによる自歌の披露は、参観者の積極的な参加もあり熱気を帯びていました。渡邉先生は黒板に大きな字で「活動三へ どーぞー ふせんでしゃべったらいいよー」と書き、次の活動へと誘います。生徒たちは参観者のコメントをメモした付箋をペアの相手に渡します。そして、その**コメントと対峙**しながら「なぜこのような題材を選び、このようなことばを選んだのか。私は何を伝えたいのか」（学習指導案より）を、静かにノートに書いていきます。渡邉先生は教室からすっと廊下に出ていかれ、そこで生徒たちが来るのを待っています。待っているといっても生徒たちを焦らすようなことはしません。次第に、生徒たちがノートを持って廊下にいる渡邉先生のところに寄って行きます。渡邉先生は一人ひとりノートを丁寧に見ながら声をかけ、**さらなる問いかけ**をしているように見えました。

渡邉先生が廊下から教室に戻り、黒板に大きな字で「おわったら先生方 生徒にいろいろ聞いてやってください」とメッセージを書きます。すると授業終了のチャイムが鳴り、渡邉先生は開始時と同様に生徒に起立

も礼も求めず教室を後にします。教室には、参観者や渡邉先生のコメントをもとに**自歌に向き合い続ける生徒たちの姿**がありました。

■渡邉先生が果たしていた多重な役割

私は「ことばの状態が良い＝人間の状態が良い」と考えており、そうした自身の問題意識に基づき本時の授業を参観しました。渡邉先生の授業はことばが生徒の情意や思考を支え、同世代の仲間や異なる世代との関係性をより良く築く、まさにことばの状態が良い、若い彼らの「生きることを支える」授業でした。その中で渡邉先生は、生徒たち（＝若い世代）と参観者たち（＝多様な世代）が共に学び合えるような声かけや工夫を随所に凝らしており、その意味において**ファシリテーター**（**触媒者**）の役割を果たしておられると感じました。また、生徒たちに寄り添い彼ら／彼女らの声や本来もっている力を引き出そうとする姿は、**アドヴォケーター**（**代弁者**）でもありました。生徒たちは渡邉先生を心から信頼しており、先生が傍にいることで、安心して仲間と共に自分のことばを発することに挑戦していたように思います。

また、本単元で渡邉先生は教職二六年目にして初めて短歌の授業に挑戦され、単元前から短歌の世界を探究されてきました。若い世代の生きることを支えることばの授業の背景には、**生徒と共に学び続ける協働探究者としての教師の姿**があり、渡邉先生は生徒にとって生涯学び続ける主体としてのロールモデルでもあったのです。

これまで渡邉先生の授業を何度か拝見する機会があり、毎度圧倒されつつも、それをうまく言葉に表すことができずにいました。今回やっとこのように自分の言葉で渡邉先生の授業と先生の役割のダイナミズムに形を与えることができ、更にそれをお伝えすることができ、安堵しています。今後も渡邉先生の挑戦についていけるよう自分も成長し続けたいと、気持ちを新たにしているところです。

〔半原芳子〕

4-18 「自己」と向き合うことばの協働学習の中で広がり育つ生徒の情動――情動と学びの関係

【視点】
生徒たちが短歌創作を通して「自己」を見つけ、「自己」と向き合って対話し、ことばと世界と自己の認識を明らかにしていく本時の授業で、私はある一人の女子生徒の「自己」と向き合う学びの過程を追っていきました。そこで特に関心をもったのが、彼女の学びに向かう情動です。「自己」にアプローチする作歌の一連の過程と授業の協働的なかかわりの中で、生徒の情動がいかに揺れ動きながら授業の目標に接近し、価値ある学びへと結実していくのか、情動と学びとの関係を探りました。

「自分自身を見つめ直そう」

これは、渡邉久暢先生が教室に入ってすぐに板書した生徒たちへのメッセージです。本時で生徒たちは自ら創作した短歌を詠み、作歌プロセスを参観者に紹介してさらなる工夫点を探りながら、「自身の世界認識・ことばへの認識・自己への認識を理解する」という、本単元を貫く学びの目標へと迫っていきます。生徒たちが自分自身を見つめ直し、ことばを「自己」とかかわらせて吟味する過程を追うには、生徒個人の学びを中心にすえて授業を見る以外に適した「視点」は考えられません。そこで私は、教室前方に座っていた女子生徒、南さんに注目して授業を見始めました。

南さんは授業序盤の「今日の穴埋め短歌」の活動中、「焼き肉とグラタンが好きという少女よ わたしはあなたの（　　）が好き」の括弧内に入ることばを真剣な表情で考え、ときに天井を見つめ、ときに思いついたことばの文字数を指折り数えます。また、彼女は他生徒に比べるとゆっくりペースで学んでいて、たとえば、多くの生徒がすぐにことばの相談を始める中、彼女はじっくり一分以上考えてから隣の中田さんに「（括弧の中）何?」と尋ねていました。

私は、彼女の学びに向かう誠実でじっくりとした姿勢に惹かれ、彼女にとって**仲間や教師の存在**が本時の目標である「自己」と向き合う学びの中でいかなる意味をもつのかを知りたくなりました。さて、南さんの学びを追って授業を見ていくと、彼女の学びに向かう姿勢とともに、**学びに向かう情動の機微**がつぶさに見えてきたのです。

■ことばの吟味と身近な他者との対話を通して学びに向かう——情動のポジティブ転換

グループでことばの確認を行う場面、南さんは中田さん、城島くん、長岡くんと一緒の四人グループです。彼女は「感触」ということばを思いついたのですが、そのことばを選んだ理由を三人に伝えることができません。また、彼女は黒板にグループ全員の予想を書き込む役となりますが、自分のことばだけ**板書せずに**戻ってきます。長岡くんが「自分の書いてないじゃん」と指摘し、近くにいた渡邉先生も「なんで自分の意見を書かないの？」と尋ねると、南さんは**頬を少し赤らめて小さく微笑み**、もう一度黒板に向かいます。渡邉先生は空いた南さんの席に座り「自分の書かないとな」と言い、南さんが板書することばをじっくり見ます。南さんはグループに戻ると三人と談笑します。

この場面で南さんがことばの選択理由を明確に伝えられなかったことから、彼女の少し控えめな性格を感得できました。また、彼女がことばの吟味と自分の意見への自信が少なく、小さな不安を感じている可能性が推察されました。しかし、長岡くんの指摘と渡邉先生の励まし、そして何よりも仲間の存在により、彼女の情動状態は不安から恥ずかしさを経由して安心へと**混在しながら移行**していったことが表情変化からうかがえました。はじめは比較的ネガティブな情動状態と推察されましたが、教師と仲間という**身近な他者との相互作用**が彼女の情動を和らげたと言えるでしょう。

その後、生徒たちは級友の意見から良いと思うものを選択し、その理由を書く「自身の感覚・感性を言語化する」活動に移ります。南さんはすぐに級友の意見を選びその理由を書き始めます。教室内を回っていた渡邉先生は南さんのノートを見て「なるほど」と感嘆を示すと、南さんは渡邉先生を見上げて微笑み、理由を書き続けます。

ここで、活動の移行に伴って南さんの学習ペースが加速した要因は、選択し理由を書くことが彼女にとって活動しやすかったとためとも考えられますが、むしろ、渡邉先生の温かい感嘆に対する彼女の応答から、渡邉先生と仲間との相互作用に基づく**不安の緩和**と**安心の増加**にあると推察できます。すなわち、安心に包まれた**心地よい情動**が、南さんの「**自身の感覚・感性**」**への接近**を円滑化し、**書く活動のペース**を加速したと考えられるのです。

その後、授業では「今日の穴埋め短歌」が俵万智の作品であり、括弧には「お父さん」が入ることが渡邉先生から明かされます。そしていよいよ、生徒たちが参観者に向けて歌を詠み、作歌プロセスを紹介する場面へと向かいます。

■他者との対話を通して自己の世界認識を拡張する——勇気と楽しさと喜びと自信

南さんは初めて出会う、**見知らぬ他者である参観者**に向けて**大きな声で**歌を詠んでくれます。彼女の歌は【ぱんぱんとうさぎもひっしはてのそら手の側面も鉛筆色に】です。彼女は続けて作歌プロセスを**明瞭な声とことば**で、時折、**笑顔**も浮かべながら紹介してくれます。この短歌には「教室で夜遅くまで受験勉強をしている風景を書いた」、「手の側面も鉛筆色に」したのは「実際に必死に勉強したときしか色は変わらないので、鉛筆色にした」、「ぱんぱんとうさぎもひっしはてのそら」は「教室で月がはっきり見えるくらい遅くまで勉強しているという風景を見て表現した」と教えてくれます。

さらに南さんは、最初の作歌【せまりくる一生一度の別れ道手の側面も鉛筆色に】をハニカミながら紹介してくれて、「風景を書くこと、自分の今の気持ちを書くことで対比になるようにした」と教えてくれます。そして「どちらがいいですか?」と参観者に問いかけます。私は、今のほうが良いこと、放課後の教室の情景が目に浮かび、さらに放課後の学校に響き渡る音を思い浮かべたと伝え、南さんは頷きながらノートにメモを取ります。この後、個人でコメントを整理する作業を南さんは**すばやく一分ほどで終わらせ**、情景を加えた対比表現の工夫を評価してもらった点を渡邉先生にも伝えます。渡邉先生もこの点を「いいな！」と強く同意し、南さんは**力強く頷きます**。

このように、南さんは作歌を通して受験に集中している「自己」を見つけ、そこで焦っている「自己」と向き合い、本単元を通して「自己」と対話し続けてことばを吟味していったことがよくわかりました。そして、彼女は自己の世界認識を「別れ道」へと続く一本道から月明かりが照らすより**大きな世界へと拡張**していったのです。この世界認識の拡張は、歌の「書きことば」の変容に生徒自身の「話しことば」が加わることでより理解できました。

また南さんは堂々と短歌を詠み、作歌のプロセスの紹介ではたくさんの笑顔を示しました。これらの様子から、彼女が渡邉先生と仲間との相互作用によって生じた安心を土台とすることで、見知らぬ他者に短歌を詠んで作歌のプロセスを紹介するための**勇気**を引き出し、短歌の詠唱と作歌の説明を通して自己のことばを吟味し直しながら、他者と対話することで作歌の**楽しさ**や自己との内的対話の**喜び**を味わっていた可能性がうかがえます。そして、最後の渡邉先生とのやりとりから、一連の活動を通した学びによって南さんが着実に培ってきた**自信**も垣間見えました。

南さんの「自己」と向き合う学び、そして渡邉先生の授業デザインとかかわりが教えてくれることは、学びとは喜びや楽しさや勇気や自信といった**情動的次元**を広げながら知識やスキル等の**認知的次元**を広げることであり、そこで生徒たちの**社会関係**と**自己内対話**を授業デザインに組み込む大切さでした。特に短歌創作に必要な「個性」と「自己」に向き合う本時の学びは、「個性」と「自己」を映す鏡である情動への接近が求められます。この意味で、本時は生徒の世界・ことば・自己への認識を広げながら**情動への認識**も広げ、**情動の発達**も促す実践と言えるでしょう。

（木村優）

4−19 多様な参加者に共有できる問題の模索と成立——評価をひらく

渡邉久暢先生による「短歌をつくろう——明治と平成のティーンエイジャー」全一六時間の第一〇時の授業研究会が「教育におけるアクション・リサーチのための実践コミュニティ」主催のもとで開かれました。この授業研究会は分野を超えた実践者と研究者により運営され、授業の実践記録と参観記録に基づき授業研究が進められます。当日は渡邉先生はじめ十数名が集まり、私もこのコミュニティの一員として本授業研究会に参加しました。

ここで授業研究会の省察と検討を行う前に、私自身の教育研究者としてのこれまでの歩みを辿っておきます。なぜなら、私はこれまで国語科の授業研究に基づいて教育評価研究を進めており、その過程で出会った渡邉先生と現在に至るまで、およそ八年間にわたる長期の共同研究を行っているためです。つまり、授業や教育評価に対する私の見方・考え方が、渡邉先生による単元や授業のデザインや省察に対する見方・考え方に影響を及ぼしていて、本授業研究会の省察と検討にも反映されているためです。

■私の教育研究者としての歩みと実践研究観

【高次の学力の評価方法と基準の開発】　私が大学院生として所属していた京都大学大学院教育学研究科の教育方法学研究室では、１９７０年代に「到達度評価」の研究と運動を支えたこともあって、教育評価研究を伝統としてきました。私が博士課程に在籍していた頃には、研究室内で、高次の学力を評価する新しい評価方法と基準の開発が課題として共有されていました。当時の私は、もともと高校の国語科教師を目指していたこともあり、国語科の授業研究を日常的に行っていました。ただし、この授業研究では授業者による主体的な授業研究に伴走するというスタイルを採っていて、高次の学力を評価する新しい評価方法と基準の開発という課題を検討していたわけではありませんでした。

【実践の当事者による長期的な実践研究と討議・省察の場の形成】 博士後期課程を修了すると同時に福井大学に着任しました。福井大学は、専門を異にする研究者間の密な協働が成立している稀有な大学の一つです。私が着任した時点で、すでに二〇年にわたる研究者間の共同研究の蓄積があり、その蓄積に基づいて教職大学院を開設したところでした。そこで私は、共同研究の蓄積を理解すべく、共同研究を通して生まれた論文を集めて読みました。

彼らの論文を通して私が学んだことを少し大胆にまとめますと、次のようになります。1950年代後半から1960年代に推進された「授業の科学的研究」は、教える内容と方法を切り離し、一時間の授業の現象分析を緻密に行いました。その結果、授業の成果をすべて方法に起因させてしまう、技術主義とでも呼ぶべき風潮が強まりました。この「授業の科学的研究」としての授業研究の弊害を乗り越えるために、教育内容の吟味へと向かうアプローチ、教師の思考の解明へと向かうアプローチ、そして一時間を超えた子どもの学習過程の追跡へと向かうアプローチ、といった複数のアプローチが生まれました。さらには、これら複数のアプローチを融合させながら、教師と子どもの長期にわたる相互作用に基づく学びの生成プロセスを解明することが授業研究に求められるようになりました。

ここで、複数のアプローチを融合させうる、実践の当事者である教師自身による研究に光が当てられるようになりました。ただし、実践者であるがゆえに見えにくくなる側面があるため、その側面を同僚や共同研究者との対話による討議と協働省察によって補填していくことが大切になるということです。

【長期にわたる生徒の学習成果物の公開・公刊による評価への参加】 私は、京都大学の研究グループの一員かつ福井大学の研究者として活動する中で渡邉先生と出会いました。そして、渡邉先生の授業に魅了されたことも一つのきっかけとして、高次の国語学力の指導と評価に関する共同研究を始めました。渡邉先生の指導は、自覚的に行っている部分もある一方で、ご自身にとってあまりに自明であるために自覚的ではない部分もありました。そして、短期間で身に付く国語学力は前者に支えられ、長期にわたって形成される高次の国語学力は後者に支えられているように、私には見えました。渡邉先生も、自身が暗黙にもっている生徒たちの長期的な国語学力の育ちに関する見通し（国語学力モデル）を明確に言語化・自覚化したいと考えていました。そこで、生徒たちに高次の国語学力を形成させより自立した学習主体へと育てると同時に、渡邉先生の国語学力モデルを明確化する方法はないかと思い巡らせました。その方法のひとつとして、長期にわたる生徒たちの学習成果を生徒たち自身が広く公開し、それを多様な人々に評価・価値づけてもらうということを考えました。この考えは、私の教育研究者としての歩みの中で得た知見や経験が化学反応を起こして出てきたものでした。

私たちは協議に基づき、現代文の単元「こころ」において共同研究を実施しました。この研究では、渡邉先生が単元を通して研究論文の執筆＝評価課題を生徒に指導し、私が生徒の研究論文を『こころ論文集』として編集しました。この論文集は公刊し、学校内では図書館に所蔵するとともに校長先生はじめ教職員に配布し、教育委員会や教育研究者にも広く共有しました。これが一定の反響を呼びました。生徒たちは級友が仕上げた論文を読み合い、渡邉先生のもとには保護者や同僚をはじめ各方面から好意的な感想や問い合わせが寄せられました。どれも生徒たちの研究論文に触発され、高校の国語科で育てる学力とは何か、高校の国語科の授業はいかにあるべきか、に言及されていました。この反響は渡邉先生にとって自身の国語学力モデルや授業を対象化し考察する契機となりました。

この共同研究に基づき、私たちは学習者の長期にわたる探究の過程と成果をオープン・アクセスなデータとして組織し、これまで評価を独占してきた授業者以外の、学習者や教室の外側にいる多様な人々の評価への参加を促すことで、学習者を中心に多様な関心に応答する授業研究を確立することになったのです。

【授業研究会における私の実践研究観の特徴】 これから紹介する授業研究会で、私たちは多様な視点による授業参観記録とそこで示される論題を参加者全員で対話し議論することで、各自の学力観・学習観・授業観等を問い直していく授業研究観を共有しています。ただし、一歩踏み込むと各自の実践や研究の歩みに裏づけられた特徴が表れます。私の場合ですと、生徒たちの長期にわたる学習成果物の検証に授業研究の論題を見出し、私自身の既存の「観」を問い直すという点に特徴があります。それでは、授業研究会を省察しその意味を探究していきましょう。

■授業研究会における問いの交点の探索と成立

【単元における評価の構造】 ここではまず、本単元「短歌をつくろう――明治と平成のティーンエイジャー」の評価の構造について簡潔に検討しておきます。単元の目標に接近するために、生徒たちはことばの吟味を通して自らのものの見方・考え方を発見するという短歌の文化を学びつつ、自らも短歌を創作する活動に取り組みました。作歌プロセスには推敲が含まれており、単元計画には必然的に評価が組み込まれることになりました。単元の序盤で渡邉先生から生徒たちに「共感と驚き」という短歌の評価規準が伝えられ、実際に渡邉先生はこの規準を参照しつつ生徒たちの短歌を評価し、また生徒たち自身も同様に自己評価を行っていましたし、もちろん同時に作歌プロセスも評価していました。ただし、「**教師が評価を独占しない**」という渡邉先生の考えを反映し、単元内で多様な人々が生徒たちの短歌や作歌プロセスを評価する機会の充実が図られました。第一〇時も同様で、研究授業の参観者に対して生徒たちが「自身の短歌と作歌プロセスを紹介し、評価を受ける」という授業デザインでした。参観者は生徒たちの短歌と作歌プロセスを評価しながら、同時にその様子を参観することになりました。第一五時には小浜市の歌人協会から七名の短歌同人を招いた合評会が行われ、単元終了後に山川登美子記念館に生徒たちの短歌が展示されました。

【共有できる問いの模索】 単元終了後から少し時間をおいて、私たちは授業研究会を行いました。授業研究会の冒頭で渡邉先生から、単元の途中で生徒の作歌プロセスにどの程度介入して評価すべきか迷ったこと、短歌創作に苦労する生徒への有効な手立てを考案するのが難しかったことが語られました。さらに渡邉先生は、本時であえて短歌に精通しているわけでもなく、また生徒たちの学びに直接的に責任を持つわけではない参観者に、生徒の短歌と作歌プロセスへの評価を依頼した「仕掛け」がはたして機能したのかどうかの意見を率直に聴かせてほしい、と求められました。渡邉先生のこのお話は、評価は、国語科という教科の目標や内容に深い理解のある教師にとってさえ難しいのであって、教科の専門家ではない学習者や参観者を評価に参加させることがいかにして生徒たちを成長発達させうるのかという問いを私に突き付けました。

その後の検討会では、木村優先生、岸野麻衣先生、半原芳子先生が作成した参観記録に基づいて、多様な視点から授業の実際について語り合いました。木村先生と岸野先生の参観記録は、単元の毎授業の冒頭で行っていた穴埋め短歌という帯活動や、第一〇時の主要な活動であった「自身の短歌と作歌プロセスを紹介し、評価を受ける」を通して、生徒たちが作歌し自己評価する主体として立ち上がってくるまでのプロセスを丁寧に追おうとしていると、私は受け止めました。半原先生の参観記録は、参観者からのどのような評価であれ、生徒たちがそれを活かす評価の主体として立ち上がろうとしている様子を報告していると、私は受け止めました。どの記録も、生徒たちは突如として作歌し自己評価する主体になるわけではなく、援助者として振る舞っているときの渡邉先生や友達との相互作用の中で時間をかけて自己評価の主体になるのだろうということを、具体的に示してくれました。

また、岸野先生からは、授業の冒頭で行った穴埋め短歌の活動と、短歌を創作するという活動の間にいかにつながりを見出すのかという問題提起がありました。このことを、評価という視点から捉え直すと、客観的な基準のある鑑賞活動と客観的な基準に必ずしもとらわれない創作活動との関係をいかに考えるのかという問いになります。これに対して渡邉先生は、一時間の授業においては両者のつながりは見出しにくいものの、前者の活動に支えられて後者の活動が成り立つという単元デザインであることをお話しされました。岸野先生の問題提起は、教科や短歌への深い理解を伴って指導者として振る舞っているときの渡邉先生によ る客観的な評価を生徒たちはいかに内面化したのかと いう問いや、指導者としての教師による客観的な評価 と自己評価との関係がいかにあるのかという問いにも なりえます。これらの問いは、私自身の今後の課題と して引き受けなければならないと思いました。

分野を超えた実践者と研究者の協働による授業研究 会では、参加者それぞれの関心に基づく論題が示され ていきます。そのため、まずは参加者それぞれの問題 意識を授業者の問題意識と重ね合わせながら協働探究 し、その交点をみなで共有して対話と議論を進めていく必要があります。今回の場合は「生徒たちはいかにして自己評価の主体になるのか？」という問いが交点でした。授業研究会に参加するすべて人々にとって論題となる交点に向けて、参観記録に基づく具体的な事実に即して議論を進めていくことで、いかなる問題をめぐる議論も排他的にならず共に開かれ、公共的な授業研究のコミュニティが育っていくのです。

〈八田幸恵〉

4-20 一時間を対象とする授業研究から単元全体を対象とする研究へ

■授業研究会に期待すること

授業者にとって、授業研究会を開く主な目的は生徒のより良い学びを実現することにあります。授業者は自身の理想とするより良い学びの姿を教育目標として参観者に示した上で、単元の一部である「本時」を、おそるおそる開きます。なぜなら、私たち授業実践者にとっては目の前の生徒の成長を促すことが第一の使命であり、自身の単元デザインの改善を通して生徒の成長を促せるような助言を参観者からいただきたいからです。私が特に期待するのは、参観者が見取った「生徒の姿」に基づき、教育目標への接近度合いを評価していただくことです。本時の授業で言えば、「生徒は参観者との対話に基づき自身のものの見方・感じ方・考え方を問い直していたのか」について、まずは検討していただき、その上で、本時までの単元の軌跡や今後の構想が教育目標の実現に向けてどの程度機能しているのか、今後の展開をどう改善すべきなのかについての提案をいただきたいと考え授業を開きました。

■多様な参観記録によって意味づけられる単元の価値

研究分野が異なるさまざまな研究者の方々をお招きすることにより、専門的知見に基づく多様で多義的な評価を受けることが可能になります。さらには、評価を通して単元デザインが洗練され、これまで以上に生徒のより良い学びが実現します。授業後に行われた研究協議会や、いただいた参観記録とそれを持ち合う授業研究会の中では、期待通り、研究者の方々は個別の生徒の情況について詳しく紹介した上で、独自の切り口から意味づけてくださいました。一般的な授業研究会では、同じ教科の教員同士に加え、指導主事や教科教育の研究者が同席するに留まっており、多様性はなかなか担保されません。もちろん異なる教科・校種の教員が同席することもありますが、数は多くありません。しかし、参観記録を持ち合う授業研究会では教育方法学・教育心理学・臨床心理学・日本語教育学等を専門にされているバラエティに富む若手研究者の方々から、評価をいただくことができました。私自身は「目標－指導－評価」の枠組みで単元をデザインするため、他者の授業を見る際にも「どれくらい目標に接近できているか」「その手立ては適当だったのか」に焦点化することがほとんどなのですが、この研究会のおかげで私自身の授業観が問い直されました。

木村優先生は「南さん」に注目し、彼女がグループディスカッションで提出されたメンバーによるさまざまな意見を黒板に書きに行く場面で、自分の意見だけを書かずに帰ってきたというエピソードを皮切りに、一時間の姿を紹介してくださいました。私が授業中に繰り出したさまざまな仕掛けに対して、南さんが顔を赤らめたり、微笑んだり、はにかんだり、頷いたりした様子を、学習プロセスと重ね合わせながら紹介してくださったのです。これまで私が体験した授業研究会でも「〇〇くんは、△△の場面でこんなことをノートに書いていた」など、参観者自身が観察した生徒の活動を報告されることはありました。しかし、木村先生は、生徒の一つひとつの表情やしぐさを、情動という切り口から解釈し、私の設定した目標と関連させながらコメントされました。生徒の動きや表情を的確に捉えた上で記録し、その事実に基づき生み出された授業に対する解釈を情動という観点から評価していただくことにより、クラスメイトとの対話を効果的に行うことができるようなデザインが重要になること、さらには教師の即興的な振る舞いの一つひとつも、生徒の情動発達促進に大きく影響することを学ぶことができました。

臨床心理学をご専門とする綾城初穂先生（駒沢女子大学）にも授業を参観していただき、記録もいただきました。綾城先生は一人の男子生徒に焦点化し、彼がノートに考えを書く際に小さな細かい文字で書き始めたもののあまり筆が動かなかったこと、短歌の発表場面ではペアとなった友達のさりげない手助けにより自身の考えを表現できていたこと、苦労しつつも振り返りを三行ほど書いたこと、授業者に振り返りを見せた後には背筋が少し伸びたように見えたこと、綾城先生が授業後にインタビューした際には「いろんな人に見てもらって、いつもより良かった」と述べていたことを踏まえ、ペアとなった友達や同じチームのメンバーのサポートが彼の活動を支えていたことなどを丁寧に指摘されました。実はこの男子生徒は短歌の創作についてかなりの苦労をしていた生徒の一人です。私は、彼が無事に自作を参観者に発表できるかが気がかりであったことから、サポート上手な生徒を発表のペアとしてそれとなく配置していました。発表場面はちらっとしか見ることができなかったのですが、彼がいつもよりかなり早い段階で本時の振り返りをもってきたときには、大変嬉しく感じました。臨床心理学の観点からなされた綾城先生の分析においては、ペアの友達を中心とするグループメンバーのサポートが重要ではあったが、それだけではなく、このようなグループが醸成できるだけの空間が前提となるとの指摘がありました。私の汚い字の板書や、リラックスしてメリハリのあるクラスの雰囲気、さらにそれまでのクラスの歴史が彼の自信を生み出すことにつながったとの評価からは、授業という営みを検討する際には長期にわたる連続性を基本とすべきであることが明らかになったと言えるでしょう。

半原芳子先生は、参観者からの評価を受ける活動における、松川くん、迫田くんとのやりとりをご紹介くださいました。本時の肝となる参観者と生徒との間で行われたやりとりを対象化することにより、教育目標への接近度合いを評価することが可能になります。半原先生は松川くんに自身の常神半島訪問の経験を重ね合わせた上で「常神」という地名がもつ意味性に言及されました。授業後の振り返りにおいて松川くんは「聞いてくれた先生方には下の句の表現を評価していただき、自分が伝えたかった自分だけにしかできない経験だということが伝わって良かった。短歌を詠むということは授業を通してとても難しいことだと思った。しかし、発表して評価をいただいたとき、短歌の楽しさがわかったような気がした」と記しています。自分にしかできない経験を言語化して表現することを自覚していることがよくわかる記述です。また音楽科を専門とする大学院生からのコメントをいただいた迫田くんは、「自分が思っていたとおりのことを相手も

公開研究会の風景

わかってくれていた。『おそれはしない』を漢字にすることで、より恐れているように見えると言ってくれた」と記しました。松川くん、迫田くんどちらも、自身の歌を肯定的に評価してもらえたことを誇りに思っていることがわかります。

とはいえ、参観者による評価を受けるという活動が盤石だったとは言えません。岸野麻衣先生は研究授業後に行われた研究会にて「短歌の素人である自分が、どこまで踏み込んでコメントをしたらよいか、判断に迷った」と発言されました。岸野先生は、「生徒が自作の短歌について参観者に語るという行為は、本人がこれまでのプロセスを語ることで自覚できる良さはあったと思うが、『伝わって良かった』と思えたか、あるいは『もっといろいろ意見が欲しかった』のか、少し心配に思った」と参観記録にも書かれています。実は私自身も生徒の作品をどう指導・評価するとよいのかについては、毎日逡巡していました。生徒の作品を読み「このように直したほうがよいなぁ」とは思うのですが、私の指摘がはたして適切なものなのか、もし適切だったとしても、教師である私が指摘することで逆にことばを吟味する力や、自己認識の育成を阻害することにつながらないか、と恐れていたのです。

そこで私が選んだ方策は、多様な人々に評価を開くことでした。クラスメイト、授業者、そして本時の参観者、そして最後は地元の短歌同人の皆様に評価を開くことにより、授業者である私の評価も「さまざまな観点からなされる評価の一つ」として相対化されます。岸野先生のように迷いながらコメントをされた参観者が多かったようですが、たとえば岸野先生が学びの過程を追われた城島くんについては、城島くんが「カリカリカリは勉強しているイメージ。もっとどんなふうにしたらいいと思いますか」と尋ねたところ、他の参観者の方が「机と対面のところ、カリカリカリと韻をふむようなことばにしたら」「下の句でもこういうのを活かすといいのでは」と評価されています。城島くんの振り返りの叙述では、「上の句にカリカリカリを入れているのだから、下の句にも擬音語を入れる工夫をするとよいとアドバイスしていただいた」と記されていました。参観者の方々が自身の背景に基づくコメントを示すことを通して、生徒は新たな観点から自身のことば遣いについての吟味を行うことができたと言えるでしょう。参観者の不安を喚起するような単元デザインではあったものの、多様な人々に評価を開くという単元デザインは有効に働いたと考えます。

それでは単元の評価規準に従って単元全体を総括しましょう。本単元では「作歌上の知識をふまえて実際に作歌することを通して、自身のものの見方・感じ方・考え方を問い直している」という評価規準を設定しました。ここでは「存在の意味を考えゆく我はなぜうまれたかなぜいきるのか」という和歌を詠んだ岡田くんの事例から検討します。岡田くんは授業時の「振り返り」に以下のように記しています。「存在の意味について考えてこの歌を作った。自分が幸せかそうでないかについて詳しく知ろうとしていたのではないかと思った」。岡田くんは本時で短歌を発表した際に、参観者から「あなたは今幸せ？」と問われていました。その問いを受けることを通して自身を見つめ直すきっかけとなったであろうことが、この叙述からわかります。授業後の感想に「参加者から意見をもらうことで自分の短歌をいろんな意味で捉えることができた」と記していることからも、そのことは推察できるでしょう。このように、多様な人々に評価を開くことが、生徒自身のものの見方・感じ方・考え方を問い直す上で有効だったことは、多くのノート記述からわかります。その典型例として、少し長くなりますが、北原さんの記述を引用しましょう。「発表している中で自分の短歌に対する思いなどがたくさん出てきて、授業のときよりも多く話すことができました。見てくださっている方が私の短歌に対してどのように思ってくれているのかも話せました。私の短歌にすごく興味をもって来てくださり、自分が思っている以上にいろんな捉え方があるとわかり面白かったです。たくさんの方と話すことができ、とても楽しかったです。」他者に伝えることを通して自己認識が深まったこと、自身の短歌についてさまざまな観点から評価を受けたこと、今回の活動が有意義であったことなどが、この記述からわかります。もちろん、すべての生徒が自信満々に発表していたわけではありません。柚元さんは「多くの人の前で短歌を見せるのは恥ずかしいし、怖かった」と述べています。多くの生徒がそんな思いでいたことでしょう。しかし、そんな柚元さんも「人に意見をもらうことで、自分とは違う考え方があることに改めて気づいた。それが面白いと感じた。一つ質問をし忘れていたので残念」と書いていました。多様な人々に評価を開くという単元デザインは、生徒自身のものの見方・感じ方・考え方を問い直す上で有効だったと言えます。

■授業研究から単元研究へ

ここまで私は、単元全体に対して考察を行ってきました。なぜなら、教師が生徒の学力を培うために必要なのは、単元というスパンであり、一時間の授業に焦点化しすぎることは危険ではないか、と考えているからです。最近、授業をご覧くださった方から、生徒の一時間の姿を詳細に分析した上での授業評価のコメントをいただくことが多くあります。もちろん、それはそれで有意義ではあるのですが、結果的に「その日の」授業者の仕掛けや振る舞いに対する評価にしかつながらないと感じるときもあります。できれば、見取った一時間の生徒の姿を契機として、生徒の過去から今、そして未来の学びへのつながりまで視野を広げた上で、単元デザイン全体を検討していくこと、つまり授業研究から単元研究へと検討の対象を広げていくことが、今後さらに望まれるのではないでしょうか。

〔渡邉久暢〕

コラム　授業研究という大海原へ——高校における取り組み方

以前の調査によれば、全教員での研究授業の実施率は、小学校72%、中学校45%であるのに対し、公立高校では24%という低水準に止まります。教師の協働と熟達を促す授業研究が生徒の「主体的・対話的で深い学び」を保障していくための制度的な基盤だとすれば、その整備は喫緊の課題です。

ただ、いきなり授業研究を学校運営の機軸に据えることには少なからぬ抵抗があると思われます。ですから、まずは生徒が成長する中心的な場は授業である、という雰囲気を醸成することから取り組んでみましょう。生徒指導や部活指導等も大切ですが、学校生活の大半を占める授業においてこそ、生徒の学びと成長を第一に保障する必要があるという理解を少しずつ埋め込むのです。

そのためには、授業での生徒のエピソードを職員室で話題にして意味づけたり、少人数で授業やビデオを見て語り合う場を設けたり、小さな動きをつくる工夫が求められます。大切なのは周りの教師に「おもしろそうだな」と思ってもらうことです。

この場合、気をつけたいのは、語り合う目的が教授技術の小手先の改善に留まらないようにすることです。学びとは、生徒と対象世界・仲間・自分自身という三つの重層的な次元における関係を複合的に編み直す、文化的社会的倫理的な実践であり、その変様の過程を総体として捉える姿勢を共有したいからです。

制度化のためにはこれに併行して、授業研究を推進する組織的な位置づけが求められます。この際、2016年末の中央教育審議会答申が、「授業研究」を「学校教育を支える貴重な財産」として特記し、教科横断的なカリキュラム・マネジメントを強調したことは、管理職のリーダーシップを引き出しつつ、校務分掌にプロジェクトチームなどを設けるきっかけとして活用できると思います。

気をつけたいのは、授業研究の形態と運営に特定の型はなく、あくまでも個々の学校の課題に応じつつ、教師たちが協働しながら現場で編みだしていくものだということです。そのひとつの試みは、埼玉県立新座高等学校の取り組みに見ることができます[1]。

さあ、授業研究という豊饒な大海原に共に漕ぎ出しましょう。

〔金子奨〕

注

［1］金子奨・高井良健一・木村優編『「協働の学び」が変えた学校——新座高校 学校改革の10年』（大月書店、2018）。

5−1

おわりに

――集合的な知性の探究

授業研究の探究、いかがでしたでしょうか。ここまで読み進める前に、もう居ても立っても居られなくなって同僚の教室へと足を運び、子どもたちの学びを追って参観記録を採られたでしょうか。授業研究会の日程がいよいよ決まり、同僚と入念に進めた企画と調整を確認して、モードを変えた授業研究の新世界へと今まさに舵を切り始めるところでしょうか。授業研究会での同僚との対話と議論に熱中し、興奮冷めやらぬまま職員室でさらなる展望を語り合っているところでしょうか。まだ授業の見方についてモヤモヤとしながら、ひとまずは何よりもとノートを片手にペンを握りしめ、同僚と子どもたちが待つ教室へと向かい始めるところでしょうか。

授業と授業研究は、その日その時その場所で、いったい何が起こるのか誰にもわからない複雑で不確実な営みです。授業では、誰も予測しなかった出来事が起こり、子どもの学びと教師の教えの新しい可能性が見えてくることもしばしばです。授業研究会では、参観者一人ひとりの授業の見取りがはじめバラバラに見えても、対話と議論を重ねるうちに複数の見取りが一つの交点で結びついていくことがよくあります。この発見や結びつきが、はじめは五里霧中に見えた授業の世界に光を照らし、子どもたちの学びをさらに支え促すための、教師の学習観や授業観と教職アイデンティティを拓くための、集合的な知性としての知恵や見識をもたらしてくれるのです。

この授業研究の豊かな恩恵を得るために、私たちは子どもと教師と学校に寄り添いながら真摯に授業を参観し、授業で起こる現象を粘り強く丁寧に象り、仲間とともに協働して、授業と授業研究の奥深さを探究し続ける必要があるのです。

1960年代から学校と教師の実践を支え続け、日本の授業研究をリードしてきた稲垣忠彦は著書『授業研究入門』のあとがきの冒頭で以下のように述べています。

> 授業と授業研究は、本来、面白く楽しいものだと思う。三十数年にわたり授業の研究に参加してきて、そう思うのである。[1]

私もそう思います。授業と授業研究は、子どもも教師も協働の営みの中で学び合い、ときに困難にぶつかりながらも手を取り合って共に乗り越え、新たな発見をして成長していく、これほど前向きで面白く楽しい実践はありません。だからこそ私がさらに思うのは、**授業と授業研究は感動と悦びに満ち溢れた実践である**ということです。授業研究で共有できる子どもの成長の姿、新しい発見、そして仲間との協働の卓越さと温かさ、これらへの感動と悦びを、あなたもぜひ味わってください。〔木村優〕

[1] 稲垣忠彦・佐藤学『授業研究入門』（岩波書店、1996）245頁。

あとがき

　あれは２０１６年の秋、世界授業研究学会（World Association of Lesson Studies: WALS）に参加した帰り道だったか、私たちはロンドン・ヒースロー空港の出国手続きの長蛇の列に並びながら、時間がもったいないから何か生産的な話をしようと相談を始めた。ちょうど世界の授業研究の潮流に触れた刺激もあり、私たちのやってきた授業研究の実践を世に出したい、ついては本として形にできないだろうか、できるとしたらどんな構成がいいだろうか、と構想を膨らませた。

　思えば２００９年、当時福井大学教職大学院には同世代の若手研究者が複数勤めており、その多くが、自分のアイデンティティを守るべく学問分野に閉じこもり研究知見を学校に適用しようと考えるのでなく、学校の実践に学び、自分自身の見方を捉え直し、学問分野を越えて学び合い協働していきたいと考えていた。このメンバーで研究会を立ち上げ、一緒に同じ授業を見て、記録を持ち寄った。授業者にも参加していただき、思いや考えを交わした。参加者は研究者だけではない。実務家教員、現職教員の院生や修了生、学部卒院生も参加し、立場や分野の枠を越えて、互いの授業の見方を語り合い、磨き合った。本の構想にあたっては、この研究会を通して見えてきたことが土台となっており、この会が本書の原点とも言える。改めて、会に参加していたすべてのメンバーに感謝したい。

本書の実現にあたっては、第Ⅳ部として授業研究の実践を具体的に示すべく、三名の先生方に授業を見せていただき、研究会を行った。授業を公開してくださった先生方と児童・生徒の方々、快諾くださった管理職の先生方には心より御礼申し上げる。

また、授業研究の第一線を走ってきた東京大学大学院教育学研究科教授秋田喜代美先生に本書の解説をご執筆いただけたことはこの上ない喜びであり、ご多忙の中お引き受けいただいたことに厚く感謝申し上げる。

そして、新曜社の塩浦さんには、本の編集を企画するのが初めてだった私たちの相談に乗っていただき、数多くの助言と励ましをいただいた。深く感謝申し上げる。

本を構想し執筆する過程では、福井大学連合教職大学院における実践研究の取り組みが基盤になっている。また編者二人が研究の企画運営にかかわってきた福井大学教育学部附属義務教育学校の実践にヒントを得た部分も大きい。これらの場において協働で実践研究に取り組んできた先生方に感謝の意を表したい。

最後に、本書を手に取り、対話を重ねてきた読者の皆さんへ謝意を表したい。本書を機に授業研究の進化と協働の輪がさらに広がることを願ってやまない。

編者を代表して

岸野麻衣

解説

授業研究から学校改革へと繋ぐ地図が照らす学校教育の未来

秋田喜代美（東京大学）

1 授業研究の新たなモードの提示

本書は、「授業研究」という窓を通して、専門職としての教師の協働的な学びの過程、そしてその過程を中核とした専門職コミュニティ形成への道を示した点で、画期的な本である。「授業研究」の本というと、「指導案をたてる計画と指導案の検討－研究授業の実施－協議会での振り返り」を、学校として校内研修として全員参加型で活性化し実施できるか、そのためにはどんな方法で行えばよいのかの工夫やノウハウを書いた本をイメージする読者が多いだろう。海外において日本の授業研究がレッスンスタディとして、米国の研究者たちによってこのサイクルで紹介されたことにより[1]、日本の授業研究がこのプロセスで実施されていると理解されることが多い。それに対して、本書第一の特徴は、これらの考え方と立場を明らかに異にしている点である。前述の普遍的なイメージを、編者の木村さんは、「モード１のチェックリスト・評定モードやモード２のプランニング・検証モードのような円環型のＰＤＣＡ授業研究」

[1] Lewis, C. (2006) *Lesson study: Handbook teacher-led instructional change*. San Fransisco: Research for Better Schools.

と呼んでいる。それに対して、本書が描出しようとしているのは、「モード3のダイアローグ・根拠モードやモード4のマルチスパイラル・探究モード」として、円環型のモードを越えて、螺旋型に専門職としての教師の授業における探究を積み上げる探究型の授業研究を提案している。授業研究を繰り返し行っても、それが断片化されてなかなか深まりにくいという声を、校内研修をすでによく行っている学校の中でも聴くことが多い。その時に、螺旋型になっていくためには何が大事か、それが「教師の成長と学校の発展に必要な重層的な省察のサイクル」として授業を皆で探究していくためにはどのようなプロセスやサイクルが必要かを、本書は説いている。

　では実際にはモード3やモード4の学校が日本に数多くあるかと言えば、必ずしもそうであるとは言えない。これは福井県内でも稀有な事例かもしれない。その意味では一般に広く敷衍している学校での授業研究のプロトタイプの整理ではない。これから学校が向かう一つの可能性を示していると位置づけることができよう。授業研究を一時間の授業の研究にとどまることなく、教師が学び続け、専門職として皆で進める学校教育のイノベーションにつなげる道筋を示すこの授業研究モデルには、哲学的な理論が基盤になっている。それは、ドナルド・ショーンの省察的な実践[2]を基にした考え方であり、またアンディ・ハーグリーブスらが唱える専門職の学び合うコミュニティ[3]の考え方である。

　この本が、これらの考え方で一貫して描き出されている点にこの本の強みがある。

[2] 秋田喜代美「解説　ショーンのあゆみ——専門家の知の認識論的展開」ショーン、D（佐藤学・秋田喜代美訳）『専門家の知恵——反省的実践家は行為しながら考える』（ゆみる出版、2001）211-22頁

[3] Hargreaves, A. & O'Connor, M. T. (2018) *Collaborative professionalism when teaching together means learning for all*. Boston: Corwin.

それは、本書の執筆者が福井大学教育学部附属義務教育学校の学校改革、そして福井大学教職大学院と学校との協働連携に実際にかかわってこられた同志の方々で書かれた本であるからである。分担執筆で、いろいろな執筆者が各自の専門を分担して書いた原稿を寄せ集め、編者が合わせただけの本ではないハーモニーがある。一つの思想哲学のもとで長年にわたり織りあわせ編み上げられてきた、学校文化や授業研究観を共有した著者らによって創られた本である。一つのコミュニティに参画する人が一緒に授業研究のプロセスを協働してたどりながら作成した本であるところに、生きた実践研究の息遣いを感じることのできる本としての特徴がある。この意味で、福井発の授業研究モデルであると言えるだろう。編者の木村優さんと岸野麻衣さんは、福井大学教職大学院の若手第二世代である。第一世代とも呼べる松木健一、寺岡英男、森透、柳澤昌一の4名の福井大学の教員たちが附属中学校[4]および義務教育学校や福井大学教職大学院の立ち上げから苦労しながら作ってきた学校文化を真に理解して継承しつつ、さらにそれを発展明示化し、本書にまで実践を共有しながらまとめあげたということができる。私は外部者としてこの第一世代と共に附属中学校[5]および義務教育学校[6]に関与させてもらう機会をもらってきただけに、その特定の学校の事例を県内のさまざまなところで実践し、授業研究の新たなモデルとして提示するという展開は、まさに第一世代から第二世代への昇華として感慨深いものでもある。

[4] 福井大学教育地域科学部附属中学校研究会『中学校を創る――探究するコミュニティ』（東洋館出版、2004）

[5] 同右。

[6] 福井大学教育学部附属義務教育学校研究会・秋田喜代美『福井発　プロジェクト型学習』（東洋館出版、2018）

2　授業を見る・書くことの意義の提示

本書の第二の特徴は、第一で述べた授業研究イメージの転換として、ショーンの省察の理論重視と特に密接に関連している。従来の授業研究が、指導案や単元デザインという計画をどのように立てるかという授業前と、いかに何を協議会で語るかという事後の話しあいに力点が置かれることが多かったのに対して、本書では、実際に授業を参観し見ること、その場でのフィールドノーツを書くこと、その授業をもとにさらに授業者は実践記録を、参観者は参観記録を書くこと、そして後日その実践の参観記録を共有することという過程、そこでの授業者、参観教師、参観研究者の学びの過程が厚く記述され、論じられている点にある。本書後半部分での鯖江市豊小学校・森﨑先生の実践、福井市至民中学校（現・福井市社中学校）・鈴木先生の実践、福井県立若狭高校・渡邉先生の授業実践に関する、授業実践記録と参観記録の交流をみることで、本書前半で出されている授業の見方をめぐるさまざまなコンセプトが具体的なありようやエピソードとして実感され、よく伝わってくるに違いない。授業研究は問題の解決や特定の方法の答えを見つけるものではなく、授業者のみならずそこに立ち会うすべての人にとってどのような意味を持つものであるのかが描かれている。それは授業研究に参加する誰もが責任主体としてのエージェンシー（agency）、すなわち共同的な主体性（co-agency）を分かちもつ者であること、そしてそこにおける対等性が、民主的な公共空間としての、授業研究という場を創出することを示唆している。

授業研究が協働で集まり語る場として語られることは多い。だがその場に居て話すというだけではなく、誰もが自己と対峙し、その授業を見る責任を引き受けるとはどのような行為であるのかを示し、省察や記録を書くことを介在させることで、教師同志が互恵的で深い学びに至る過程が描き出されている。これが本書の独自性である。

その背景にあるのは、本書の中で編者の岸野さんが、「目に見えないたいせつなことを見える化」することの大切さを述べ、また笹原さんが「見えないものを見ること」として指摘している点と深く関連している。自らの見えを授業の実践記録や参観記録へという流れの中で振り返ることで、見ることが単に事実を述べるだけではなく、そこから意味を見出し解釈する過程が求められることがわかる。

また授業における子どもたちの学びの過程としてのさまざまなつながりや関係も、重層的な営みであるからこそ、そのすべては一人の参観者の特定の位置や専門性からでは、限定的にしか見ることができない。だからこそ、専門性を越境して多様な専門性を持ったことによる見える化の架橋を行うことの価値が伝わってくる。[7] そして書くという行為と見るという行為は、相互往還的に深め合っていくことができることを読み取ることができるだろう。

実はこれは、東京大学大学院での佐藤学ゼミや、当方のゼミでも院生たちに対して長年受け継がれなされてきたことでもある。フィールドノーツから記録にまとめ直すこと、そこに自ら伝えたいことがうかびあがり、タイトルを付すことによって意味が

[7] 秋田喜代美「日本の授業研究の独自性とこれから」鹿毛雅治・藤本和久編『授業研究を創る』(教育出版、2017) 150-167頁

焦点化されていく。それによって授業が見えるようになり、実践記録がよめるようになっていくという学びの過程がある。これまでこの部分に焦点を当てた授業研究の本はほとんどなかったと言えるだろう。その意味で第二の特徴も、本書の斬新な提案と言えよう。私はこう見ているという抽象化された原則論ではなく、実際に3つの授業実践に即してその時に何を見て考え、解釈したのかの事例は、授業を見るとはどういうことかをライブ感を持って私たちに示してくれる。同じ研究者であっても、その人の特徴があると同時に、その場での出会いが異なることを、後半の参観記録を通して理解することができる。

なお多くの読者のために一言補足するならば、教師にとって記録を書くことはさらに仕事を増やすことである。毎回このような記録を書くことはできない。記録より明日の授業の準備をより深くということもあろう。佐藤学氏の学びの共同体[8]が、日本国内だけではなく世界各地に現在広まっているのは、こうした記録を書くことを求めない代わりに、挑戦的教材を協働でデザインし、授業を見あい、対話することに力点を置き、どこの学校でもできることを示してきたからである。それに対して、この福井の授業研究モデルは、次へと深める可能性を示すものであり、学校の発展モデルの先にある一つの可能性と言えよう。毎回ではなくても、ひとたびこのような経験をどの学校でも年に一度でも行ってみることで、授業研究の醍醐味や面白さを感じることができるだろう。

［8］Tsukui, A. & Murase, M. (Eds) (2018) *Lesson study and schools as learning communities: Asian school reform in theory and practice.* Routledge.

3　子どもも教師も学び育ち合う学校づくりの知恵

第三の特徴は、授業研究を学校で組織として行っていく時に必要なことが書かれている点である。授業研究をハレの場でなく日常的な教師の協働学習の場としていくための知恵が、書かれている。その一つが、授業研究を年に何回行うかの年次計画を立てるのみではなく、教師の学びや研究の年間サイクルを考えていることである。そして福井市安居中学校校長・牧田先生が、「子どもの生活に則って教師の年間研究サイクルを構築する」と述べているように、学校生活のリズムや時間を汲み取りながらその中に授業研究を入れていくことの大切さを指摘している点は、どの学校にもあてはまるだろう。そして授業者自身が授業協議会にまな板の鯉として受け身になる「教えー教えられる」の関係ではなく、学びの主体として参加できるための知恵が描かれている。たとえば、議論してもらいたい場面を提示することや、最後に授業者が授業研究会を通して何を学んだかを語ることなどは、その中で自然に生まれてきた知恵と言えるだろう。

また本書では、授業研究の場が組織における同僚関係の表れであり、またその関係性を形成する場でもあることが随所の文の中に暗黙に示されている。語りの中における気遣いとして、岸野さんが「ラブレター」という言葉を使っている。これは若狭高校でも若手教師が使用している言葉であるが[9]、授業を参観した者が相手を敬愛し、いかに授業者にことばを届けるかという関係性のありようを示したものとも言えるだろ

[9] 水谷友梨・中村和浩「授業向上に向けた若狭高校の取り組み」（福井大学教職大学院フォーラム３提出資料、２０１６）

う。教師が育つ学校では一般論やどんな道具で何をするかだけではなく、同僚間の配慮が大きな意味を持っている。本書には、これらの配慮もまた書き込まれているところにも特徴がある。

さらに、いわゆる本時主義を越え単元を通して育てたいコンピテンシーを観ることの必要性が、これからの学校で重要であることが本書では説かれている。いわゆる教師が目指した内容を理解したか、出来たかを問うのではなく、単元を通して子どもたち一人ひとりの資質能力の育ちをみるための授業研究とは何かが、これからの授業研究では問われてくる。[10] それは課題ができたかできないかではなく、子どもたちがどのような問いをもって学びたい、できようとしているのかという、学びの芽という見えにくいものを見ようとする参観者たちの多様な視点からの探究によって可能となる。この点を本書は先取りし、指摘している点も特徴である。

私は、本書の読者がここに書かれている授業研究をすぐにできるようになるとは思わない。学校が変わるには時間も労力もかかる。しかしその糸口が数多く含まれている。未来を照らす地図として、専門職としての学びの喜びと手ごたえを味わい、深い学びをもたらす授業研究への一歩を踏み出すことで、新たな学びの公共空間が生まれていくに違いない。教育のイノベーションは、足元のその一歩から間違いなく確かに始まるだろう。

[10] 秋田喜代美「授業研究システムにおける教師の専門的学びの変革」東京大学大学院教育学研究科ガバナンス研究会編『教育のガバナンス』（2019）

付録資料

資料３　めがねづくりに対するさまざまな意見

安い製品を作るべきである：めがねフレーム会社 A 社長　田中しゅうへいさん

最近、店内の商品がすべて同じ値段（例：店内商品フレーム＋レンズで7900円など）のお店が増えてきています。最近のお客さんはめがねを安く買って、２年ほどしたら新しいめがねを買うという人が多くなってきています。

私は鯖江のめがねをつくっている工場も安い製品をたくさん作り、売っていくべきだと思います。

環境に配慮した商品を作るべきである：全ての部品をリサイクルするしくみを作った企業 B 社長

この企業では店頭で集められた必要でなくなっためがねは最新の技術によってプラスチック部分は重油として、金属部分は金属としてそれぞれリサイクルされる。めがねの全ての部品をリサイクルするのはめがね業界では初めてである。

「環境への意識の高まりと消費者の声から実現」

私たちのリサイクル活動は、「長い間愛用しためがねを捨てるのはもったいない」、「リサイクルできる良い方法はないか？」といった、消費者の声を受け、実現しました。鯖江のめがねも完全リサイクル部品から作るなど環境に配慮した製品を作っていくべきだと思います。

デザインを重視した商品を作るべきである：鯖江のめがね会社 C 社長　島田ゆうきさん

めがねという工業製品は「視力が悪いからめがねをつける」というよりも「ファッションの一部」として考える人が多くなっています。

かつて、めがねのフレームはチタンフレーム（軽くて丈夫な金属フレーム）が人気でした。しかし、チタンに色をつける技術がありませんでした。

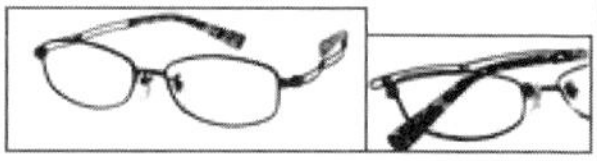

↑にじ色に加工されたチタンフレーム

私たちの会社は「チタンに色をつければきっと売れる」と考えてその技術を外国から買いました。結果「売れて，売れて…」の大ヒット商品となり会社の売り上げは２倍になりました。

このめがねは４～５万円します。このようにデザインを重視しためがねを作っていくべきだと思います。

かけ心地や機能性を重視した商品を作るべきである：
鯖江のめがね会社 D 社長　坂口たつろうさん

私たちの会社は新しいチタンフレーム素材を開発しました。フレームの開発に８年、部品をつなげる技術に５年かかりました。こうしてできた商品は４～５万円はします。

この新しいチタンフレームは「しなやかなバネ性によるかけ心地の良さ」「形《けい》状《じょう》記憶性《きおくせい》で買ったときのかけ心地が続く」などがポイントです。

このようにかけ心地や機能性を重視した商品をつくるべきです。目の前のことだけでしか考えない開発はやめるべきで、時間はかかりますが、新しい素材や機能を開発していくべきだと思います。

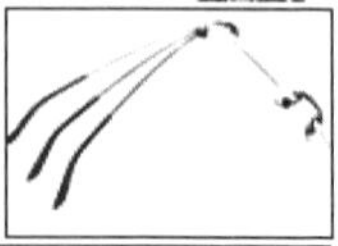

この「しなやかさ」かけ心地の秘密↑

授業実践資料〔小学校編〕

資料１　福井県のめがね製造品出荷額等の推移

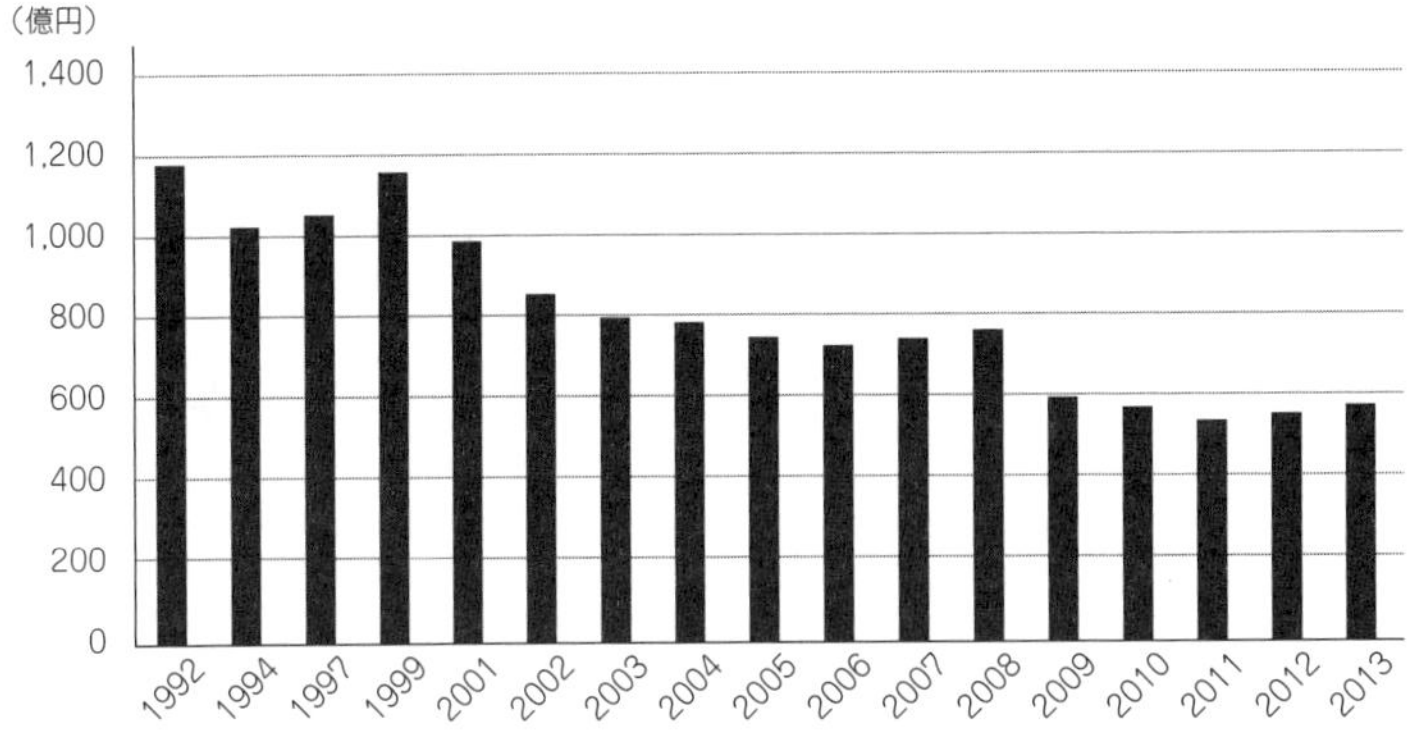

資料２　日本製と外国製のめがねの価格比較と人件費の違い

39,800円

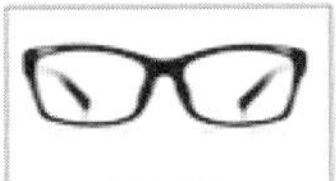

4,900円

製造業の労働者の１か月の賃金

国　名	賃金（米ドル／月）
日　本	2838.6
韓　国	2502.4
中　国	290.1
タ　イ	202.8

（「世界の統計」より作成）

※タイは2007年、その他の国は2008年。

問にちゃんと答える。彩美は写真をみつめながら「**何て書こ（うかな）？ これって、baby bear? small bear?**」とつぶやく。衿華は「**あれは守られているんじゃない？**」と答えると、彩美は「**protect や。"protect"って『守られている』だった？**」と言い、英語ファイルに綴ってある単語リストから "protect" を見つけ出した。彩美は、衿華の一言で、子グマ達が守られていると感じ、「家族愛」を表現したいと気持ちが深まった。衿華の発言からスピーチの核となる着想を得たのである。

この対話から、後の彩美のスピーチの中に "**the baby bear is protected by the mother bear**" という１文（下線部①）が生まれることになる。本時最後の活動「スピーチ・タイム」で彩美は、「(スピーチでは写真を) **持ちながら、こうやってやるん。**」と、にこにこしながらスピーチを始めた。

以下は、彩美のスピーチ原文（宇原弘晃先生撮影ビデオより）である。

This is the photograph I like the most. The title is "Treasure." I like this photograph because I felt love. I think maybe this bear protect(s) the bear. My heart is warm. Three bears in this photograph are like my brother... Like this, I want to treasure my brother. Thank you.

彩美は次の時間も衿華とペアを組み、どのように自分の気持ちを英語で表現しようか試行錯誤しながら以下のようなスピーチ原稿を完成させた。

This is the photograph I like the most. The title is "TREASURE." I like this photograph because I felt love. ① I think (the) baby bear is protected by (the) mother bear. My heart is warm. (The) three bears in this photograph are like my brother (and sister). I think my sister is protected by my brother. When I talk with him, I feel very happy. My brother makes me happy. Also, I feel very happy when I talk with my family. If I don't talk with them, I can't feel happy. It is important for me to have family time.

There are a lot of families in the world, but ② I am very happy that I could be born in my family. Like this picture (photograph), I want to protect my brothers and my family. They are my treasure. ③ The time that I have with my family is my treasure.

下線部①では、衿華との主体的・対話的な学びを通して、「守られている」と感じ、「家族愛」を表現することができたことがわかる。英語の得意な彩美は、学習が苦手な衿華に「教えてあげる」という一方通行の学習ではなく、協働的で互恵的な学び合いにより、感性が深まり英語表現の幅まで広げることができたと言える。下線部② は、世界にはたくさんの家族があるが、「自分の家族に生まれて幸せである。」という素直な気持ちを表現している。また下線部③では、自分で選んだ一番好きな写真から内面に潜む感性や価値観を結びつけ、「家族と過ごす時間が私の宝物である」と**「心の声」を表現する**スピーチ原稿を締めくくった。

以上のように、衿華との協働学習を通して彩美の変容を述べることができたのは、**参観記録を通して生徒の学ぶ姿を語り合う授業研究**のおかげであると感じる。私一人の省察では不可能であることはいうまでもない。

授業実践資料〔中学校編〕

資料　授業における彩美と衿華のやりとりとスピーチ原稿

彩美は授業態度も真面目で、どの教科にも意欲的に取り組む優秀な生徒である。しかし2年生前半には、英語学習で最も大切にしたい「コミュニケーションへの関心・意欲」に少し欠けていて、ペアやグループ活動でもどこか冷めた様子が見られた。一方衿華は、学習が苦手で個別支援が必要であるが、感受性が豊かで「感じたことや気持ち」を表現することが大好きな生徒である。ここでは、2年生後半より、英語学習に自信と楽しさを感じるようになった彩美が、衿華とかかわりどのようなスピーチ原稿を完成させたのか（その変容）を記したいと思う。

タイトルに悩み、それぞれが気持ちや考えをつぶやき始める

衿華はじっくりと写真を眺めている。彩美はグループの仲間に「**タイトルなんやろう？**」とたずねる。すかさず衿華は“Love”と答える。感受性が豊かな衿華は、写真からすぐに「**愛**」を感じている。彩美は“**Look at me**”とつぶやきながら写真を指さす。「**Warm family の方があっているかな？**」衿華は「**え？ Love だけじゃだめなんか？**」と彩美にたずねる。個人個人が悩み考えながらも、何となく互いにアイデアを共有し始めている。【中略】

いよいよスピーチの本体を作り始める。ここでも、きっかけは衿華

衿華が写真のクマを指さし、「**うち（私が）後ろで、上がママ。**」と言うと、彩美は「**お兄、妹、彩美。**」と言いながら写真の中のシロクマを指さす。2人とも写真の中のクマをそれぞれの家族と照らし合わせる。その様子を聴いていた私（教師）は、（衿華のタイトル“LOVE”を見て「One word（**一言で表現している**）。**衿華らしいな～。**」とつぶやくと、衿華はとっても嬉しそうな表情をする。彩美も「**衿華らしい。**」と私の言葉をくり返して衿華に伝える。【中略】

衿華の「愛」を表現したい気持ちがあふれ出す

この写真を家族に見立てて、自分の将来について表現したい気持ちが強くなっている様子。衿華が「**私、『愛』しかない。愛は大事。**」とつぶやくと、彩美は「私もこういう家族をつくりたい。」と答える。衿華は「**将来…、愛は大切って言おうかな。**」とうきうきした表情でつぶやく。

約15分間の協働学習を通して、英語は苦手であるが感受性の豊かな衿華は、彩美や他の2人の助けを借りながら、次のようなスピーチを書き上げた（一部省略）。

This is the photograph I like the most. The title is “LOVE.” I like this photograph because I felt love. I can feel their strong mind(s). The bears look happy. I want to be (like) this family in this picture. <u>They are surrounded by love</u>.

下線部（彼ら（白クマたち家族）は愛に包まれている）は、何とすばらしい表現であろうか。衿華は、感じる心や表現したい意欲はあっても、個人学習ではここまで英語で表現することはできなかったであろう。しかし、偶然同じ写真を選んだ彩美との（たった15分ではあるが）協働学習を通して、星野道夫の1枚の写真から自分と家族を結びつけ、このように英語で表現することができたのである。

感受性豊かな衿華から着想を得る彩美

衿華が「**愛を感じたってどうやって書く？**」と聞くと、彩美は“felt love”と、衿華の質

	5	他者からの評価もふまえて推敲する	ことばの選択や構成について、他者の評価を踏まえて、自分なりの観点を立てて推敲している。（短歌とふりかえりの分析）	クラス全員の短歌についての教師からのコメントを参考にしたり、自作の短歌についてクラスメイトから評価を受けたり、『現代短歌作法』（小高賢）等を参考にしたりしながら推敲する。
第二次	6	推敲を重ねる	自身の短歌を吟味する観点に基づき推敲を重ねている。（短歌とふりかえりの分析）	『初めての短歌』（穂村弘）に基づき短歌の穴埋めや、良歌の選択を行い、自身の短歌を吟味する観点を獲得したうえで、さらに推敲する。
	7	推敲を重ねる	他者からのアドバイスを踏まえて、推敲を重ねている。（短歌の分析）	教師やクラスメイトからのアドバイスを受けながら推敲を重ね、登美子記念館に展示する短歌を決定する。
第三次	8・9・10・11	自身の世界認識・自己認識を整理する （本時は10時間目）	•なぜ、そのような題材を選び、どのような構想に基づき、ことばを選択し、構成した上で、作歌したのかについて、整理している。 •自身のものの見方・考え方・感じ方を問い直している。	•自身が歌の完成に至るまでの題材の選択・構成のプロセスをふりかえる。 •自身の世界認識・自己認識を文章化し、クラス短歌集としてまとめる。 •作成した短歌は「前田純孝賞」学生短歌コンクール等、様々な短歌コンクールに応募する。
第四次	12・13・14	新たな短歌を作る	作歌上の知識をふまえて実際に作歌した経験に基づき、自身のものの見方・感じ方・考え方を問い直している。	•題詠等の手法を用い、全員が同じテーマにて歌を詠む・歌会の形式で相互評価した上で、単元全体をふりかえる。
	15・16	自身の世界認識・自己認識を整理する	•なぜ、その題材を選び、どのような構想に基づき、ことばを選択し、構成した上で、作歌したのかについて、整理している。 •自身のものの見方・感じ方・考え方を問い直している。	•自身が歌の完成に至るまでの題材の選択・構成・ことばの選択・構成のプロセスをふりかえる。 •自身の歌と作歌のプロセスを短歌同人に紹介し評価を受ける。 •自身の世界認識・自己認識をノートにまとめる。 •作成した短歌は「山川登美子記念館短歌大会」等、様々な短歌コンクールに応募する。

（6）本時の指導と評価の実際

学習活動	**指導上の留意点**	**評価の実際**
1　目標の理解	本時の目標の理解を促す。	
2　目標の穴埋め短歌（15分）	グループでシェアする際には、なぜそのことばを選んだのかを、語らせる。	吟味してことばを選択しているかの観察。
3　自身の歌と作歌のプロセスを参加者に紹介する。（20分）	生徒には「自歌の情景・テーマ」「テーマ設定の意図」「今回最も工夫した点」「短歌の変遷のプロセス」等を語らせる。	参観者からの評価を生徒に書き取らせ、授業後に分析する。
4　他者との対話に基づき、自身のものの見方・感じ方・考え方を問い直す。（10分）	参観者からの評価を整理しながら、**私はなぜこのような題材を選び、このようなことばを選んだのか。私は、何を伝えたいのか**について言語化を促す。（**深い学びを誘う問い**）	•ノートを分析する。
5　活動全体をふりかえる。（5分）	本時の全活動を通して、感じ考えたことを特に観点を設けず自由に書かせる。ポイントは質より量。	•翌日ノート分析する。

授業実践資料〔高校編〕

(1) 単元名　短歌をつくろう―明治と平成のティーンエイジャー―

(2) 単元の目標

1　経験を問い直し、ことばとことば、ことばと対象をつなぐ。 2　つないだ関係性を、対話を通して問い直し、吟味して意味づける。 3　自らのものの見方、感じ方、考え方を見つめ直したり、深めたりする。

(3) 単元設定の理由

本単元において生徒は、見たこと、聞いたこと、感じたこと、考えたことを、三十一音の短歌で表現する。定型に収めるために、ことばの選び方や表現の仕方を工夫するなかで、自身の体験したできごとや経験の持つ意味を問い直し、ことばとことば、ことばと対象をつなぐ。さらには、そのつないだ関係性をクラスメイトや教師、テキストとの対話を通して問い直し、吟味して意味づける。これらの過程は、自身の世界認識を明らかにしていくことでもある。なぜなら、吟味され、選ばれたことばは、生徒自身の個性や世界認識の表れ以外のなにものでもないからだ。自らのものの見方、感じ方、考え方を見つめ直したり深めたりすることにつながることを最終のねらいとし、本単元を設定する。

(4) 単元の評価規準

知識・技能	思考力・判断力・表現力等	主体的に学習に取り組む態度
•題材やことばの選択、構想、構成、推敲に関わる作歌上の知識を理解している。	•歌の題材を選び、構想を立てた上で、構想を形象化するためにどのようなことばを用いると良いか、その構成も含めて吟味している。（学習指導要綱現代文Ｂ内容のオに準拠） •作歌上の知識をふまえて実際に作歌することを通して、自身のものの見方・感じ方・考え方を問い直している。	•作歌にこだわらず、広い意味で文学の創作活動に積極的に関わり続け、他者とものの見方・感じ方・考え方を対話し、問い直す機会を作り出し続ける。

(5) 本単元の指導と評価の計画

	時間	各時間の目標	評価規準（評価方法）	学習活動
第一次	1	ことばのバランスに配慮した短歌を作る	•固定された上句・下句とのバランスに配慮したことばを選択している。（創作した短歌の分析）	『短歌をつくろう』（栗木京子）に基づき「飛び出すな車は急に止まれない」などの標語を短歌の上句あるいは下句に見立てて、残りのことばを足す。
	2	作歌の意欲を高める	•より良い短歌を創ろうとしている。（ふりかえり記述の分析）	山川登美子記念館にて、イベントの企画意図の説明を聞いた上で、短歌創作・展示の依頼を直接受け、実際に自身の短歌が展示されるイメージを持つ。
第二次	3	自分らしさが出る題材を選択し、具体的に細部まで詠む	•自分らしさを生む題材を選択している。・題材に基づき、細部まで詠み込んでいる。（短歌とふりかえりの分析）	『短歌に親しむ』（佐々木幸綱）に基づき、経験を想起したり新たに取材したりして、自身が詠む題材を選択する。具体的に細部まで詠み込むことの重要性を理解した上で、個性的な短歌を詠む。
	4	ことばの選択、構成を吟味する	•構想を形象化するために、どんなことばを用いるかを吟味して選択している。 •どの順序で、どんな表記で詠むかを吟味して構成している。（短歌とふりかえりの分析）	『短歌の不思議』（東直子）『短歌カンタービレ』（尾崎左永子）に基づき、短歌の穴埋めを行い、クラスメイトと交流する。ことばの選択の重要性を理解した上で、短歌の構想を練り上げ適切なことばを選択し、構成を吟味する。

ワードマップ
授業研究
実践を変え、理論を革新する

初版第1刷発行　2019年6月5日
初版第4刷発行　2025年4月5日

編　者　木村　優
　　　　岸野麻衣
発行者　堀江利香
発行所　株式会社　新曜社
101-0051　東京都千代田区神田神保町3-9
電話(03)3264-4973(代)・FAX(03)3239-2958
e-mail : info@shin-yo-sha.co.jp
URL : https://www.shin-yo-sha.co.jp

組版所　Katzen House
印　刷　星野精版印刷
製　本　積信堂

ISBN978-4-7885-1631-1 C1037

著者紹介（執筆順）

著者紹介

木村 優（きむら ゆう） 福井大学教育・人文社会系部門教授（教育方法学，教育心理学），ボストン・カレッジ客員研究員（2017年－2018年）。東京大学大学院教育学研究科博士課程修了，博士（教育学）。著書に『情動的実践としての教師の専門性：教師が授業中に経験し表出する情動の探究』（風間書房），共訳書に『知識社会の学校と教師：不安定な時代における教育』（金子書房）など。【まえがき，1－1，1－3，1－4，1－5，1－6，1－7，2－1，2－2，2－7，3－4，3－5，4－4，4－12，4－18，おわりに】

岸野 麻衣（きしの まい） 福井大学教育・人文社会系部門教授（発達臨床心理学，教育心理学，幼児教育）。お茶の水女子大学人間文化研究科人間発達科学博士後期課程修了，博士（人文科学）。共著書に『教師として考え続けるための教育心理学』（北大路書房），『生活のなかの発達』（新曜社）など。【はじめに，1－2，2－3，2－4，2－9，3－6，3－7，3－8，4－2，4－16，あとがき】

著者

篠原 岳司（しのはら たけし） 北海道大学大学院教育学研究院准教授（教育行政学，学校経営論）。北海道大学大学院教育学研究科博士後期課程修了，博士（教育学）。共著書に『現代の学校を読み解く：学校の現在地と未来の教育』（春風社）など。【1－6，4－11】

笹原 未来（ささはら みく） 福井大学大学院連合教職開発研究科准教授（特別支援教育）。東北大学大学院教育学研究科博士課程後期修了，博士（教育学）。共著論文に「医療的ケア場面における重度・重複障害者の状況把握の促進過程」『特殊教育学研究』第47巻4号，231頁－243頁など。【2－5，2－8】

藤井 佑介（ふじい ゆうすけ） 長崎大学大学院教育学研究科准教授（教育方法学）。九州大学大学院人間環境学府博士後期課程単位取得退学，修士（教育学）。論文に「授業省察における教師の自己内対話：ハーマンスの対話的自己論をてがかりとして」『教育方法学研究』第43巻，25頁－36頁など。【2－6，2－7，4－6，4－9】

牧田 秀昭（まきだ ひであき） 福井市安居中学校校長（数学科教育）。福井大学大学院教育学研究科修了，修士（教育学）。共著書に『教える空間から学び合う場へ』（東洋館出版社）など。【3－1，3－2】

大橋 巌（おおはし いわお） 福井市進明中学校教頭（社会科）。福井大学大学院教育学研究科教職開発専攻修了，教職修士（専門職）。著書に『学びと生活を融合する中学校を創る：授業改革のための協働研究組織の編成と学校運営システムの構築』（福井大学大学院教育学研究科教職開発専攻）など。【3－3】

森田 史生（もりた ふみお） 福井大学教育・人文社会系部門准教授（社会科）。福井大学大学院教育学研究科教職開発専攻修了，教職修士（専門職）。共著書に『対話が生まれる教室：居場所感と夢中を保障する授業』（教育開発研究所）など。【3－9, 4－5】

森﨑 岳洋（もりざき たけひろ） 鯖江市豊小学校教諭（社会科）。福井大学大学院教育学研究科教職開発専攻修了，教職修士（専門職）。著書に『生徒の学びと教師の学びとの相互作用で創る授業：授業観の変容過程を通して』（福井大学大学院教育学研究科教職開発専攻）など。【4－1, 4－7】

石井 恭子（いしい きょうこ） 玉川大学教育学部教授（理科教育学，教育方法学）。お茶の水女子大学大学院人間文化研究科，修士（人文科学）。著書に『教科力シリーズ 小学校理科』（玉川大学出版部）など。【4－3, 4－13】

鈴木 三千弥（すずき みちや） 福井市社中学校教諭（英語科）。福井大学大学院教育学研究科教職開発専攻修了，教職修士（専門職）。中学校英語教師として，インタラクションと協働学習を核とした授業づくりと，「土を耕す」イメージで生徒の心を育てる学級経営を探究している。【4－8, 4－14】

宮下 哲（みやした さとし） 信州大学教育学部附属松本中学校副校長（総合学習，数学教育）。信州大学教育学部卒業，学士（教育学）。中学校管理職として，総合的な学習の時間を核とした学校のカリキュラム・マネジメントについての実践研究を推進している。【4－10】

渡邉 久暢（わたなべ ひさのぶ） 福井県立若狭高等学校教諭（国語科）。兵庫教育大学大学院学校教育研究科修了，修士（教育学）。共著書に『ゲストティーチャーと創る授業：招き方からその実際まで（ネットワーク双書）』（学事出版）など。【4－15, 4－20】

半原 芳子（はんばら よしこ） 福井大学大学院連合教職開発研究科教授（多文化共生教育，日本語教育）。お茶の水女子大学大学院人間文化創成科学研究科博士課程修了，博士（人文科学）。共著書に『共生日本語教育学：多言語多文化共生社会のために』（雄松堂出版）など。【4－17】

八田 幸恵（はった さちえ） 大阪教育大学学校教員養成課程准教授（教育方法学，教育課程論）。京都大学大学院教育学研究科博士後期課程修了，博士（教育学）。著書に『教室における読みのカリキュラム設計』（日本標準）など。【4－19】

コラム

遠藤 貴広（えんどう たかひろ） 福井大学教育・人文社会系部門准教授（教育方法学）。京都大学大学院教育学研究科博士後期課程研究指導認定退学，修士（教育学）。共著書に『教育実践の継承と教育方法学の課題：教育実践研究のあり方を展望する（教育方法47）』（図書文化）など。

佐々木 庸介（ささき ようすけ） 福井市美山中学校教諭・研究主任（理科，認知心理学）。福井大学大学院教育学研究科教職開発専攻修了，教職修士（専門職）。論文に「授業研究で授業力を向上させる中学校理科教員」『物理教育』66巻・2号，132頁－135頁など。

髙間 祐治（たかま ゆうじ） 福井市美山中学校教諭・学年主任（数学）。福井大学大学院教育学研究科教職大学院修了，教職修士（専門職）。中学校教師として，学校と地域の望ましい連携の在り方についての実践研究を推進している。

北島 正也（きたじま まさや） 福井市大安寺中学校教諭（社会科）。福井大学大学院教育学研究科教職開発専攻修了，教職修士（専門職）。児童が自ら学び続ける力をつけるための授業研究を推進している。

岡部 誠（おかべ まこと） 東京都板橋区立赤塚第一中学校副校長（社会科）。福井大学大学院教育学研究科教職開発専攻修了，教職修士（専門職）。論文に「教師が学び育つ学校創り：授業改善のビジョンを共有した協働的なコミュニティ形成と生徒の変容」（「第18回がんばれ先生！東京新聞教育賞」受賞）など。

金子 奨（かねこ すすむ） 埼玉県立豊岡高等学校教諭（社会科）。福井大学大学院教育学研究科教職開発専攻修了，教職修士（専門職）。著書に『学びをつむぐ：〈協働〉が育む教室の絆』（大月書店）など。

解説

秋田 喜代美（あきた きよみ） 学習院大学教授，東京大学名誉教授（学校教育学，授業研究，保育学）。東京大学大学院教育学研究科博士課程修了，博士（教育学）。共著書に『学校教育と学習の心理学』（岩波書店），著書に『学びの心理学』（左右社）など。

索　引

■た行

■な行

■は行

■ま行

■や行

■ら行

■わ行

文献リスト

ここでは、本書の執筆にあたって参照した文献について、授業研究に関する複数のトピックに分けて紹介します。各文献末尾に、参照節番号をゴシック体で記入しています。各節の論点に沿って適宜参照いただき、授業研究の世界をより深く探究してください。

授業研究の概要・論点

秋田喜代美編著 2006『授業研究と談話分析』放送大学教育振興会【1-1】

秋田喜代美 2017「日本の授業研究の独自性とこれから」鹿毛雅治・藤本和久編著『授業研究を創る：教師が学びあう学校を実現するために』教育出版 所収, 150頁-167頁【1-7】

福井大学大学院連合教職開発研究科編 2018 “For global collaboration: Cultivating professional learning communities,” Vol. 1.【1-5】

稲垣忠彦・佐藤 学 1996『授業研究入門』岩波書店【0-1, 1-1, 2-1, 2-6, 5-1】

鹿毛雅治 2017「授業研究を創るために」鹿毛雅治・藤本和久編著『授業研究を創る：教師が学びあう学校を実現するために』教育出版 所収, 2頁-24頁【1-5, 3-4】

鹿毛雅治・藤本和久編著 2017『授業研究を創る：教師が学びあう学校を実現するために』教育出版【1-5】

木村 優 2018「専門職の資本と学び合うコミュニティを育む授業研究の持続・発展・進化の道標」『日本教育方法学会第54回大会・発表要旨』55頁【1-5】

Lewis, C. 2002 *A handbook of teacher-led instructional change*. Philadelphia: Research for Better Schools.【1-5, 1-7】

日本教育方法学会編 2009『日本の授業研究 上巻：授業研究の歴史と教師教育』学文社【1-1】

Yoshida, M. 1999 *Lesson study: A case study of a Japanese approach to improving instruction through school-based teacher development*. Doctoral Dissertation: University of Chicago.【1-7】

授業研究の展開

秋田喜代美 & ルイス・C編著 2008『授業の研究 教師の学習：レッスンスタディへのいざない』明石書店【1-1, 1-5】

Cheng, L. P. & Yee, L. P 2011/2012 “A Singapore case of lesson study.” The Mathematics Educator, Vol. 21, No. 2, 34-57【1-7】

Fernandez, C. 2002 Learning from Japanese approaches to professional development: The case of lesson study. *Journal of Teacher Education*, 53(5), 393-405【1-7】

又地 淳 2017「アフリカ『授業研究による教育の質的向上』研修を視察して」福井大学

教職大学院Newsletter No. 92, 1頁 - 2頁【1 - 7】
又地 淳・菊地亜有美 2015「『授業研究』支援プロジェクトの現状および課題についての考察」『国際教育協力論集』第18巻・第1号, 91頁 - 104頁【1 - 7】
スティグラー・J・W & ヒーバート・J（湊三郎訳）2002『日本の算数・数学教育に学べ：米国が注目するjugyou kenkyuu』教育出版【1 - 7】

授業研究と教職・学校

秋田喜代美・福井大学教育学部附属義務教育学校研究会 2018『福井発！ プロジェクト型学習：未来を創る子どもたち』東洋館出版社【3 - 7】
千々布敏弥 2014『プロフェッショナル・ラーニング・コミュニティによる学校再生：日本にいる「青い鳥」』教育出版【1 - 3】
福井大学教育学部附属義務教育学校 2018『研究紀要 第1号』【2 - 4】
ハーグリーブス・A（木村 優・篠原岳司・秋田喜代美監訳）2015『知識社会の学校と教師：不安定な時代における教育』金子書房【3 - 4】
ハーグリーブス・A & フラン・M（木村 優・篠原岳司・秋田喜代美監訳）2019刊行予定『専門職としての教師の資本』金子書房【1 - 1】
稲垣忠彦 2006『教師教育の創造：信濃教育会教育研究所五年間の歩み』評論社【1 - 1】
金子 奨・高井良健一・木村 優編著 2018『「協働の学び」が変えた学校：新座高校 学校改革の10年』大月書店【3 - 5】
木村 優 2016「校内授業研究に包摂する2つの力：『専門職の資本』と『専門職の学び合うコミュニティ』を培う」『教師教育研究』第9号, 19頁 - 22頁【4 - 14】

授業研究の実践

秋田喜代美 2011「子どもの経験に学ぶ授業分析の方法」『教育研究』1308号, 14頁 - 17頁【3 - 4】
秋田喜代美編著 2014『対話が生まれる教室：居場所感と夢中を保証する授業』教育開発研究所【1 - 5】
浅井幸子 2008『教師の語りと新教育：「児童の村」の1920年代』東京大学出版会【1 - 1, 2 - 3】
石井英真・原田三朗・黒田真由美編著 2017『[Round Study] 教師の学びをアクティブにする授業研究』東洋館出版社【1 - 5】
伊藤功一 1990『校内研修：教師が変わる 授業が変わる』国土社【1 - 5】
鹿毛雅治・藤本和久・大島 崇 2016「『当事者型授業研究』の実践と評価」『教育心理学研究』第64巻・第4号, 583頁 - 597頁【2 - 2】
上條晴夫 2011「役に立つ授業分析：ストップモーション方式を中心に」『教育研究』1308号, 18頁 - 21頁【1 - 1】
河野善章編 2009『授業研究法入門』図書文化社【2 - 6】
木原俊行 2017「教師と研究者の対話に基づく校内研修の充実」鹿毛雅治・藤本和久編著『授業研究を創る：教師が学びあう学校を実現するために』教育出版 所収, 93頁

-113頁【1-6, 3-5】
木村 優 2013「授業参観の『視点』と授業分析の『ねらい』: 一つの『型』を超えて」『教師教育研究』第6号, 239頁-246頁【2-2】
小林宏己 2017「実践経験者から生み出される授業記録と意味解釈」鹿毛雅治・藤本和久編著『授業研究を創る：教師が学びあう学校を実現するために』教育出版 所収, 72頁-92頁【2-1】
牧田秀昭 2016「アクティブ校内研修3　アクティブな研修の企画・運営のために」『月刊教職研修』2016年6月号, 56頁-57頁【3-2】
澤井陽介 2017『授業の見方：「主体的・対話的で深い学び」の授業改善』東洋館出版社【2-1】
若林虎三郎・白井毅編著 1883『改正教授術』普及舎【1-1】

答申

中央教育審議会 2015a「これからの学校教育を担う教員の資質能力の向上について：学び合い、高め合う教員育成コミュニティの構築に向けて（答申）」【1-2】
中央教育審議会 2015b「チームとしての学校の在り方と今後の改善方策について（答申）」【1-6】
中央教育審議会 2016「幼稚園、小学校、中学校、高等学校及び特別支援学校の学習指導要領等の改善及び必要な方策等について（答申）」【1-2, 3-8】

関連領域・参考図書

秋田喜代美 2012『学びの心理学：授業をデザインする』左右社【3-2】
秋田喜代美・佐藤学・岩川直樹 1991「教師の授業に関する実践的知識の成長：熟練教師と初任教師の比較検討」『発達心理学研究』第2巻・第2号, 88頁-98頁【1-2】
秋田喜代美・能智正博監修／秋田喜代美・藤江康彦編著 2007『はじめての質的研究法：教授・学習編』東京図書【2-6】
Day, C., Stobart, G., Sammons, P., Kington, A., & Gu, Q. 2007 *Teachers matter: Connecting lives, work and effectiveness*. Berkshire, UK: Open University Press【3-5】
Deci, E. L., & Ryan, R. M. 2002 *Handbook of self-determination research*. Rochester, NY: University of Rochester Press【4-14】
DuFour, R. 2004 What is a "professional learning community"?, *Educational Leadership*, 61(8), 6-11【1-3】
フリック・U（小田博志・山本則子・春日 常・宮地尚子訳）2011『質的研究入門：" 人間の科学" のための方法論』春秋社【2-8】
藤江康彦 1999「一斉授業における子どもの発話スタイル：小学5年の社会科授業における教室談話の質的分析」『発達心理学研究』第10巻・第2号, 125頁-136頁【0-2】
藤江康彦 2006「授業をつくる」秋田喜代美・佐藤学編著『新しい時代の教職入門〔改訂版〕』有斐閣 所収, 21頁-47頁【1-5】
藤江康彦 2008「幼少連携の話し合いと教師の学習」秋田喜代美 & ルイス・C 編著『授

業の研究 教師の学習：レッスンスタディへのいざない』明石書店 所収, 132頁 - 150頁【1 - 6】
福井雅英 2009『子ども理解のカンファレンス：育ちを支える現場の臨床教育学』かもがわ出版【3 - 4】
ギアーツ・C（吉田禎吾・中牧弘允・柳川啓一・板橋作美訳）1987『文化の解釈学1, 2』岩波書店【2 - 8】
グッドソン・I・V（藤井 泰・山田浩之訳）2001『教師のライフヒストリー』晃洋書房【0 - 2】
Hargreaves, A. 1994 *Changing teachers, changing times: Teachers' work and culture in the postmodern age*. New York: Teachers College Press【1 - 1】
Hargreaves, A. 2010 "Presentism, Individualism and Conservatism: The Legacy of Dan Lortie's Schoolteacher". *Curriculum Inquiry*, Vol. 40, No. 1, 143 - 154【1 - 3, 1 - 4】
Hargreaves, A. & O'Connor, M. T. (2018) *Collaborative professionalism: When teaching together means learning for all*, Thousand Oaks, CA: Corwin【1 - 3】
星野道夫 2003『アラスカ永遠なる生命』小学館【4 - 8】
Hord, S. M. 1997 *Professional learning communities: Communities of continuous inquiry and improvement*. Austin, TX: Southwest Educational Development Laboratory【1 - 3】
稲垣忠彦・寺崎昌男・松平信久 1988『教師のライフコース』東京大学出版会【0 - 2】
伊藤亜紗 2015『目の見えない人は世界をどう見ているのか』光文社【2 - 5】
岸野麻衣 2016「小学校における『問題』とされがちな子どもの学習を支える授業の構造：協同での学習過程における認知的道具の使用をめぐる事例分析」『質的心理学研究』第15 号, 65頁 - 81頁【2 - 4】
木村 優 2010「挑戦的課題が方向づける思考：探求するコミュニティづくり」秋田喜代美編著『教師の言葉とコミュニケーション』教育開発研究所 所収, 110頁 - 114頁【3 - 5】
木村 優 2015『情動的実践としての教師の専門性：教師が授業中に経験し表出する情動の探究』風間書房【4 - 12】
木村 優・森﨑岳洋 2014「福井大学教職大学院における『新たな学び』を展開する『学び続ける』教員の養成と支援：学部新卒学生の大学院における学修成果と教員採用後の成長過程の追跡」『教師教育研究』第7号, 215頁 - 231頁【3 - 5】
鯨岡 峻 2005『エピソード記述入門』東京大学出版会【3 - 4】
Marton, F., & Morris, P. (Eds.) 2002 *What matters, discussing critical conditions of classroom learning*. Goteborg University【1 - 7】
三浦麻子・飛田 操 2002「集団が創造的であるためには：集団創造性に対する成員のアイディアの多様性と類似性の影響」『実験社会心理学研究』第41巻・第2号, 124頁 - 136頁【1 - 6】
望月紫帆・西之園晴夫・坪井良夫 2015「異なる教科の教員同士による授業開発の事例研究」『日本教育工学会論文誌』第39巻・第3号, 181頁 - 190頁【1 - 6】

無藤 隆 2008「教師の学びの新しい可能性」秋田喜代美 & ルイス・C 編著『授業の研究 教師の学習：レッスンスタディへのいざない』明石書店 所収, 208頁 - 212頁【1 - 6】
二宮秀夫 2014「『専門職として学び合うコミュニティ』の基盤となる授業研究」『福井市至民中学校実践記録2014』260頁 - 261頁【4 - 14】
佐藤郁哉 2002『フィールドワークの技法：問いを育てる、仮説をきたえる』新曜社【2 - 3】
サン＝テグジュペリ・A（河野万里子訳）2006『星の王子さま』新潮社【0 - 2】
佐々木幸綱 1998『短歌に親しむ』NHK 出版【4 - 15】
ショーン・D・A（柳沢昌一・三輪健二監訳）2007『省察的実践とは何か：プロフェッショナルの行為と思考』鳳書房【1 - 1, 3 - 7】
ショーン・D・A（柳沢昌一・村田晶子監訳）2017『省察的実践者の教育：プロフェッショナル・スクールの実践と理論』鳳書房【1 - 2】
センゲ・P・M（枝廣淳子・小田理一郎・中小路佳代子訳）2011『学習する組織：システム思考で未来を創造する』英治出版【1 - 3, 3 - 6】
ユクスキュル・J & クリサート・G（日高敏隆・羽田節子訳）2005『生物から見た世界』岩波書店【2 - 5】
梅津八三 1977「各種障害事例における自成信号系活動の促進と構成信号系活動の形成に関する研究：とくに盲ろう二重障害事例について（日本教育心理学会第 19 回総会研究委員会企画特別講演）」『教育心理学年報』第17集, 101頁 - 104頁【2 - 5】
ワーチ・J・V（佐藤公治・黒須俊夫・上村佳世子・田島信元・石橋由美訳）2002『行為としての心』北大路書房【2 - 2】
ウェンガー・E・R, マクダーモット・R・W & スナイダー・M（野村恭彦監修・野中郁次郎解説・櫻井祐子訳）2002『コミュニティ・オブ・プラクティス：ナレッジ社会の新たな知識形態の実践』翔泳社【3 - 6】
渡邉久暢 2017「教養に裏打ちされた『言語行動主体』を育てる：ことばに対する『見方・考え方』を鍛えていく単元の開発」『福井県立若狭高等学校研究雑誌』第47号, 3頁 - 21頁【4 - 15】